『葉隠』の研究

思想の分析、評価と批判

種村完司

九州大学出版会

目次

『葉隠』の研究——思想の分析、評価と批判——

はじめに

新渡戸稲造がかの名著『武士道』を執筆・公刊したのは、日本の学校に宗教教育がないことに疑問を呈したベルギーの知人の発言をきっかけにして、自らの少年時代をふり返り、学校の外で道徳の教えをうけたこと、しかも、自身の正邪善悪の観念は武士道によって与えられたことに気づき、そのことを諸外国の人々にわかりやすく説明したいと考えたからであった(1)。

新渡戸が幼児期を過ごした幕末期は、もちろん封建的身分制度を脱していないし、彼の少年時代である明治初期も、一応四民平等の世になったとはいえ、家父長的権威を土台とする家族制度と封建的遺風は根強かったはずである。社会的にも旧士族層の勢威が強かったことを思えば、なお武士道精神が道徳の中軸にすえられていたことはまちがいない。

ヨーロッパから自由、人権、民主主義、平等などの理念・思想が流入しつつあったとはいえ、一般の人々の意識や生活に定着しているとはとてもいえない時代であった。新渡戸が、当時の支配的な道徳観念として、武士道の中に息づいている武士に特有の徳目や人生観を、これこそ日本の誇るべき道徳だと、安んじて主張し称揚できたのも不思議ではない。そういう時代だったのである。

二十一世紀初めの今日ではどうだろうか。

第二次世界大戦後のわが国では、戦争放棄を謳う平和主義、国民主権や基本的人権などに普遍的な価値をおく日本国憲法を制定して以降、その主旨を尊重しようとするかぎり、誰であれ封建制度と一体となっている武士道を持ち上げることは、もはや甚だしい時代錯誤であろう。もとより、武士道の中に含まれている「義」「勇気」「誠」「名誉」などの徳目が悪いというわけではない。ことごとく一掃すべきだというのも、あまりに偏狭で不寛容だ。

だが、士農工商という身分制度に支えられ、諸個人の自由や権利を否定する主従関係や上意下達的秩序のはかり知れない問題点を忘却することは許されないであろう。部分の長所を全体の短所に取って替えることはできない。それは、木を見て森を見ないたぐいの本末転倒だ。今日にあっては、(近年のポピュリズムの台頭を見るにつけ)さまざまな弱さと脆さのゆえに落胆することが多いとはいえ、まがりなりにも戦後日本社会に定着してきた近代民主主義倫理を、今後とも国民の道徳観の基盤とせざるをえないように思う。あえて断言すれば、武士道倫理は、その基本的性格からいって、新しい時代の道徳とはなりえない。今は、新渡戸の生きた時代とは違うのである。

ところが、である。

現代日本では、この表舞台から退場したはずの、武士(ないし侍)や武士道にたいする憧憬や敬意が、一般の人々(とくに男性)のうちになお広範に存在している。国際的な野球やサッカーの大会で、他国とあい対する日本代表チームは、そのつど「侍」を冠した愛称(野球であれば「サムライ・ジャパン」、サッカーであれば「サムライ・ブルー」)で呼ばれ、その奮闘ぶりが報道され称えられてきた。

人々は、彼らの姿やプレーから、潔くかつ果敢に戦いにいどみつづける勇士の集団、あるいは自己利益を超えてチームの勝利に献身する男性軍団、という存在意味を受けとっている。現代の「侍たち」に関するこうしたマスコミ報道と庶民の熱狂をめぐって、社会的な批判や違和感が公にされることはほとんどない。メディア側の人為的な操作がないでもないが、それ以上に、武士に対する肯定的イメージが人々の深層意識のうちに根付いているからであろう。

このことは、スポーツの世界に限らない。企業社会の中で、寡黙であまり出しゃばらないが、自己の務めを誠実に粛々と果たしていく人物は、いなまお「古武士」的存在として一目置かれることが多い。一組織人として、潔さと責任感に溢れ、上司に迎合せず、必要な時には堂々と自身の意見を開陳する人物は、しばしば尊敬の対象となっている。周囲の人々は、彼を武士の理想型と重ね合わせて評価するのである。

現代日本の一般人の中に残存する武士および武士道イメージの淵源を、先入観にとらわれず理性的に探求することが必要であり、また、今だからこそできることではないか、との思いが私にはある。武士および武士道への情緒的な美化・称賛の時代は終わった。日本史上、貴族に代わって登場し、長期にわたり支配層として治政をになない、その身分に適合した思想・人生観を世に示し歴史の舞台を去っていった武士という社会的存在に関して、その歴史的意義と役割、そして限界を改めて見直す作業が必要である。そうしてこそ、武士道への無批判的な礼賛も、根拠のない全面否定も、避けることができるだろう。武士の諸思想から近代民主主義倫理の中に取り入れるべき価値や道徳の中身を、公正に吟味し判別することもできるはずである。

とはいえ、武士道研究者にとっては常識に属することだが、おおまかにいって、武士道にも二種類ある。江戸期の幕藩体制下で、山鹿素行などが定式化した、儒教倫理にもとづく正統的な「士道」論と、戦国武士道を継承した、『葉隠』に代表される異端的な「武士道」論である。

比較的安定した泰平期の江戸時代にあっては、儒教的価値観の支配力も影響して、前者の士道論の方がはるかに権威をもっていた。佐賀という一地方で口述・筆記され読みつがれた『葉隠』は、幕末期に一時的に注目されはしたが、その後長らくごく限られた影響を与えるにとどまっていた。だが、幸か不幸か、昭和前期の日本の帝国主義・軍国主義時代に脚光を浴び、武士道の聖典の扱いをうけ、さらに第二次世界大戦での日本の敗北以降、この書はさまざまな毀誉褒貶にさらされながら、現在に至っている。

今日、武士道といえば、圧倒的に『葉隠』が注目され、取り上げられる。いぜん葉隠人気は衰えていない。二十一世紀初めの現代でも、この著作の中の死生観、倫理、処世訓に共鳴する人々が数多くいる。少し過去にさかのぼれば、この書への共感・畏敬を表明する著名な論者や研究者としては、作家の三島由紀夫[2]や司馬遼太郎[3]、歴史家の奈良本辰也[4]、思想史家の相良亨[5]、倫理学者の和辻哲郎[6]や古川哲史[7]、などが挙げられる。最近では、『自死という生き方』という著作を残して自殺した、一哲学研究者の[8]葉隠賛美が、記憶に新しい。

葉隠武士道は、正統的な儒教的士道と比較すれば、じっさい異端と呼ばれるのにふさわしい。武士道の原初態あるいは過剰態と言うこともできる。「特定の型におさまりきらない」無分別や直情性がその底にあったからこそ、かえって限りない新鮮さや充満する生命力を感じさせたのである。と同時に、少なくない人々は、その個性的な主張を通してうかびあがる普遍性を強調し、それに傾倒してきた。

先ほど挙げた論者の中で、たとえば、三島由紀夫は「この書物を読んでいくときには、まず武士であるかないかという前提の違いが当然問題になる。そして、その前提の違いを一度とび越して読んでいけば、そこにはあらゆる人生知や、現代でも応用できるさまざまな人間関係に関する知恵が働いている[9]」と言い、『葉隠』の示す人生知や人間関係知の普遍性を訴える。奈良本辰也は、「その当時と現代とは、人間の考え方が違うのは当然である。しかしながら、それでもなお、私はこの書に人間の生き方に対する多くの示唆をうける。……この書は人間類型化の時代における個人の復権の書として読んでもらいたい[10]」と主張し、『葉隠』のもつ類型化打破の生き方・死に方に、時代を超えたエネルギーの横溢を認めようとするのである。

私自身も、『葉隠』の中から浮かび上がる、強烈な「生き死に」への覚悟の魅力を否定しない。三島や奈良本の葉隠評価も、やや肯定的すぎるとの不満はもつが、基本的に誤りだとは考えない。少なからず現代の読者を惹きつける力があるということは、相当の普遍妥当性をもっていることの表われであろう。

ここで付け加えておきたいことだが、『葉隠』の魅力を構成しているものの一つに、この書における記述の仕方、あるいは表現・文体がある。一般に思想書、哲学書といえば、執筆者個人の人生経歴、生活と行為、人間関係の実態を直接表面に出すことなく、かなり概念的かつ論理的に自己の思想や価値観を叙述することが多い。私的な言動や感情を語ることによって、思想や哲学のもつ普遍性を損なうことを恐れるからである。しかし、『葉隠』には、口述者山本常朝の個人的経歴、生活・行動上のリアルな指針・教訓や喜怒哀楽、生々しい他者評価などがどんどん出てくる。その赤裸々な私生活上の意識と行動を通じて、その中で同時に武士としての公的な理想や普遍的な価値判断が呈示される。常朝を始めとする当時の武士たちが、どういう時代背景、どういう組織・秩序のもとで、何を目ざし、何を考え、何を願ったか、が手にとるようにわかる。近現代の哲学書には見られない、生身の人間臭さや体温を感じさせるのである。思想と行動とが融合し一体となっているこの独特な記述・文体が、『葉隠』は読んでいて面白い、と読者に感じさせる根源ではないか、と私は思う。

そうはいうものの、『葉隠』のもつ普遍性への単純な肯定、安易な同調は危険である。その普遍性は、当時の武士の特権的な生活感覚や価値観、抜きがたい封建倫理から独立していたわけではない。ある意味で、徹頭徹尾それらによって浸潤され、規定されていた。時空を超えて通用する普遍性ではなく、主従道徳や身分制倫理という特殊性によって支えられ、時には歪められながら、生きながらえ継承されてきた普遍性であった。ここを忘却すると、成立当初から、時代と無縁の、時代から独立した葉隠思想の絶対的普遍性があったかのように錯覚し、それを持ち上げる、という重大な誤りに陥ってしまうことだろう。

本書で意図したもう一つのことに注意を促したい。それは、これまで出されたさまざまな識者による葉隠論をとり上げ、それらと格闘し、私なりの吟味・評価を行なったことである。

『葉隠』は読んでいて面白い、と言ったが、その面白さの別の理由を挙げれば、『葉隠』という書のもつ多面的性格がある。戦国武士道の称揚と継承、泰平期の文官的武士の心構え、側奉公の論理と心理、主君への献身と諫言、無分別と理知、諦念と出世欲、節欲と身養生、宗教性と無神論性、等々。あい矛盾するもの、葛藤し合うものが、ときには共存し、ときには混淆しながら、自由かつ巧みに表現される。読む者は、しばしば戸惑いながら、その真意がどこにあるかをつかむための厄介な努力を強いられる。

多くの葉隠研究者が、その研究者の数だけ、独自の葉隠論を公にしてきた感がある。各研究者は、それぞれの関心から、それぞれの仕方で、『葉隠』に接近し、『葉隠』の特定の叙述に着目し、それに感動し（あるいは逆に反発し）、自身の価値観にもとづいて独自の葉隠像を構築してきた。もちろん、それが悪いというわけではない。思想史研究にあって、他人と同じアプローチが強制される必要はないし、新しいすぐれた解釈の公表・定着のためにも、研究上の姿勢や手法において豊かな多様性が保証されるべきだからである。

しかし、現実は、諸論者の言いっ放し・書きっ放しであり、雑然たる葉隠論の併存・乱立である。葉隠解釈をめぐる横断的な批評や意見交換はほとんど見られない。それゆえ、かなりの年月をかけた葉隠研究のすぐれた成果が顧みられず共有されない、という状況がある一方で、『葉隠』の片言隻句に固執した底の浅い葉隠論が出回る、という事態が生じている。本書で私が取り上げた諸論者の葉隠論とその評価でけっして十分だとは思わないが、少なくとも検討に値すると思われる重要な葉隠論に対しては、私なりの吟味を加え、さまざまな視点からの評価を試みてみた。

尤も、けっしてやさしい作業ではなかった。他者を評価の対象とするということは、ひるがえって、主体である私自身、および私の葉隠理解が対象にされ評価されるということでもある。浅薄な吟味・評価しかできないとすれば、それは、私の葉隠研究が浅く未熟であることの証である。リスクを背負う気の重い務めではあるが、こうした他者評価・相互評価が、現段階の葉隠研究にとって必要不可欠なことではないか、そして誰であれその意義を知る者が始めるべきではないか、と考えた。

当然のことだが、他の論者の葉隠解釈に向かう前に、自身の葉隠理解が呈示されなくてはならない。どういう視点で、どういう価値観から他者を評価するかは、そもそも『葉隠』はどういうことを主張しているか、私は『葉隠』の中から何を読み取ったか、『葉隠』の何が重要で何が些末なのか、という判断に深く依存している。つまり、私自身が『葉隠』の中で把握した内容とその理解、一言でいえば、私の葉隠論が問われている。『葉隠』に関するひとりよがりで一面的な解釈に陥らないよう、『葉隠』の記述そのものにできるだけ寄り添い、その真意をつかもうと努めた。思想史研究の基本たる、口述者・筆録者の言・文に対する偏見なき読解と冷静な分析を、とくに重視した。だから、『葉隠』の記述からの引用も多くならざるをえなかった。

本書の前半部（第一章～第五章）は、主として、私の葉隠論である。本書の後半部（第六章～第九章）は、主な研究者たちの葉隠論に対する私の検討・評価である。とはいえ、後半部でおこなった他の葉隠論の検討・評価をとおして、私は、新しい発見をし、多くを学び、ときには自身の葉隠解釈をいっそう深めるべき仕事に向かったり、ときには、私見を修正することさえ余儀なくされた。つまり、その作業は、他者への批判を介して、自己への批判となったのであり、自らの新しい葉隠像の彫琢ともなったのである。

最後の第十章においては、それまでの私自身および諸論者による葉隠論をふまえ、改めて『葉隠』の歴史的倫理的な特色と限界を問い直し、この書のうちに現代でも通用する思想や価値観があるかどうかについて、総括的な考察をおこなった。葉隠思想を継承する上で、今日重視しなければならない基本的な態度や考え方とは何か、が結論的に示されていることを、読者にはご理解いただけると思う。

私は、たしかに『葉隠』という書のもつ一定の普遍性を承認する。ただし、繰り返すが、それは、あくまで特殊性を超えられなかった普遍性であり、特殊性に刻印された普遍性であった。『葉隠』の多面的な性格と特異な魅力に触れながら、このことを、この書物の茂みに分け入って、少しずつ本論の中で明らかにしていくつもりである。

註

（1）新渡戸稲造『武士道』（岩波文庫、一九七四年）一一―一二頁を参照。
（2）三島由紀夫については、『葉隠入門』（新潮文庫、一九八三年）、『日本の思想（第九巻）』（筑摩書房、一九六九年）別冊の相良亨との対談を参照。
（3）司馬遼太郎については、『日本の名著（第一七巻）』（中央公論社、一九六九年）付録の奈良本辰也との対談を参照。
（4）奈良本辰也については、右掲『日本の名著（第一七巻）』『葉隠』解説「美と狂の思想」参照。
（5）相良亨については、右掲『日本の思想（第九巻）』解説「武士の思想」参照。
（6）和辻哲郎については、『日本倫理思想史（下）』［全集第一三巻］（岩波書店、一九六二年）第五章を参照。
（7）古川哲史については、『葉隠の世界』（思文閣出版、一九九三年）、『葉隠（上）』（岩波文庫、一九六五年）「はしがき」を参照。
（8）須原一秀『自死という生き方』（双葉社、二〇〇八年）一六七―一七四頁、二〇五―二〇七頁を参照。
（9）三島由紀夫『葉隠入門』二六頁
（10）奈良本辰也『日本の名著（第一七巻）』「美と狂の思想」四八頁

第一章　献身道徳のゆくえ

一　『葉隠』における「死の覚悟」と「死に狂い」

『葉隠』は、佐賀藩士であった山本常朝《じょうちょう》が出家した後、彼の侘び住まいを訪れた後輩武士の田代陣基《つらもと》が、常朝の思想や人生観、体験談や人物評価などを、聞き取り記述することによってできあがった書物である。この聞き書きはじつに七年におよび、享保元（一七一六）年に終了している。(1)常朝はその三年後にこの世を去った。

山本常朝は、藩主鍋島光茂の忠臣であり、光茂が元禄十三（一七〇〇）年に病没したとき、主君を追って殉死（追い腹）することを切望したのであるが、当時の社会はすでに殉死を禁止する時代となっていた。鍋島藩は寛文元（一六六一）年に、幕府も二年後の寛文三（一六六三）年には殉死の厳禁を指示していたからである。「聞書一・一二」にある「大名の御死去に御供仕《つかまつ》る者一人もこれなく候ては淋しきものにて候。これにて能《よ》く知られたり。擲《なげう》ちたる者は無き者にて候。(2)」［大名のご死去のとき、お供をする家臣が一人もいないのは寂しいものである。これによってよく分かった。主君のために自分の命を投げ出す者がいないということだ。］という述懐、「聞書一・一一三」にある「追腹御停止《おいばらごちょうじ》になりてより、殿の御味方する御家中なきなり。幼少にも家督《かとく》相立てられ候に付て奉公に励みなし。小々姓《こごしょう》相止み候に付《つい》て、侍の風俗悪しくなりたり。(3)」［追い腹が禁止になってから、殿のお味方をする家臣がいなくなった。幼少であっても、家督が相続できるので、奉公に励みがなくなったのである。小々姓の制度も廃止されたので、侍の風俗が悪くなった。］という嘆き、等々をみると、常朝の心底には「殉死」ないし「追い腹」への熱烈な憧憬があり、その禁止に対する激しい不満があったことが知られる。

彼にとって、武士の本懐は、戦場で死を恐れず闘いぬくこと、避けられなければ斬り死にすることであり、主君に全身全霊をあげて忠義を尽くすこと、主君の死にさいしては、その御恩に報じ、忠誠の証として自ら命を絶つことであった。『葉隠』を有名にした冒頭直近の以下の文章は、そういう常朝自身の終生の覚悟を前提にしなければ理解できないものであろう。

「武士道といふは、死ぬ事と見付けたり。二つ二つの場にて、早く死ぬかたに片付くばかりなり。別に仔細なし。胸すわつて進むなり。図に当らぬは犬死《いぬじに》などといふ事は、上方風《かみがたふう》の打ち上《あが》りたる武道なるべし。二つ二つの場にて、図に当るやうにわかることは、及ばざることなり。我人《われひと》、生きる方がすきなり。多分すきの方に理が付くべし。若《も》し図にはづれて生きたらば、腰抜けなり。この境《さかい》危ふきなり。図にはづれて死にたらば、犬死気違《きちがい》なり。恥にはならず。これが武道に丈夫《じょうぶ》なり。毎朝毎夕、改めては死に死に、常住死身《じょうじゅうしにみ》になりて居《お》る時は、武道に自由を得、一生越度《おちど》なく、家職《かしょく》を仕果《しおお》すべきなり。」（聞書一・二）(4)

［武士道とは死ぬことであると見出した。生か死かのいずれかを選ぶべき場合、早く死ぬ方を選ぶことである。それ以外に特別の事情はない。心を決めて突き進むだけである。予期した通りにならず死ぬことは犬死だと言うのは、上方風の浅薄な武士道である。生か死かの切迫した場で、予想が当たるような判断を下すことなどできはしない。われわれ人間は、生きる方が好きである。たぶん好きな方に理屈をつけるものだ。だが、もし当てがはずれて生き残ることになれば、それは腰抜けである。思い通りに果たそうとする気持ちが危険なのだ。当てがはずれて死ぬことになれば、犬死・気違いであ

る。しかし恥にはならない。これこそ武士道において肝心なことである。毎朝毎夕、心を改め死を思いつづけ、死に身の覚悟をしている時は、武士道における真の自由を得て、一生過ちを犯すことなく、武士としての職務をなしとげることができるのである。(5)」

「二つ二つの場」、つまり生か死かの二者択一を迫られた場合、「死ぬかたに片付く」(=死の方を選びとる)覚悟をもてばよい。当てが外れて生きながらえれば、それは「腰抜け」だ。当てが外れてしまった死は「犬死」「気違い」と言われるだろうが、恥にはならない。これが武道において肝要なことだ。毎朝毎夕、死を思い死を覚悟し、死に身で生きつづけてこそ、真の自由を得て、武士の仕事を完遂することができる。——中心の主張を記せば、こうなろう。

たしかにここには、常人の感覚を超える並はずれた「死の覚悟」がある。日常不断に死を思い、生死の選択に直面したときには、むしろ「死」を志向せよ、という呼びかけは、武士としての決意の高さを感じさせる。目的どおりにいかず死んだとしても、「犬死」おおいに結構、という論旨には、ある種の開き直りの感がいなめないが、その信念の堅固さは魅力的ですらある。常朝は、「犬死」を許容かつ推奨し、反対に「腰抜け」「すくたれ」(=臆病)をとことん嫌った。知的で冷静な分別とは対極にあるようなこの大胆さや熱情の迸りが、多くの『葉隠』読者の心をつかみ、共感を生んだのであった。

「犬死」覚悟の熱烈な武道精神は、「死に狂い」とも言われる突撃型武士道の称揚とつながっている。

「「武士道は死狂《しにぐる》ひなり。一人の殺害を数十人して仕《し》かぬるもの。」と、直茂公仰せられ候。本気《ほんき》にては大業《たいぎょう》はならず。気違ひになりて死狂ひするまでなり。又武道に於て分別《ふんべつ》出来れば、はやおくるるなり。忠も孝も入らず、武士道に於ては死狂ひなり。この内に忠孝はおのづから籠《こも》るべし。」(聞書一・一一四)(6)

［「武士道とは死にもの狂いの境地である。死にもの狂いとなっている武士は、数十人が立ち向かっても、この一人を殺すことはできぬものだ。」と直茂公が言っておられた。正気では大仕事はできない。気違いになって死にもの狂いで行動するまでだ。また、武道において分別心が生じてしまうと、すでに他人に後れをとることになる。忠も孝も、最初は必要ない。武士道には、死にもの狂いだけがある。このうちにこそ忠と孝が自然に宿ってこよう。」］

藩主直茂の言葉を引いて、「死に狂い」の気迫で行動する武士は、たった一人でも、大勢が寄ってたかって殺すのが至難であることが説かれている。戦闘にあって必要なのは、正気ではなく、「気違い」「死に狂い」つまり狂気だ、という。へたに思慮分別が生ずれば、致命的な後れをとるだろう、「死に狂い」精神が先にあって、その行動の中ではじめて忠と孝も実現できる、というわけである。このように戦場ないし戦闘場面での武士道は、忠孝の儒教倫理より無分別の決起を優先させなければならない(7)。

ここに出てきた鍋島直茂は、常朝が仕えた光茂の祖父勝茂（初代佐賀藩主）の父であり、したがって光茂の曽祖父に当たる。天文五（一五三六）年に生まれ、元和四（一六一八）年に死去しているから、織田・豊臣政権による統治の世を経験し、関ヶ原の戦いを経て、徳川幕藩体制へと移行していく激動期を生き抜いた戦国大名であった。直茂の言が尊敬の念をもって取り上げられ、鍋島領内で人口に膾炙《かいしゃ》していたことをみれば、「死に狂い」精神は、戦国時代から佐賀藩の強固な土壌をなしていたことが知られよう(8)。

二　狂気の諸事例とその評価

「常住死に身」という日常不断の死の自覚、限界状況にさいしての積極的な死の選択が『葉隠』の基本命題であったが、それが過去のさまざまな事件、および当時の武士の社会的な言動の中で、より過激に、より増幅されて、取り上げられ語られていることに注目しよう。

「（大木前《ぜん》）兵部《ひょうぶ》組中《くみちゅう》参会の時、諸用済みてよりの咄《はなし》に、「若き衆は随分心懸け、勇気を御嗜《おたしな》み候へ。勇気は心さへ附くれば成る事にて候。刀を打ち折れば手にて仕合ひ、手を切り落とさるれば肩節《かたぶし》にてほぐり倒し、肩切り離さるれば口にて首の十や十五は喰ひ切り申すべく候。」と毎度申され候由。」（聞書七・四〇）(9)

［大木前兵部は組中の者が集ったとき、諸々の用事がすんでから、「若い侍は、勇気を高めるよう大いに心がけなされ。勇気はその気にさえなれば、身につけられるものだ。刀が折れてしまえば手でもって戦い、手を斬り落とされれば肩の関節で押し倒し、肩を斬り落とされれば、口でもって敵の首の十や十五は食い切ってしまう、というのが勇気なのだ。」といつも話された、という。］

先代の大木兵部（統清）は、豊後の大友氏と鍋島直茂に仕えた戦国武将であり、島原の乱にも従軍して戦功をあげた戦場経験豊かな強者であった。その彼が、佐賀藩の若者たちに「刀が折れたら手で闘い、手を斬り落とされたら肩の骨で押し倒し、肩を斬り離されたら、口で敵の首の十や十五を食い切るべし」と、勇気のなんたるかを説教している。こうした行為の真実性・有効性を大木自身や若者たちがどれだけ本気で信じていたかは、やや疑問だが、闘いのさ中にあってこの種のすさまじい執念の発揮がたえず若者たちに教え諭された事実は重要である。

過去の歴史的事実の中からも、常識では考えられない狂気に満ちた事例が、時には驚きの混じった感慨をもって、時には称賛の念をこめて、紹介されている。典型的なその一つが、大野道犬の死であろう。

「大坂の城落居《おちい》の後召し捕られし大野道犬《どうけん》斎を、泉州堺の町人など申し賜つて、これを火あぶりにす。（中略）諸見物の者も、「あなむざん、最早《もはや》絶命し給ふらん。」と云ひののしる所に、柱につなげる鉄鎖を引き切り、向ふにつつと飛び出し、正面に見物してゐたりし者の脇差《わきざし》を引きぬき、その者の胴腹を突き抜きざまにその儘倒れて死にたり。人々あわて取り寄せ見れば、もとより五体炭のごとくにして十指も過半落ちたりしに右の通りの働き、大勇猛の者の一念向ふ所かくのごとし。不思議なり。」（聞書七・六七）(10)

［大阪城が落城した後、捕縛された大野道犬を、泉州堺の町人たちがもらい受けて火あぶりにした。（中略）見物の者たちが、「ああ無残なことよ。もう絶命しているだろう。」と言い合っている所に、道犬は柱につないだ鉄鎖を引きちぎり、前方にさっと飛び出し、正面で見物していた者の脇差を引き抜き、その者の腹を突き刺して、そのままどっと倒れて死んだ。人々があわてて集まって調べてみると、もとより五体は焦げて炭のようになっており、十本の指も半分以上落ちていた。にもかかわらずこうした働きをしたことは、大勇猛心をもつ者の一念が向かう所の結果であろう。まことに不思議である。］

大野道犬は豊臣秀頼の家臣であり、大坂冬の陣のあと、徳川家康の陰謀を予期し、その翌年に備えて堺の町に火をつけ、それゆえ火災に苦しんだ堺の町人たちに激しく憎まれていた武将である。大坂夏の陣にさいしては勇猛果敢に闘ったが、ついには家康方に生け捕られ、堺の町人たちの申し出によって火あぶりの刑に処せられたのである。火あぶりのために炭のごとき半死体になっても、周りの敵に飛びかかって突き殺した、と『葉隠』は紹介している。ここにも怖るべき執念が生み出す不可思議な結果が、驚嘆の念をもって強調されている（尤も、道犬の勇猛ぶりや執念の激しさを表現する上で、かなりの誇張があることは否定できない）(11)。佐賀藩は徳川方に属していたわけであるから、大野道犬は敵であったはずである。敵であろうと味方であろうと、日常的な生命力を超えた、「狂気」としか言いようのない遮二無二の行為を、『葉隠』は大いなる尊敬の情をもって描いたのである。

ところで、この「狂気」は武士だけの専売特許ではなかった。「死に狂い」に大きな価値を認める心情は、武士の周りの者にも伝播し浸潤していくのである。武士の誇りは、その武士の妻の誇りでもなければならない。誇りの侵害への憤りは、当然その妻にも共有される。時には、夫以上に、妻がその憤りの主体となった。次の事件はそれをみごとに表わしている。

「高木何某《なにがし》、近所の百姓三人相手にて口論仕出し、田の中にて打ちひしがれ罷り帰り候。女房申し候は、「御手前《おてまえ》は死ぬ事を御忘れ候ては御座なきや。」と申し候に付て、「曾《かつ》て忘れ申さざる」由申し候。女房申し候は、「いづれ、人は一度は死に申すものにて、病死、切腹、縛首《しばりくび》様々これある内に、見苦しき死を召されては無念の事に候。」と申し捨て外へ出て、追附《おっつけ》罷り帰り、子供両人これあり候をよく寝させ候て、明松《たいまつ》をこしらへ、暮過ぎに身拵《みごしら》へ致し、「先程見繕《みつくろ》ひ候処、三人一所に集り、僉議《せんぎ》いたす様子に候。よき時分に候。則ち御出で候へ。」と夫の先に立ち、明松をとぼし、脇差をさし、相手の所へ踏みかけ、女夫《つまとおっと》にて切り立て、両人切り伏せ、一人は手負はせ追ひ散らし申し候由。夫は切腹仰せ付けられ候由なり。」（聞書九・三九）(12)

［高木何某は、近所の百姓三人を相手に口論をし、田んぼの中でなぐり倒されて家に帰って来た。それを見た女房は、「あなたは死ぬことをお忘れになったのではございませんか。」と語ったのにたいして、高木は「けっして忘れてはおらぬ」と返答した。女房は、「いずれ人間は一度は死ぬものです。病死、切腹、縛り首などいろいろ死に方がありますが、見苦しい死に方をなさっては無念なことでございます。」と言って外へ出て行った。ほどなく帰ってくると、女房は二人の子どもをよく寝かせつけ、松明を作り、日が暮れてから身ごしらえをし、「先ほど様子見をしたところ三人が一つ所に集まり、相談をしているようでした。今がちょうどよい時です。すぐにおいでなさいませ。」と夫の先に立って、松明をともし、脇差をさして、相手の所に踏み込んだ。夫婦で斬りまくり、二人を斬り倒し、一人には傷を負わせて追い散らしたという。その後、夫は切腹をおおせつけられた、と。」

高木という武士が、三人の百姓と喧嘩して、田んぼの中で打ちのめされて帰宅し、彼を迎えた妻がこのまま黙って引き下がることを肯《がえ》んぜず、夫を説諭し激励し、妻の方が先に立って相手方に踏み込み、夫婦で二人を切り倒し、一人に傷を負わせた、という内容である。この妻の一連の言動をみれば、まさに「烈婦」「猛女」といっても過言ではない。もっぱら彼女の行為の激しさに目を奪われがちになるが、じつは、「常住死に身」の葉隠的覚悟は、この場合、妻の方が夫よりはるかに高くかつ強かったことが知られる。武士として受けた侮辱をはらすこと、切腹を覚悟で武士の誇りを保つこと、このことが、夫以上に明確な妻の価値規範となっていたのである。

高木何某とその妻による上の事件は、喧嘩口論を発端とした刃傷沙汰であり、暴力的解決（まして相手の殺害による決着）を認めない現代にあっては、やはり一種の「狂気」というべきであろう。しかし、『葉隠』では、むしろ当たり前の因果応報的出来事であった。なんらかの言葉または振る舞いによって侮辱された武士は、しばしば、侮辱した者への殺傷へと向かった。またそれが当然視された。侮辱を放置することの方が「異常」であった。

だが、少し熟慮してみれば、武士による農工商の民たちに対する報復だけが是認されたのであり、逆ではなかった。殺され傷つけられた百姓たちは、身分をわきまえず「不義」を働いたから、受けるべくして当然の罰を受けたのである。高木何某の場合、百姓を殺傷したために切腹の処断を受けることにはなったが、それにしてもこの事件は、まさに美談として、あるいは正義を貫く武勇談として取り扱われ、語り継がれている。恥辱を雪ぎ、「義」を守り信念に生きた武士とその妻が、称賛の対象となっている。武士階級以外の視点はまったく度外視されているのである。

三 「御恩―奉公」関係の変容と「献身」の道徳

行動の一大特質としての「死に狂い」を唱導する『葉隠』の中核にあるのは、「献身」の道徳であった。何に対する献身か。他でもない、藩主に対する、鍋島家に対する献身である。

『葉隠』のまえがきに相当する「夜陰の閑談」には、この書の目的がまことにストレートに簡潔に説かれている。

「御家来としては、国学心懸《こくがくこころが》くべきことなり。今時、国学目落《めおと》しに相成り候。大意は、御家の根元《こんげん》を落ち着け、ご先祖様方の御苦労・御慈悲を以て、御長久《ごちょうきゅう》の事を本《もと》づけ申すために候。(13)」

［鍋島藩のご家来としては、国学（鍋島藩の家風・歴史・伝統）の理解を心がけるべきである。今日この国学がないがしろにされている。その主旨は、御家の成り立ちを知り、ご先祖の方々のご苦労やご慈悲によって御家の繁栄・長久があることを十分に認識するためである。］

近年、藩内では国学を学ぶ気風が欠けており、鍋島家の家臣であれば、なにより国学の習得に専念すべきだ、というのである。ここでいう「国学」とは、賀茂真淵や本居宣長に代表される、仏教・儒教移入以前の日本古来の文化や精神を究明しようとした、江戸中期以降の学問流派をさしているのではない。佐賀の領国を支配し、その土台を形作った龍造寺家や鍋島家の統治者から当時の江戸中期の藩主にいたるまでの間に策定された、軍事・政治・社会の法律や掟、および統治者の言動に関する学問をいうのである。つまり、佐賀藩というごく限定された「国《くに》」内部の政治・文化に関する学であった。

なぜ、その種の「国学」の習得が不可欠なのか。

「剛忠《こうちゅう》様の御仁心・ご武勇、利叟《りそう》様の御善根・御信心にて、隆信《たかのぶ》様・日峯《にっぽう》様御出現、その御威力にて御家御長《おいえ》久、今が世迄、無雙《むそう》の御家にて候。今時の衆、斯様《かよう》の義は唱へ失ひ、余所《よそ》の仏を尊び候事、我等は一円《いちえん》落ち着き申さず候。釈迦も孔子も楠木《くすのき》も信玄《しんげん》も、終《つい》に龍造寺・鍋島に被官《ひかん》懸けられ候儀これなく候へば、当家の家風にかなひ申さざる事に候。(14)」

［龍造寺家兼公のご仁心・ご武勇、鍋島清久公のご善根・ご信心のおかげで、龍造寺隆信公・鍋島直茂公がご出現になり、そのご威力によって御家が永く繁栄し、今の世まで並ぶものなき御家になったのである。いまどきの人々は、このようなことを時とともに忘れ去り、他所の仏を尊ぶようになっていること、私にはまったく理解できないのである。釈迦も孔子も楠木正成も武田信玄も、龍造寺家や鍋島家に一度たりとも仕えたことがないのであるから、たとえどんなに偉くとも、当家の家風に適うことはないであろう。］

常朝は、龍造寺家兼、鍋島清久、龍造寺隆信、鍋島直茂という数々の名君のおかげで、佐賀の国が繁栄してきたことを強調し、にもかかわらず江戸期の佐賀武士たちがお家長久の真意をとらえず、「国学」から逸れた儒仏の教えに傾倒していることを大いに懸念した。「被官」とは大名や小名に直属した武士をいうが、釈迦・孔子などの聖人、楠正成・武田信玄などの偉人も龍造寺家や鍋島家に仕えた家臣ではないのであるから、けっして尊敬・崇拝の対象とすべきではない、と切って捨てるのである。ここには、じつに純粋無雑な、領国への愛郷心、主君や藩主に対する忠誠心が現われている。しかし同時に、それが、いかに狭くて限定された、そして他地域を排除した郷土愛であり、忠誠心であるかをも、痛感させられるのである。

主君への奉公は、さらに献身の純粋性を加えて、次のように強調される。

「（前略）主従の契《ちぎ》り深き御家に不思議にも生れ出で、御被官《ごひかん》は申すに及ばず、百姓町人、御譜代相伝の御深恩、申し尽されざる事どもに候。斯様《かよう》の儀を存じ当り、御恩報じに何とぞまかり立つべくとの覚悟に胸を極《き》め、御懇《おねんご》ろに召し使はるる時は、いよいよ私《わたくし》なく奉公仕り、浪人切腹仰せ付けられ候も一つの御奉公と存じ、山の奥よりも土の下よりも生々世々《しょうじょうせぜ》御家を嘆き奉る心入れ、これ鍋島侍の覚悟の初門《しょもん》、我等が骨髄にて候。(15)」

［こうした主従の契りの深い御家（＝鍋島家）に不思議にも生まれてきて、ご家来は言うまでもなく、百姓・町人にいた

るまで、先祖代々にわたって受けてきた深いご恩は、言い尽くせないほどのものである。このようなことを十分に知り、ご恩に報いるためになんとか御家の役に立とうという覚悟を心に決め、懇意に召し使われるときは、ますます私心なく奉公につとめ、たとえ浪人・切腹を仰せつけられても、それも一つの奉公だと考え、隠棲した山の奥からも死んで葬られた土の中からも、世が変わろうといつまでも、御家のことを深く思い申し上げる心持、これこそ鍋島侍の覚悟の根本であり、われわれの真髄なのである。」

鍋島家の領国内に生まれたからには、武士も農民も町人もすべて、英明な歴代主君の御恩に報いるべく奉公すること、とりわけ武士は浪人や切腹を命ぜられても、それもご奉公だと受けとめ、いつでもどこでもお家長久のために献身せよ、というのである。

ここには一つの注意が必要であろう。それは、鎌倉・室町の時代と異なって、天下泰平を謳歌するようになった江戸時代にあっては、歴代主君の御恩が繰り返し強調されたことであり、『葉隠』においてもそれは例外ではなかったこと、否、他藩以上に君恩が上から執拗に教え諭されていることである。鎌倉・室町の前期武家政治においては、家永三郎も指摘しているように、(16)主君による「従士の所領の確認ないし新規給付」と家臣による「軍事的経済的奉仕」という、「恩顧」と「奉公」の関係が、主従道徳の中軸をなしていた。両者の双務的性格がその本質であった。だしたがって、然るべきときに家臣が奉公を提供しなければ、主君は仮借ない制裁を加えることが通例であった。だが他面、主君が土地や報奨の授与などの恩顧を怠れば、家臣の側も遠慮会釈のない請求をおこなうことが常だった。戦場での自らの戦功を訴えたり、与えられてしかるべき報償を願い出た、数多くの軍忠状《ぐんちゅうじょう》や申し文の存在がそれを証している。

ところが、後期武家政治の江戸期においては、時代がすすみ社会が安定すればするほど、新しい土地分与はますます不可能となる。新恩をほどこすことは困難であって、自藩やお家の継続・安定、藩内での家臣身分の維持こそが、旧来の恩顧に代わるものとならざるをえない。こうして、歴代主君の英明が称えられ、過去から現在までの「君恩の累積・伝統」が強調されることによって、「奉公の義務」が正当化されていくのである。藩当局による武士身分の保証という点で、恩顧と奉公の双務性が消失したわけではないが、恩顧の中身がいっそう伝統的かつ観念的なものになることによって、以前よりはるかに奉公に偏重した主従道徳が支配的となるのである。

『葉隠』の中には、主君への、自藩や御家への、ほとんど無条件的ともいえるほどの「献身」や「滅私奉公」が、以下のように、やや辟易するほど繰り返し語られる。

「毎朝、拝《おがみ》の仕様《しよう》、先づ主君、親、それより氏神《うじがみ》、守佛《まもりぼとけ》と仕《つかまつ》り候なり。主をさへ大切に仕り候はば、親も悦《よろこ》び、佛神も納受あるべく候。武士は主を思ふより外のことはなし。志《こころざし》つのり候へば、不断御身辺《ごしんぺん》に気が付き、片時《かたとき》も離れ申さず候。」（聞書一・三二）[17]

[毎朝の拝礼のありようは、まず主君、親、それから氏神、守り仏という順でおこなうことである。主君をさえ大切にするのであれば、親も喜び、仏神もその心を受け容れてくださるだろう。武士は、主君を思う以外のことは必要ない。主君を思う志が募ってくれば、たえず主君の身辺に気がついて、片時も注意が離れることがない。]

毎朝の拝礼について言及し、主君、親、氏神、守仏の順序が正しいと言い、武士としては、ただひとえに主君を思うだけでよい、溢れんばかりのその気持ちがあれば、主君の身辺にも気がつき、片時も忘れない立派な奉公ができる、と断言するのである。

「無理無体に奉公に好《す》き、無二無三に主人を大切に思へば、それにて済むことなり。これはよき御被官《ごひかん》なり。奉公に好《す》き過《すご》し、主人を歎《なげ》き過《すご》してあやまちあることもあるべく候へども、それが本望なり。万事は過ぎたるは悪しきと申し候へども、奉公ばかりは奉公人ならば好き過し、あやまちあるが本望なり。（中略）萬事《ばんじ》を捨てて、奉公三昧《ざんまい》に極《きわま》りたり。忠の義のと言ふ、立ち上りたる理屈が返すがえすいやなり。」（聞書一・一九六）[18]

［理屈ぬきで奉公好きになり、遮二無二主人を大切に思えば、それですむことである。これが良い家来である。奉公好きが行き過ぎたり、主人のことを思い過ぎたりして、過ちを犯すこともあるだろうが、それが本望というものである。なにごとも行き過ぎは悪いと言われるが、奉公にかぎっては、奉公人であれば奉公を好き過ごし、過ちがあっても本望なのだ。（中略）すべてのことを捨てて、奉公三昧にいたるのが最上である。忠だとか義だとかいう、もっともらしい理屈が、私はほとほと嫌である。］

常朝は、「忠」や「義」という儒教的な理屈にもとづく奉公を嫌う。なにもかも忘れて奉公にうち込み、主君を大切に思う心を重視する。熱中しすぎて過ちを犯すことがあるかもしれないが、それでもいい、それが本望だ、と言い切るのである。奉公とは、奉公人とは、行き過ぎるぐらいがよいのであり、理屈に囚われない奉公三昧こそ奉公人の行為の極致なのである。「無理無体」「無二無三」「好き過し」「歎き過し」などの言葉は、常朝「御奉公」論のキーワードといってよいだろう。「ある範囲内での節度ある奉公」など糞喰らえ、自分の身も心も捨てて、生涯をかけて主君を思い過ごせ、というのが、その真意であり、趣旨であった。

「奉公の志と云ふは別の事なし。当介《あてがい》を思ひ、自慢を捨て、我が非を知り、何とすればよきものかと探促して、一生成就せず、探促し死に極《きわま》るなり。非を知つて探促するが、則ち取りも直さず道なり。」（聞書二・一一一）[19]

［奉公の志というのは他でもない。武士にふさわしい務めを思い、自慢の心を捨て、自分の非を知り、どうすればよいものかと探求して、一生の間目的が成就したと思わず、探し求めつづけて死ぬこと、これが最上なのである。自分の非を知って探求することが、とりもなおさず武士の道である。］

ここでも、主君への献身を一大目的にして、自己の利害を顧みない態度が称揚される。しかし、主君を思っておこなわれる毎日の必死の奉公が、実を結ばないこともありうる。一生の献身が主君によって認められず死を迎えたとしても、その献身のプロセスこそが尊いのであり、それに満足したらよい、というのである。

この点に関連して、古川哲史は、「一生探促し」「一生成就せず」などの言葉があることから、これは『葉隠』の不完全主義・未完成主義の表われだと言う。「「不完全」を求め、「未完成」を目ざす生き方、あるいは考え方」がここにはある、というのが古川の意見である。[20] しかし、そうであろうか。そうした理解や規定は、『葉隠』の真意をとらえそこなっているように私には思われる。

奉公における家臣個人の非や至らなさは、たしかに語られている。しかし常朝は、なにも人生や人間個人の不完全性ないし未完成性を強調したのではない。まして古川の言うように、不完全さへの志向を是認しているのではない。未完成を目ざす生き方・考え方に価値を付与しているわけでもない。主君への奉公に限度はなく一生尽くしつづけても完全の域には達しえぬこと、しかも、必ずしもこの世では満足な報いを授けられないことがありうること、を言っているのである。報酬を期待しない限度なき献身、結果への思惑を超えた永遠的な献身、の追求こそがその真髄なのであり、このような献身的奉公を目的とするからこそ、自らの生涯をかけても成就しない、というわけである。不完全や未完成にとどまらざるをえない理想的な献身が常朝の心底では希求されているのであり、それゆえ、それに適切な規定を与えるとすれば、「無際限の献身主義」と言われるべきであろう。

四　献身道徳と「忍ぶ恋」

『葉隠』における主君への「献身」の称揚は、二つの処世的価値の実践と深く結びついていた。一つは、同性間・異性間に発生する「忍ぶ恋」であり、もう一つは、家臣による主君への「諫言」である。

「忍ぶ恋」は、『葉隠』のうちに見られる独特の「美学」の一つとして、これまで多くの論者によって注目され取り上げられてきた。[21] 有名な箇所を引用してみよう。

「恋の部《はま》りの至極《しごく》は忍恋《しのぶこい》なり。「恋《こ》ひ死なん後《のち》の煙にそれと知れ終《つい》にもらさぬ中《うち》の思ひは。」かくの如きなり。命の内にそれと知らするは深き恋にあらず、思ひ死《じに》の長《た》けの高き事限りなし。たとへ、向《むこう》より、「斯様《かよう》にてはなきか。」と問はれても、「全く思ひもよらず。」と云ひて、唯《ただ》思ひ死に極《きわ》むるが至極なり。廻り遠き事にてはなく候や。この前これを語り候へば請け合ふ者共ありしが、その衆中を煙《けむり》仲間と申し候なり。この事は萬《よろ》づの心得《こころえ》にわたるべし。主従の間など、この心にて済むなり。」（聞書二・三三）[22]

［恋の極致、ないし最高の恋愛は「忍ぶ恋」である。「人のもつ恋情は、死んだ後に焼かれて立ちのぼる煙によって知られたらよい。死ぬまで心中の深き思いは外に漏らさぬことだ。」こうしたものなのである。命のあるうちに、自分の思いを知らせてしまうのは、深い恋ではない。焦がれ死にするほどの恋こそ、かぎりなく崇高な恋だ。たとえ相手の人から「あなたの気持ちはこうではないですか。」と問われても、「全然思いもよらないことです。」と言って、ただひたすらに思い死にへと向かうのが恋の極致なのである。まことの恋とはなんと回りくどいことであろうか。先日、こうした話をしたとき、共感してくれる者たちがあり、彼らを「煙仲間」と呼んだ。このことは、世の中のあらゆることに必要な心得として通用するだろう。主従の間柄でも、この心があれば十分なのである。］

恋する相手に自分の思いを伝えないで、「思い死に」することが至上の恋愛だ、と言う。死んだあと、煙で自分の思いが伝わればよい、という葉隠流プラトニック・ラブは、はたから見れば自虐的ですらある。恋愛の成就に価値をおくのではなく、ひたすら思いつづけ、耐えつづける恋愛の過程に、そして恋愛の非実現に、最高の価値をおくのである。たしかに、これだけ純粋な、悪くいえば観念的な、恋愛観には、この世のものとは思えない美的神秘さえ感じられる。成就した恋愛のあとで、相手の不義に苦しみ、連れ合いの非人間的言動に落胆する者には、かえって大きな憧憬や魅力を抱かせることであろう。

この恋の純粋さと併せて注目すべきことがある。それは、最後の文にある、「主従の間など、この心にて済むなり」の主張である。常朝によって称賛される「忍ぶ恋」は、男女間・同僚間にとどまらず、主従という上下間の堅固な精神的絆をも意味するものであった。いな、主従間にあってこそ、最も純粋に発揮されるものでなければならなかった。以下の文は、「忍ぶ恋」が主従間の根本精神を代弁するものであることの表明である。少し長いが、引用してみよう。

「奉公人は、心入れ一つにてすむことなり。分別・芸能にわたれば事むつかしく、心落ち着かぬものなり。又業《またわざ》にて御用に立つは下段《げだん》なり。分別もなく、無芸無男《むなん》にて、何の御用にも立たず、田舎の果《はて》にて一生朽ち果つる者か、我は殿の一人被官なり、御懇《おねんご》ろにあらうも、御情《おなさけ》なくあらうも、御存じなさるまいも、それには曾《かつ》て構はず、常住御恩の忝《かたじけ》なき事を骨髄に徹し、涙を流して大切に存じ奉るまでなり。(中略)恋の心入れの様なる事なり。情《なさけ》なくつらきほど、思ひを増すなり。偶《たま》にも逢ふ時は、命も捨つる心になる、忍恋《しのぶこい》などこそよき手本なれ。一生言ひ出す事もなく、思ひ死《じに》する心入れは深き事なり。又自然偽《いつわり》に逢ひても、当座は一入悦《ひとしお》び、偽《いつわり》の顕はるれば、猶深く思ひ入るなり。君臣の間斯《か》くの如くなるべし。奉公の大意《たいい》、これにて埒明《らち》くなり。理非《りひ》の外《ほか》なるものなり。」(聞書二・六一)[23]

[奉公人は、主君を思う心一つあればすむことである。分別力や芸事にまで広げると難儀なことになり、心の平静さが保てないものである。また、技能でもって役に立つのは低い奉公である。分別なく、芸がなくとりえもなく、なんのご用にも立たず、田舎の片隅で一生を終えてしまう者でも、自分は殿の唯一の真なる家来だ、殿が懇意にしてくださろうと、情を示されなかろうと、自分をご存じなかろうと、そんなことにはまったく構うことなく、つねに深い御恩のありがたさを

骨身に沁みて感じとり、感涙を流して殿を大切に存じあげるまでのことである。（中略）それは、恋する心と同じようなことである。情なく辛ければつらいほど、人への思いは増すものである。たまに逢うときは、相手のために命を捨ててもよいという気持ちになる、かの「忍ぶ恋」などがよい手本である。一生言い出すことなく、思い死にする心のあり方はじつに深いものである。また、時には騙されることがあっても、その時は大いに喜び、偽りが明らかになってからも、なおいっそう深く思い慕うのである。君臣の間もこのようなものであろう。奉公の主旨は、これで埒が明くのである。道理と非理の外にあるものなのだ。」

「心入れ一つ」とは、ひたすら主君を思う心がけを意味する。物ごとについての知識や芸能、特殊な技術などが、奉公にあって一番大切なのではない、と言う。特別な才能をもたず、何の役にもたたず、田舎で朽ち果てる者であっても、自分こそ殿の唯一の臣下である、と確信し、殿から情をかけてもらおうともらうまいと、それには構わず、深き御恩に涙を流すほどに感謝し、奉公しつくすのだ、と常朝は決意し断言するのである。この文の趣旨は、先の主張と基本的に異なるものではないが、しかし、情意の面でいっそう激しくかつ主体的な色彩を強めていることがわかる。

しかも「忍ぶ恋」が例として引き合いに出され、「情なく」「つらき」「命も捨つる心」「思ひ死する心」という主情的な表現が、たたみかけるように使用されていること、そして、最後には、「君臣の間斯くの如く」、「奉公の大意、理非の外なるもの（理屈を超えたもの）」、と結論づけられていることに、注目しよう。自分の思いが成就することも報われることも期待しない精神、こういう無私の臣従精神と主君との結びつきが、まさに「忍ぶ恋」の極致であり、典型であった。忍ぶ恋は、主君への限度なき献身のうちに、最も美しく現われ出る。理屈をこえた、いわば自己犠牲の美を放つことになる。常朝がいくども「忍ぶ恋」に言及し、それを熱く語りつづけたのは、このように最も精神主義的な主従道徳を理想化し訴えつづけんがためだったのである。

五　献身道徳と「諫言」

さて次に、「献身」道徳は、具体的行動形態としての「諫言」へと結びついていくことを明らかにしよう。『葉隠』は「死に狂い」の勧めの書であるとともに「諫言」の勧めの書でもある。諫言、すなわち主君への御意見上申に言及した箇所がすこぶる多い点が、この書の著しい特色となっている。なぜか。

戦乱の世では、献身道徳は、主君や御家のために自分の生死をかけて、つまり「死に狂い」の精神で遮二無二《しゃにむに》敵と闘い合えばよかった。ところが、徳川幕藩体制下の平和で安定した世では、そうはいかない。献身道徳は、敵との戦いから日常的な主君に対する奉公へと向きを変えざるをえなかった。安定し秩序だった主従関係の中で、「死に狂い」精神の忍耐強い発揮が求められたのである。

もう一つ挙げれば、古川哲史が指摘しているように[24]、封建社会がある程度安定し、世襲制度が固定化したために、殿様の子どもは、愚かでも力量がなくともその地位を継承したのであり、御家の存続や繁栄に心を砕く幹部の家臣たちは、それ以前の時代にもまして主君への諫言に命をかけざるをえなくなった、という事情がある。常朝も、諫言という行為の中に、新しい時代に対応する「死に狂い」精神の真価をとらえていく必要があった。彼の心中を表わす主な主張を取り上げてみる。

「奉公の至極は家老の座に直り、御意見申し上ぐる事に候。この眼さへ着け候へば、余《よ》の事捨てものなどはゆるし申し候。扨々《さてさて》人はなきものに候。斯様《かよう》の事に眼の着きたる者は一人もなし。たまたま私欲の立身を好みて、追従《ついしょう》仕廻《しまわ》る者はあれども、これは小欲にて終《つい》に家老には望みかけ得ず。少し魂の入りたる者は、利欲を離るると思ひて踏み込みて奉公せず、徒然草《つれづれぐさ》・撰集抄《せんしゅうしょう》などを楽しみ候。兼好・西行などは、腰ぬけ・すくたれ者なり。武士業《わざ》がならぬ故、抜《ぬ》け風《ふう》をこしらへたるものなり。今にも出家極老《ごくろう》の衆は学びても然るべく候。侍たる者は名利《みょうり》の真中、地獄の真中に駈け入りても、主君の御用に立つべきとなり。」（聞書二・一三九）(25)

［奉公の最高の姿は、家老の職に就いて、主君に意見を申し上げることである。この点に目をつければ、他のことを捨象しても許されるであろう。だが、見識ある人間はいないものだ。こうしたことに着眼できている人間は一人もいない。たまたま私欲から立身をのぞみ、上に追従してまわる者はいるが、これは小欲にすぎず、家老にまでなる望みを成就することもできない。少々高い魂をもった者は、利欲から離れようとして熱心には奉公せず、『徒然草』や『撰集抄』などを読んで楽しんでいる。兼好や西行などの世捨て人は、腰抜けで臆病者なのだ。武士の真の働きができないがゆえに、逃げ腰の態度をとっているのである。出家した者や甚だしい年寄りたちは、彼らから学ぶのも悪くはなかろう。しかし、真の侍たる者は、名誉と利害のただ中にあっても、地獄の真ん中にあっても、生命を賭してそこに飛び込み、主君のお役に立とうとしなければならない、と。］

泰平の時期にあっては、主君へのご意見、つまり「諫言」が最高の奉公となる。諫言は、単に言葉による言葉だけの忠義、と考えてはなるまい。過ちの最中《さなか》にいる主君に対しての場合、的を射た意見、耳の痛い意見であればあるほど、上申した家臣は、切腹や浪人の処断を受けることもあったのである。主君の逆鱗《げきりん》にふれたとき、諫言は往々にして「諫死《かんし》」へとつながる。主君の御用に立つために、「名利の真ん中、地獄の真ん中」に駈け入る必死の覚悟が常々求められていた、と理解する必要があるだろう。「諫死」との表裏一体関係において初めて、諫言の重大さ・深刻さが浮かび出てくる。(26)

このように、その本質において、諫言は軽いものではなかったが、その方法においても、けっしてたやすいものではなかった。方策や実行過程がいかに難しいか、を以下の四つの文がよく示している。

「総じてその位に至らずして諫言するは却って不忠なり。誠の志ならば、我が存じ寄りたる事を似合ひたる人に潜《ひそ》かに内談して、その人の思ひ寄りにさせて云へば、その事調《ととの》はるなり。これ忠節なり。」（聞書一・四三）(27)

［概して諫言できる職位に達していないのに諫言をするのは、かえって不忠である。誠の志をもつ者であれば、自分が考えついたことを諫言するにふさわしい地位の人に内々に相談して、その人の考えついたようにして主君に申し上げれば、そのことはうまくいく。これこそ忠節というものである。］

「諫言の仕様《しよう》が第一なり。何もかも御揃《おそろ》ひなされ候様にと存じ候て申し上げ候へば、御用《おもち》ひなされず、却って害になるなり。（中略）諫言意見は和の道、熟談にてなければ用に立たず。屹《きつ》と仕《つかま》つたる申し分などにては当り合ひになりて、安き事も直らぬものなり。」（聞書一・一五三）(28)

［諫言はその仕方が最も大事である。なにもかも無欠の主君であられるようにと思って申し上げれば、取り上げられず、かえって害になるものである。（中略）諫言や意見は和を求める道であり、じっくり話し合うのでなければ用をなさない。厳格な申し上げ方などでは言い合いになって、簡単なことでも直らないものである。］

「大方諫言と申すには、佞臣《ねいしん》が我が手柄立てか、又後見《こうけん》などありてする事なり。忠義の諫言と申すは、よく御請《おう》けなさる筋を以て、潜《ひそ》かに申し上ぐるものなり。若《も》し御請けなされざる時は、いよいよ隠し候て我が身はいよいよ御味方《おみかた》になりて、御名《おんな》の立たざる様に仕るものに候。」（聞書二・一一三）(29)

［たいがい諫言というのは、殿にへつらう家臣が自分の手柄を立てるためにするものか、また、後見人などがあってすることである。忠義の諫言というのは、殿がよく受諾されるような道筋を経て、内々に申し上げるものである。もし殿がお聞き入れなされない時は、いよいよ隠して自分自身はますます殿のお味方になり、ご評判が立たないようにするものなのである。］

「奉公の至極の忠節は、主に諫言して国家を治むる事なり。下の方にぐどつき廻《まわ》りては益《やく》に立たず。然れば家老になるが奉公の至極なり。私の名利を思はず、奉公名利を思ふ事ぞと、篤《とく》と胸に落ち、さらば一度御家老になりて見すべしと、覚悟を極め申し候。」（聞書二・一四〇）[30]

［奉公における最上の忠節は、主君に諫言して国家を治めることである。下の地位でぐずぐずしていては役に立つことがない。であれば家老になるのが奉公の極致である。自己自身のための名利を思わず、奉公のための名利を思うことだ、と大いに納得し、そうであれば一度は家老になってみせようと、覚悟を決めたのである。］

第一に、諫言をなしうる者は、家老ないしそれに準ずる者に限られていた、という重い現実がある。右記の第一と第四の文に明らかなように、制度上・慣習上、身分の低い家臣が主君に直接自分の意見を具申などできなかっただけでなく、諫言する身分に値しないと見なされていたのである。諫言するには諫言できるだけの高位の身分に就かねばならない。たとえどれほど深く殿を思おうと、殿の役に立ちたいと願おうと、その思いや願いは家老職を得なければ、なんら成就できなかった。それを重々骨身に沁みて知っていたからこそ、常朝は、生涯をかけて家老の地位をめざそうとしたのである（尤も、現実は、それが叶わなかった）。この点に関するかぎり、彼はきわめて冷徹なリアリストである。「名利」も否定しなかった。とはいえ、地位にこだわるリアリストたらん、と彼に決断させた背景には、やはり強烈な献身道徳があったことを忘れるわけにはいかない。

第二には、「忠義に値する諫言」とは何か、に関してである。右記の第三文にあるように、それは、阿《おもね》り上手の邪《よこしま》な家臣が手柄を考え、人の後押しを得ておこなう進言とはまったく違う。十分効果のある道筋のもとに上申し、聞き入れてもらえなければ、さらにいっそう殿の味方になって、悪い評判が立たぬよう尽力するものだ、と言う。家臣自身の自己顕示を、まして立身出世を目的としてはならないのである。「隠し奉公」「隠れ奉公」こそ、諫言する者の根本姿勢であるべきことが、再三再四説かれている。

第三に、諫言がその意図を達成できるためには、相当の熟慮・工夫が必要だ、という認識である。右記の第二文にあるように、主君に対して、完璧なすべて欠点なき人物たらしめようとして意見することは、主君に嫌われて取り上げられないばかりか、かえって害を生じかねない、と常朝は言う。主君には為政者として民・百姓や家中の者を大事に思う気持ちを示してもらえばよいのであって、それ以外についてはあまり窮屈な要求はしないでよい、しかも主君への諫言は、一方的な具申ではなく、「熟談」(＝十分な話し合い)が不可欠だ、と。これが常朝流の諫言術であった。

諫言が成功するには、殿の胸に届かなければならず、殿自身が納得して受容しなければならないことを、常朝はよく知っていた。完全に正しいこと、善なることを上申しても、殿が聴き入れなければ、それは正でも善でもない。殿が得心するような語り方であって初めて道が開ける。「屹と仕つたる申し分」(＝厳格で堅苦しい申し上げ方)では、「当り合ひ」(＝言い合い、口論)になって、容易なことでも是正されずに終わってしまうのである。人間関係の機微を熟知していた常朝の深い人生経験が言い表わされている。

この箇所に関しても、古川哲史は、殿への諫言も百点主義をねらわず、七〇点ぐらいで折り合え、というもので、ここに『葉隠』の未完成崇拝、不完全主義が現われている、と主張する。[31] 欠点のない品行方正なふるまいを主君に求めない、という点では、古川の主張にも一理あるが、未完成崇拝や不完全主義が常朝のめざす諫言の本旨ではないのではないか。まして『葉隠』の中心的な意図でもあるまい。

主君は、一方で厳しくかつ慈悲深い統治の責任者たるべきであるが、他方で娯楽や生活を楽しむ人間であっていいこと、原則性と柔軟性を兼ね備えた多様で幅のある人物であるべきこと、を常朝が考えかつ望んでいた、と私は理解する。為政者としての主君に、いわば清濁を併せ呑むだけの度量の大きさを期待したのであって、主君に未完成や不完全をあえて期待していたわけではないのである。

註

(1)「常朝」という名の読み方については、出家以後は「じょうちょう」、出家前は「つねとも」と訓ずるのが適切であろう。ところで、『葉隠』の成立については、口述者が山本常朝、筆録者が田代陣基という役割分担が通説になっているが、それに異論を唱える論者もなくはない。聞書一や二はともかく、聞書三以降は、田代陣基が自ら直接に関係者に当たったり、他の聞書を見たりして記述したものが多いのではないか、また、『葉隠』全体も、陣基による編集の手がかなり加わっているのではないか、というのである（たとえば、相良亨「『葉隠』の世界」日本思想大系二六　岩波書店、一九七四年）。陣基自身が常朝の談話と他の人々への聞き取り、他の聞書の参照とを明確に区別しているわけではないので、その種の異論の正否を判定するのはきわめて難しい。また、仕事面、人生面で、陣基よりずっと経験豊富な常朝が、他の聞書や種々の史料を陣基に提供したという可能性も大いにある。私自身、陣基による編集行為を否定できないと考えているが、さりとて常朝口述・陣基筆録という通説を斥けるほどの確かな論拠をもたない。それにしても、常朝の死去は、『葉隠』脱稿の三年後であり、生前の彼がこの書の記述全体に目を通していたことはまちがいないので、葉隠思想の基本を常朝に帰することに問題はないと思われる。

(2)『葉隠（上）』和辻哲郎・古川哲史校訂（岩波文庫、一九七六年）二七頁／以下、『葉隠（中）』『葉隠（下）』もこの岩波文庫版による。

(3)『葉隠（上）』六四頁

(4)『葉隠（上）』二三頁

(5)本論での『葉隠』の現代訳および現代文による要約は、奈良本辰也訳や相良亨訳などを参照した（また必要に応じて『三河物語・葉隠』（日本思想大系二六）や『校註 葉隠』（栗原荒野編著　青潮社、一九七五年）をも参考にした）が、訳出の途上で私独自の判断・評価を加えており、最終的には種村個人に責任がある。

(6)『葉隠（上）』六五頁

(7)尤も、戦闘時の武士道と違って、城勤め、すなわち奉公としての武士道では、儒教の五倫の尊重、冷静な思慮分別の発揮が求められることを、指摘しておかなければならない。

(8) 新渡戸稲造の名著『武士道』（岩波文庫、一九七四年）の中に「真の武士にとりては、死を急ぎもしくは死に媚びるは等しく卑怯であった」（一〇五頁）という文がある。『葉隠』が強調する無分別の「死に狂い」精神は、新渡戸が描写する洗練された正統的な武士道精神とはかなり異質であることが知られよう。

(9) 『葉隠（中）』一七九頁

(10) 『葉隠（中）』一九四―一九五頁

(11) 大野道犬の最期について、大久保彦左衛門（忠教）の筆になる『三河物語』には次のような記述がある。「長宗我部と大野道犬ハ落ちて、此方彼方《ここかしこ》さまよひ歩く処に、長宗我部をバ八幡《やわた》にて捕まへて、高手小手に諷《いましめ》〔縛〕て、二条の城之駒寄《こまよせ》にしばり付て晒し給ふ。道犬をバ大仏にて捕まへて、高手小手に縛め《いましめ》て、堺之町を引て、両人ながら三町〔条〕河原へ引出して、青屋《あおや》が手にかけて首を刎《は》ねて、三町〔条〕河原之橋之下に懸《か》けさせ給ふ。」（『三河物語』日本思想大系二六 一七三頁）＊高手小手に…両腕を後方に縛り上げ、その縄を頸にかけること。＊駒寄…馬留めの柵。

大阪冬の陣のあと、敗走していた大野道犬（治胤）は、京の方広寺で捕縛され、堺の町を引き廻されたあと、長宗我部（盛親）とともに三条河原で、青屋（処刑人）によって斬首され、橋の下にその頭が晒された、との内容である。徳川方の大久保忠教は敵の武将である大野道犬をまったく英雄視せず、因果応報であるごとく道犬の刑死を淡々と記している。これと比べれば、『葉隠』が道犬の最期（斬首ではなく焼殺）を、すこぶる誇張し脚色していることがわかる。『三河物語』の記述の方が事実に近いのではあるまいか。

(12) 『葉隠（下）』九六頁

(13) 『葉隠（上）』一七頁

(14) 『葉隠（上）』一七頁

(15) 『葉隠（上）』二〇頁

(16) 家永三郎『日本道徳思想史』（岩波書店、二〇〇七年）八八―九三頁を参照。

(17) 『葉隠（上）』三四頁

(18) 『葉隠（上）』八六―八七頁

(19) 『葉隠（上）』一二八頁

(20) 古川哲史『葉隠の世界』一一八頁、一二一―一二二頁を参照。

(21) 『葉隠』における恋愛哲学の真髄を「忍ぶ恋」のうちに見た三島由紀夫の論はその代表であろう。前掲『葉隠入門』二一―二二頁、七〇―七一頁を参照。
(22)『葉隠（上）』一〇二―一〇三頁
(23)『葉隠（上）』一一二―一一三頁
(24)古川哲史『葉隠の世界』二四頁
(25)『葉隠（上）』一四三―一四四頁
(26)新渡戸稲造『武士道』の中でも、生命を賭しておこなわれる諫言の崇高さが、みごとに叙述されている。「臣が君と意見を異にする場合、彼の取るべき忠義の途はリア王に仕えしケントのごとく、あらゆる手段をつくして君の非を正すにあった。容れられざる時は、主君をして欲するがままに我を処置せしめよ。かかる場合において、自己の血をそそいで言の誠実を表わし、これによって主君の明智と良心に対し最後の訴えをなすは、武士の常としたるところであった。生命はこれをもって主君に仕うべき手段なりと考えられ、しかしてその理想は名誉に置かれた。」（前掲『武士道』八五頁）と。常朝のいう諫言と同じ根本精神が表現されている。しかし、常朝にとって、「恥にならぬ」こと、いわば消極的な名誉は肝要であったが、「誉れを得る」という意味での積極的な名誉は、けっして理想ではない。名誉を得る得ないが問題ではなく、結果を顧慮しない献身そのもの、あとで言う「隠し奉公」こそが、諫言の極致であり、理想なのであった。
(27)『葉隠（上）』三九―四〇頁
(28)『葉隠（上）』七四―七五頁
(29)『葉隠（上）』一二九―一三〇頁
(30)『葉隠（上）』四五頁
(31)古川哲史『葉隠の世界』三三一―三三三頁を参照。

第二章　「死生」観と「性」意識

一　異端と正統における「死の覚悟」の差異

　前章でとり上げた、「武士道といふは、死ぬ事と見付けたり。二つ二つの場にて、早く死ぬかたに片付くばかりなり」「毎朝毎夕、改めては死に死に、常住死身になりて居る」という、『葉隠』を一躍有名にした「死の覚悟」は、その潔さにおいて、その激しさにおいて、いわゆる当時の正統的な武士道を凌駕していた。決断にあっても、行動にあっても、たしかにそれは異端と呼ばれてよい性格を具えていた(1)。その特色をより鮮明にとらえるために、正統的な武士道の代表作と目されている、山鹿素行の『山鹿語類』や大道寺友山の『武道初心集』に見られる主張と比較してみよう。

『武道初心集』に次の記述がある。

「武士たらむものは、正月元日の朝、雑煮の餅を祝ふとて、箸を取る初めより、其の年の大晦日《おおみそか》の夕べに至るまで、日々夜々、死を常に心にあつるを以て、本意の第一と仕《つかまつ》り候。……総じて人間の命をば、夕べの露、あしたの霜になぞらへ、随分はかなき物に致し置き候中にも、ことさら危うきは武士の身命にて候を、人々おのれが心ずましに、いつまでも長生を仕る了簡《りょうけん》なるに依って、主君へも末永き御奉公、親々への孝養も、末久《すえひさ》しき義なりと存ずるから事起りて、主君へも不奉公を仕り、親々への孝行も、粗略には罷り成りにて候。(2)」

［武士であろうとする者は、一月一日の朝、雑煮の餅を食べて正月を祝おうと箸を取るその初めの日から、十二月の大晦日の夜にいたるまで、毎日毎夜、死を思い死を常に心に当てることをもって、第一の心がけとすることである。……概して人間の命を、すぐに消え去る夕方の露や朝の霜になぞらえ、大いに儚いものとみなすものだが、ことに危ういものは武士の身体・生命であって、人々は身勝手な気やすめ心から、いつまでも長生きをする考えに陥ってしまっている。だから、主君にたいしても末永いご奉公ができ、親に対する孝行も末久しく可能であると考えるために、結果的には主君へ不十分な奉公をなし、親への孝行もいい加減になってしまうのである。」

ここにもまちがいなく、かなり明確な武士としての「死の覚悟」が言い表わされている。「日々夜々、死を常に心にあつる（当てる）」ことの大切さ、である。心中に自らの死をつねに意識しながら、毎日を送ることは、たとえ太平の世にあっても、武士の生活態度の基本でなければならなかった。

とはいえ、この覚悟の前提には、人間の命が「夕べの露、あしたの霜」のように一時的ではかないこと、戦闘や災厄で人はいつ死ぬかわからないこと、などの認識が横たわっている。命の脆さ・はかなさ、死の訪れの偶然性・予測不能性が根拠とされている。したがって、この短い生の間で意味のある死、価値ある死を選ぶために、日々を、そして一瞬一瞬を、忠義・孝行という目的の実現に生きよ、と呼びかけるのである。

それゆえ、死ぬことには武士にふさわしい明確な目的がなければならない。山鹿素行の次の言葉はその点を強調する。

「ここに案ずるに、死各々義有り、義を守らずして死を専《もっぱら》とせんは、勇とは云ふべき也、義とは云ふべからざる也。……死をとげて勇はありと云へども、死節の義を詳《つまび》らかにせずしては、まことの勇とは云ふべからざる也。」(『山鹿語類』巻十五)(3)

［ここで考えるのだが、死にはそれぞれ「義」がある。義を守らないでただむやみに死ぬのは、勇とは言えようが、義と言うことはできない。……死をとげたのだから勇があったのだとは言いえても、死すべき時にこそ死ぬという義を明らかにしなければ、真の勇とはいえないのである。］

武士にとっての目的ないし使命とは「義に生き」「義に死ぬ」ことである。「義」のない死は、無意味・無価値だということになる。したがって、死を覚悟するにあたっても、何が義であり、何が義でないか、の理知的な判断がその根底になければならない。理知がなければ、たんなる蛮勇に堕するのみである。そして、ほかならぬ「義の有無」「義の可否」の決定は、当時にあってはいうまでもなく、儒学の探求課題であり、至上目的であった。五倫五常を最高の道徳律とする武士倫理（一言でいえば「道」）に支えられた死の覚悟こそ、正統的武士道の死生観の核心なのである。

これに対して、『葉隠』における「死の覚悟」は、どうであったろうか。前章でも紹介したが、佐賀藩祖である鍋島直茂の言葉をうけて、次のように記されていることを改めて想起しよう。

「本気《ほんき》にては大業《たいぎょう》はならず。気違ひになりて死狂《しにぐる》ひするまでなり。又武道に於て分別《ふんべつ》出来れば、はやおくるるなり。忠も孝も入らず、武士道に於ては死狂ひなり。この内に忠孝はおのづから籠《こも》るべし。」（聞書一・一一四）(4)

［正気では大仕事はできない。気違いになって死にもの狂いで行動するまでだ。また、武士道において分別心が生じてし

まうと、すでに他人に後れをとることになる。忠も孝も、最初は必要ない。武士道には、死にもの狂いだけがある。このうちにこそ忠と孝は自然に宿ってこよう。」

ここでは、本気（＝正気）や分別（＝思慮）が斥けられ、「気違い」「死に狂い」が称揚されている。やや意外なことに、最も重要な封建的規範である忠義も孝行も、武士の決断と行為の前にそれほど強調されていない。忠孝じたいが否定されるわけではないが、死に狂い的な精神とその行為を先行させるべきことが特に訴えられるのであり、遮二無二たる行為そのもののプロセスとその結果の中でこそ、おのずと忠孝が実現されていくはずだ、とみなすのである。

正統的な武士道の考えは、理・気という二大元素にもとづく儒学的世界観によって体系化され、儒学的倫理規範にもとづいて整序されており、それゆえそれは「儒教的士道論」と言われる。この士道論の目的は、農工商三民の上に立つ支配層である武士に「大丈夫」としての自覚と実践を促し、幕藩体制堅持の責務を担わせることにあった。その本質は、義にもとづく死を避けてはならないが、なにより忠孝を土台とした社会建設の哲学であり、いわば「生の哲学」だったと言ってよい。

この儒教的士道論と比較すれば、『葉隠』の唱える武士道が、とくに「死の覚悟」の点で、いかに非理性的かつ主情主義的であるかは、明瞭であろう。儒教的士道論に立つ者は、『葉隠』のように、忠孝という「義」の本質を理知的に把握しないでいて、死に狂い的な行為をどれほど積み重ねても、真の忠孝が実現できようはずがない、と必ずや批判するであろう。ある意味において、その批判は当たっている。遮二無二の行為の結果、絶対的に忠孝が達成される保証はないからであり、行為主体の単なる願望にとどまる可能性がきわめて高い、といいうるからである。

だが、『葉隠』の口述者、山本常朝にとって、主君への忠義は、学問的探究の結果出てくるものではない、という信念がある。理論や分析は、武士の則るべき根本倫理を知的レベルで教えるものであろうが、忠義そのものを行動レベルで実現し貫徹させるものではない。「学問はよき事なれども、多分失出来《たぶんしついでく》るものなり。……大方《おおかた》見解が高くなり、理《り》ずきになるなり。」（聞書一・七二）(5)［学問をするのはよいことであるが、そのためにおそらく過ちが生じるものである。……たいがい見解が高くなり、理屈好みになるからだ。］と語っているように、彼は、「理好き」を嫌う。その類の武士には十分な信をおかない。たしかに、日ごろの学問への愛着と重視によって武士たるものの思慮・分別が形成されるのではあろうが、そうした理性的な思慮・分別がかえって決断を抑制し、肝心な場での不可欠の言動をためらわせ、他人に後れをとることを余儀なくさせるからである。

常朝は、主君への忠義は日常不断におのれ自身の行為で示せばよい、と言う。すでに引用したように、「奉公に好き過す」「主人を歎き過す」態度と実践のうちに、そしてその中にのみ表現される、と考えるのである。どんな不遇の身になっても、たとえ自分にとって不本意ながら「浪人切腹仰せ付けられ候」ても、それも奉公だと受け入れることが、その真髄というべきであった。こういう「奉公三昧」を希求する常朝にとっては、「忠の不忠の、義の不義の、当介《あてがい》の不当介《ふあてがい》のと、理非邪正のあたりに心の付くのがいやなり。」（聞書一・一九六）(6)［忠か不忠か、義か不義か、奉公人として適切か適切でないかというように、善悪の判断へとすぐに心が向かうことが不快なのだ。］ということになる。

相良亨は、葉隠的武士道は「死の覚悟」を根幹にすえ、儒教的士道は「道の自覚」を根本とする、と述べた。(7)その指摘は、異端と正統の武士道の端的な違いを浮かび上がらせた点で、基本的に正しい評価だということができる。しかし、立ち入って分析すると、上で述べたように、死にたいする不断の自覚をもとにした「死の覚悟」は儒教的士道のうちにも見られる。いつなんどき死ぬかわからぬ、という偶然性の意識は、儒教的士道でも強烈であって、日常の立ち居振る舞いはその自覚の上で制御されたのである。葉隠的武士道は、この儒教的士道の「死の覚悟」をさらに尖鋭化した性格をもっている。それは、生か死かの選択を迫られる危機的局面において、たえず「死の優先的選択」を強調した点に一大特色があった、とみるべきである。

二　泰平期での生死をめぐる危機

とはいえ、ここで疑問が起こる。山本常朝が生きた時代は江戸期の初めから半ばにかけてであり、武士が戦場で生死を賭けて闘う状況はほとんどなくなっていた。『葉隠』がどれほど「死の優先的選択」や「死への突入」を唱えようと、生死の選択を迫られる場面が現出しない以上、それは空文句に終わりかねないのではないか、と。たしかにそれは、突撃型武士道を貫こうとする『葉隠』にとって、避けがたい矛盾であり、重大な難点であった。しかし、生死を賭ける戦場がなくなったとはいえ、それに準ずる深刻な危機、ないし死をめぐる切迫した局面は、なおしばしば発生したのである。

それは、例えば、暴力をともなう喧嘩であり、刃傷沙汰《にんじょうざた》であり、家族・親類や主君の仇《あだ》討ちである。『葉隠』の前半部の聞書一、二や、後半部の聞書七、八、九、十の箇所は、これらに関する事件の記述で満ちあふれている。

そうした諸事例において強調されることは、死地への突入を躊躇しない武士の意気地であり、潔さであり、決断力である。「聞書一・一九〇」にこういう主張がある。

「打ち果《はた》すと、はまりたる事ある時、たとへば直《ただち》に行きては仕果《しおお》せがたし、遠けれどもこの道を廻りて行くべしなんどと思はぬものなり。手延《ての》びになりて、心にたるみ出来る故、大かた仕届けず。武道は卒忽《そこつ》なれば無二無三然るべきなり。(8)」

［ある者を討ち捨てると覚悟をきめたとき、ただちに突き進むのでは仕損じるかもしれない、遠くはなるが廻り道をして進んでいこう、などとはけっして考えないことだ。間がのびて、心に緩みが生じてくるから、たいてい事が達成できないということになる。武士道は軽率なほどに遮二無二の行動が大切である。］

これは、ある状況下で、ある対象を斬って捨てようと決断したとき、自分がおかれた事態についての理知的な反省に時を費やさず、逡巡しないで直ちに決行せよ、との呼びかけである。軽率といわれようが、なにより果断でなければならない。躊躇や間延びは、武士の恥だというのである。この聞書の中では、この根本態度の表明のあとで、ある事件が紹介されている。

「或人、川上御経《おきょう》の内、渡船《わたしぶね》にて小姓酒狂《さけぐるい》にて船頭とからかひ、向《むかい》へ上りて小姓刀を抜き候を、船頭竿《さお》にて頭を打ち申し候。その時、あたりの船頭共、櫂《かい》を提《ひっさ》げ駈け集り、打ちひしぎ申すべしと仕り候。然るに、主人は知らぬ振りにて通られ候。小姓一人走り帰り、船頭共へ断りを言ひ、申し宥《なだ》め連れ帰り、その晩、右酒狂の者大小取り払ひ申され候由、承り候。(9)」

［ある人の話だが、川上村実相院の法会があったとき、渡し船の中で、その小姓が酒に乱れて船頭と争い、船から上がって刀を抜き打ちかかったところ、先に船頭が竿で彼の頭を打った。そのとき、周りの船頭たちも、櫂を手にもって駈け寄り、叩きのめせと打ちかかった。ところが、その主人は見て見ぬふりをしてその場を通り過ぎて行った。そこで、主人側の小姓の一人が走り帰って、船頭たちに詫びを言い、その小姓をなだめて連れて帰った。その晩、酒狂いをした小姓は刀を取り上げられ浪人を命じられた、ということを聞いた。］

常朝は、主人たるこの武士の態度に大いに不満である。彼には決断力も実行力もない、とみるのである。この事件に対して、当の主人はどういう態度をとるべきであったか。

「まず船中にて酒狂者《さけぐるいもの》を呵《しか》り、船中を宥《なだ》めざるところ不足なり。又無理にても頭を打たれてからは、断りどころにてなし。断り言ふふりにて近寄り、相手の船頭打ち捨て、酒狂者も打ち捨つべき所なり。主人はふがひなしとなり。[10]」

「思うに、主人たる者はまず船中で酒狂いをした小姓を叱りつけ、船頭をなだめなかったことがよくない。また、こちらに非があったとしても、侍が頭を打たれて以降、詫びを言うどころの話ではない。詫びを言うようなふりをして近づき、相手の船頭を斬り捨て、同時に酒狂いをした小姓をも斬り捨てるべきであった。この主人はまことにふがいない男である。」

威厳をもって喧嘩を収めるべきであったことがまず強調されるのだが、われわれにとって衝撃的であるのは、「無理にても頭を打たれてからは、断りどころにてなし」の言葉である。侍たる者、「頭を打たれる」というような屈辱を受けたならば、それを耐えしのんではならないのであって、その恥を雪《すす》ぐために、相手を斬って捨てるという瞬時の行動をとるべきだ、というのである。「武士の誇り」を傷つける者には、断固として死を与えなければならないのであった。

上述の話は、船頭という庶民と武士との間で起こった喧嘩の例であるが、武士どうしの間でも、武士の誇りをかけた喧嘩や争闘の例が頻発している。武士にとって、我が身に投げかけられた「からかい」「嘲笑」「悪口」は、けっして堪え忍ばれそのまま放置されてはならないものであった。

例えば、初めて江戸詰めのために参上した武士が下位の同僚たちに嘲笑されたり嫌がらせをされ、その屈辱をはらすために、同僚たちの斬り捨てを決意し実行した、という事件（聞書七・三二）[11]、夜半に下城しようとしたさい、自分の刀が見あたらず、探し回っていた時、同僚に「武士が自分の刀を見失ってよいものか」と言われて恥をかかされたことに憤り、翌朝、同僚の屋敷に乗り込んで相手を討ち果たした、という事件（聞書七・三四）[12]、侍仲間で月見をしていた時、ある武士が小男であることをからかわれて立腹し、周囲の同僚に斬りかかって一人を討ち、数人に傷を負わせ、本人は切腹、数人は浪人という処断をくだされた、という事件（聞書八・一）[13]、ある祝いの席で、酒が過ぎて座が乱れはじめ、小舅にあたる武士が婿にあたる武士にさまざまな悪口を浴びせたため、婿が小舅に斬りかかって耳を切り落とし、周囲の者たちに取り押さえられた結果、婿は切腹を、小舅は浪人を仰せつけられた、という事件（聞書八・二）[14]等々。これらは、『葉隠』が挙げている、殺傷を伴った武士間の喧嘩の代表的な例である。

現代のわれわれからすれば、なんと些細なきっかけや動機で、相手を斬り殺したり自分の腹を切ったりしていることかと驚くばかりだが、常朝は、こういう諸事件をとおして、武士の譲れない意気地を、そして武士のとるべき真の死にざまを描こうとしたのである。武士たる自分の面目を汚す（と感じられる）言動に直面したとき、相手の言動が自分にとっての恥であるばかりでない。その言動になんら対応せず、見過ごしてしまうことが、なおいっそう大きな恥なのである。

これに関して、鍋島藩ならではのエピソードがある。

殿中での刃傷沙汰は、刀を最初にふるった者に重大な責任があり、切腹を申し渡されるのが常であった。実際に、城内で囲碁を打っていたとき、局勢が悪くて苛立っていた武士が、渋面をしていた傍の武士に切りつけたため、切腹させられた例が紹介されている（聞書七・一九）[15]。殿中でのこの種の刃傷に直面したとき、原則的にはどう行動したらよいか。「聞書一・四八」で常朝は次のように結論づけていた。

「殿中殺害人は、若し取り逃し、切り働き、御次邊《おつぎあたり》まで参るべきも相知れず候へば、切り捨て然るべく候。尤も後の御咎《おとが》め、同類《どうるい》か、意趣《いしゅ》あるかとの御詮議《ごせんぎ》もあるべく候へども、ただ仕留め申す事ばかりの所存、科《とが》の儀は顧みずと、申すべき事。」[16]

［殿中で人を殺害した者は、もし取り逃がせば、さらに刀をふるい、殿のお側近くまで行かないともかぎらぬので、斬って捨てるのがよい。もっとも、後でお咎めをうけ、同類の者か、何か遺恨があったのではないか、と取り調べられること

もあるだろうが、こうした緊急時は、ただ斬り捨てることだけを考えて、罪に問われるか否かを考える余裕はなかった、と申すべきである。」

なにより、城内での騒ぎをこれ以上大きくしないために、とくに主君に及びかねないほんのわずかな危害をも未然に防ぐために、刀をふるい人を殺害した者を即座に斬殺することが強調されている。これが常朝の提唱する通常の原則であり、藩内でも一般的に承認されていた行動規範であったと考えられる。

ところが、徳久何某《とくひさなにがし》というやや変人風の侍が、城へ出仕したとき、彼がある日客を招いてドジョウのなますを出したことにふれて、ある侍が徳久をからかったところ、徳久が怒ってその者を斬り捨てる、という事件が起こった。当然、切腹という処断が言上されたが、それに対して、結果的に次のように処置されたのである。

「直茂公聞し召され、「人よりなぶられてだまりて居るものはすくたれなり。殿中とて場をのがす筈なく候。人をなぶるものはたはけ者なり。切られ損。」と仰せ出され候由。」（聞書七・二九）[17]

［直茂公はこの事件をお聞きになり、「人になぶりものにされて黙っている者は、腰抜けである。殿中だからといって、見逃してよいものであろうか。人をなぶる者はたわけ者である。その者は斬られ損だ」とおおせになったという。］

殿中で他の武士を斬り捨てた右記の者は、切腹に問われなかった。彼が刃傷に及んだそもそもの原因が、当の武士への恥辱であり、その恥を雪ぐための直接行動に大きな意味が与えられたのである。武士の誇りがいかに大切にされたか、その誇りを傷つけることがいかに大きな犯罪であったか、を示す事例であろう。尤も、当時の主君直茂は典型的な戦国大名であって、殿中の刃傷にもとづく処罰、いわば法の原則よりも、伝統と慣習に根づいた武士の矜持《きょうじ》を重視したといいうる。江戸期にあっては、城内で刀を振るった行為に対して、右のエピソードのようにそれを黙認したという事例はもはや『葉隠』に登場してはおらず、それゆえ戦国期特有の限定的な措置だったように思われる。しかしそれにしても、武士への「嘲笑」「からかい」が重大な罪であり、斬殺に値すると考えられていたことは、戦国期・江戸期をつうじて社会の共通認識でありつづけたのである。[18]

さて、仇討ち、敵討ちについては、どうであったろうか。死を賭した喧嘩や刃傷沙汰ほど多くはないが、敵討ちのいくつかの事例が『葉隠』の中に描かれているので、代表的なものを以下に紹介してみよう。

例えば、成富《なりとみ》何某が盗人を殴ったところ、自分の脇差しを奪われて逆に突き殺され、その弟が兄の仇を討とうと追いかけ、下男とともにその敵を討ち果たしたという事件（聞書八・三五）[19]、寺での説教が終わったあと、伝湖《でんこ》なる者の甥があやまってある男の足を踏んだために、咎められて脇差で突き殺され、止めようとした母も同様に殺されてしまう。さらに仕返しに行った伝湖の弟はその男（五郎右衛門《ごろううえもん》）を殺したが、逆にその男の弟（中蔵坊《ちゅうぞうぼう》）に殺される。敵討ちをめざした伝湖は、身分の差を考えて出家し、住職の身でありながら最後には中蔵坊の親を討って本懐をとげた、という事件（聞書八・五五）[20]、大久保何某は、高い身分の侍に召し抱えられた乱暴な相撲取りたちとの口論の結果、彼らに斬り殺されたため、知らせをうけた彼の子が、一人で二人の大男を相手にわたり合い、二人とも斬り殺したという事件（聞書九・一二）[21]、などがある。

理由はどうであれ、ある者の言動・殺害によって発生した自分の家族や親類縁者（そして主君）の非業の死は、まったく正当な敵討ちの理由となる。むしろ、そういう事態をこの上ない自身の屈辱として無念至極として、心に受けとめなければならない。ここでも放置や無視は許されないのであり、関係者は仕返しのために直ちに立ち上がらなければならないのである。不正に対する復讐によって、正義の回復がめざされたのであり、ここに言わば「衡平の原則」の実行をみることは誤りではない。

とはいえ、この報復観念は、無際限の暴力的連鎖を作り出す恐れがあり、実際、血で血を洗う個人相互の、また集団相互の争闘・殺し合いを惹起したし、さらに、あげくのはては家どうしの共倒れに帰着することもあった。[22]結果が大団円に終わろうと、悲劇に終わろうと、それでもなお敵討ちは、武士の誇りを守る社会的に称賛され推奨さるべき行為であった。この行為を忌避することは、自らを非難の対象、疎外の対象として後々まで世間に晒すことを意味したのである。

以上のように、江戸期の太平の世の中でも、たしかに戦場での生きるか死ぬかの緊迫感あふれる限界状況は消失していたとはいえ、それでも武士としての誇りをかけて、生を選ぶか、死を選ぶかの危機に臨むことは少なくなかった。常朝は、こうした重大事に直面したときに、「武士道といふは死ぬ事と見付けたり」の精神をまがうことなく発揮することを求めたのである。日ごろから、「死を常に心にあてる」という正統的士道の死生観ではなく、理知的判断に先んじての死への突入、果敢な死の受容という、異端の死生観を訴えたのである。彼の次の言葉は、簡にして要を得た突撃型武士道の結論というべきであろう。

「我が身にかかりたる重きことは、一分《いちぶん》の分別にて地盤をすえ、無二無三に踏み破りて、仕《し》てのかねば、埒《らち》明かぬものなり。大事の場を人に談合《だんごう》しては、見限らるる事多く、人の有体《ありてい》に云はぬものなり。斯様《かよう》の時が、我が分別入《い》るものなり。兎角《とかく》気違ひと極《き》めて、身を捨つるに片付くれば済むなり。」(聞書一・一九四)[23]

[わが身にかかわる重大事は、揺るがぬ決断をもって身を構え、無二無三に踏み込んでし遂げないと、決まりがつかないものである。大事が起きたとき、他人に相談していては相手にされないことが多く、人も本当のことを言ってはくれないものだ。このようなときこそ、自身の決断が必要なのである。とにかく気違いと言われるほど気持ちを固めて、命を捨てると決意すればそれでよいのである。]

武力による口論や喧嘩の決着、敵討ちによる衡平的正義の実現、これらは、現代のわれわれがもはや選択できることではなくかつ選択すべきでもない、武家社会特有の問題解決法であった。新渡戸稲造は、「切腹および敵討の両制度は、刑法法典の発布と共にいずれも存在理由を失った[24]」と述べているが、近代法を逸脱した個人や集団による暴力的解決は、それをどんなに美化しようと、やはり非合法の私的制裁の域を出ていない。常朝が希求した死の優先的選択は、その意味で、法的にも公共的にも認容されえない時代になっている。

だが、法や公共性とは別の領域ではどうか。個人間の問題、行動主体の問題としては許されないか。

この場合でも、死への突入を賛美する主張は、自分の潔さ、誇りの高さを示す気高い行為を表現しているとはいえ、自己の生命とならんで他者の生命を軽んじ無化する、という本質をもっている。自分の潔さを発揮するために他者の潔さを封殺するのである。自分の誇りを守るために、他者の誇りを破壊するのであり、自分の潔さを発揮するために他者の潔さを封殺するのである。どこまでいっても自己生命と他者生命との間の「ゼロ─サム関係」が不動の前提となっていることに、われわれは想像力を働かせなければならない。今日にあっては、自らの誇りを貫きかつ守るための、現代の価値観に則った新しい方法を、個人的または公共的に探求するほかはないのである。

三　生のはかなさ、世の無常への諦観

『葉隠』の中で、常朝は、「常住死に身」という死の覚悟にもとづいて、一日一日、一瞬一瞬を生き抜く厳しさを要求するのであるが、他面、人の一生を、この此岸《しがん》の世を、総体として眺める出家者ならではの包括的視点を、しばしば提示している。以下の記述はその代表的なものといいうるであろう。

「幻《げん》はマボロシと訓《よ》むなり。天竺《てんじく》にては術師の事を幻出師《げんじゅつし》と云ふ。世界は皆からくり人形なり。幻の字を用ひる

なり。」（聞書一・四二[25]）

［幻という字はマボロシと読むのである。インドでは呪術師のことを幻出師と呼んでいる。この世はみんなからくり人形なのだ。だからこそ幻の字を用いているのである。］

「道すがら、何とよくからくつた人形ではなきや。糸をつけてもなきに、歩いたり、飛んだり、はねたり、もの迄《まで》も言ふは上手《じょうず》の細工《さいく》なり。来年の盆には客《きゃく》にぞなるべき。さてもあだな世界かな。忘れてばかり居るぞと。」（聞書二・四四[26]）

［一緒に歩きながら「人間とは、何とよく工夫された操り人形ではないか。糸を付けてもいないのに、歩いたり、飛んだり、跳ねたり、ものまで言うとは、いかにも名人の細工である。来年の盆には霊として迎えられることになるかもしれぬ。それにしてもかりそめの浮世だ。誰もがこのことを忘れているぞ」と話された。］

主君や御家の存続・繁栄を目的として、日夜ひたむきに奉公することの意義を語りつづけながら、もう一方では、人生やこの世の短さ、はかなさ、理不尽さに対する受容および達観の眼差しが、ここにはある。常朝の心中にある矛盾した両面だといってよい。しかし、それは外見上の矛盾であって、本質的には強い相関関係にあったというべきであろう。すなわち、死に向き合いつつ奉公に徹する態度が真剣であればあるほど、生のはかなさをより強烈に自覚せざるをえない。逆に、生のはかなさの自覚を介して生への執着が薄くなればなるほど、死を受容することはいっそう容易になることだろう。

たえず死と対峙することによって、武士は武士としての資質・世界観・道徳性を身につけることができた。家永三郎は、前代の貴族の生活態度と武士の生活態度にふれて、「武士の場合、何といっても生命を賭しての仕事であったから、……貴族の場合よりは、はるかに真剣な生活態度を生み出し得たのであって、そこに武士の道徳思想が貴族のそれよりも一段の進歩をとげていることは認めなければなるまい。(27)」と述べているが、それはたしかに妥当な指摘だと思われる。

もちろん、右述の「マボロシ」や「からくつた人形」などの言葉は、侍勤めをしていた常朝ではなく、浮世を離脱した出家者たる常朝ならではの言葉であろう。主君光茂の死後、四二歳で藩内の黒土原に庵住《いおり》まいをし、過去の生活や自身の軌跡、そしてさまざまな人間関係を淡々と振り返ることによって思い浮かばれた述懐であったにちがいない。現世で必死に奉公一途の日々を過ごしていた時代では、かんたんに出てくる言葉ではないからである。しかし、それでも、生死の選択に直面する機会が多かった武士だからこそ、出家した後に必然的に生じてきた自省と諦念の言葉だということができる。

人生とこの世に対する悟りに近い心境をふまえて、常朝には、やや異種の人生観ないし生活態度を表わす記述があることにも触れておこう。

「人間一生《いっしょう》誠に纔《わずか》の事なり。すいた事をして暮すべきなり。夢の間《ま》の世の中に、すかぬ事ばかりして苦を見て暮すは愚《おろか》なることなり。この事は、悪《あ》しく聞いては害になる事故、若き衆などへ終《つい》に語らぬ奥の手なり。我は寝る事が好きなり。今の境界《きょうがい》相応に、いよいよ禁足して、寝て暮らすべしと思ふなり。」(聞書二・八五)(28)

［人間の一生は、まことに短いものである。好きなことをして暮らすべきである。夢のように過ぎてゆく世の中を、好きではないことばかりして苦しんで日々を送るのは、愚かなことだ。しかし、このことを悪く受けとられては害になる話だから、若者たちには最後まで語ることのない奥義としておく。私は寝ることが好きである。今の境遇にふさわしく、ますます外に出ることをせず、寝て暮らしたいと思っている。］

この世での生の短さに思いを馳せつつ、短いがゆえに本人自身が満足できる生活を送ることができればよい、と言いきるのである。苦しかろうと、嘆かわしかろうと、主君への献身的な奉公を唱えていたはずの常朝にしては、意外な側面というべきであろう。否、『葉隠』に満ち満ちている献身道徳の唱道とは、明らかに矛盾する述懐である。しかし、これも、常朝の偽らざる本音というべきであって、本人も、この言葉を聞けば若者たちに与えるであろう「悪しき」影響に気づいている。だからこそ、「若き衆などへ終に語らぬ奥の手」だと付け加えることを忘れていない。

出家した身だからこそ自由に語れる心中の思いだが、侍勤めをしていた間にあっても、こういう願いをもちつづけていたにちがいない、と推測されうる。主君への奉公をめざし自身の犠牲をいとわない強烈な献身道徳と、短い人生だからこそ自らの好きなことを堪能したいというささやかなエピキュリアニズム（快楽主義）、そのいずれもやはり『葉隠』の真実であった。もとより、その両面は矛盾したまま併存しているだけで、けっして整合的に統一されてはいない。だがそれでも、常朝の中に「常住死に身」の激越な実践的道学者だけを見ることが一面的であることを、思い知らされるのである。

四　「性」に関する意識（その一）——「衆道」の理念と現実

作家三島由紀夫は、「忍ぶ恋」のうちに典型的に表現される純粋な恋愛感情に注目し、エロースとアガペーとを融合させている『葉隠』独自の恋愛哲学を高く評価している。[29] だが、ここでの恋愛は、同性愛、とくに男性と男性との間で交わされる官能的かつ精神的な愛であった。よく知られていることだが、男色または男道を意味する「衆道」についての記述が多いのも、『葉隠』の著しい特色である。

現代のわれわれにとって驚きを禁じえないのは、主君と家臣との間での衆道が、ほぼ公然と認知され、横行していたことである。こんな記述がある。

「作兵衛《さくべえ》儀《ぎ》御側《おそば》に相勤め候。或時、光茂公召させられ候処、緋縮緬《ひちりめん》の下著《したぎ》仕《つかまつ》り罷り出で候。御穿鑿《ごせんさく》なされ候処、神代弁之助《くましろべんのすけ》殿へ恋慕仕り、前晩《まえのばん》弁之助殿方《かた》へ一宿《いっしゅく》致し、弁之助殿下著を著《ちゃく》仕《つかまつ》り罷り帰り、その儘にて罷り出で候由。この事顕然《けんぜん》に付《つい》て、切腹仰せ付けられ、……」（聞書八・七二）[30]

［北島作兵衛は殿のお側勤めをしていた。ある時、光茂公がお召しになったところ、作兵衛は緋色縮緬の下着を身につけて参上した。公がその理由をお尋ねになったところ、神代弁之助を恋い慕い、前夜弁之助の家に宿泊して夜を共にし、彼の下着を着て帰宅し、それを身につけたまま、参上したということだった。作兵衛と弁之助との間柄が露見することになり、光茂公は作兵衛に切腹を仰せつけになった、……］

主君光茂は、お側勤めの北島作兵衛と「衆道」、つまり同性愛の関係にあり、作兵衛が弁之助と関係をもったことを発見して憤り、作兵衛に切腹を命じた、というのがこの話の筋である。二人の間の関係が露見したのは、作兵衛が弁之助所有の緋色縮緬の下着を着ていたからであり、翌日の夜、光茂自身が寝室の中で、それがいつもとは違う下着であることに気づいたからである。淡々と記述されてはいるが、実態は、かなり生々しい男色の三角関係が発生しかつ露呈されたこと、なによりお側侍が主君との関係の他に、別の男色関係を結べば、直ちに処断されることを、文面から読み取ることができる。

このように、主君が、若き美少年を「小姓」として抱え、衆道という名のもとに同性愛を通じ合うことは、別に異常なことではなく、広く認容された公然の事実であったことが知られる。だが、これを主従間の単に個人的な趣味・嗜好の問題としてだけ理解するのは正しくないであろう。主従関係をより親密で強固なものにするという政治的な意味においても、重要なものであったと考えられるのである。

男性の同性愛を意味する「衆道」が武士社会で市民権を得ていたにせよ、男女間の恋愛と同様に、いわゆる「道」を踏み外し、醜聞をひき起こしたり堕落したりする恐れがないわけではなかった。人生経験の豊かな高齢の侍から、「衆道に心得あるべし」という訓戒が発せられたのも、十分な理由があった。次のような文章がある。

「式部《しきぶ》に異見あり、若年の時、衆道《しゅどう》にて多分一生の恥になる事あり。心得《こころえ》なくして危ふきなり。云ひ聞かする人が無きものなり。大意を申すべし。貞女《ていじょ》両夫にまみえずと心得べし。情《なさけ》は一生一人《いちにん》のものなり。さなければ野郎《やろう》かげまに同じく、へらはり女にひとし。これは武士の恥なり。……互に命を捨つる後見《こうけん》なれば、よくよく性根《しょうね》を見届くべきなり。くねる者あらば障《さわり》ありと云うて、手強《てごわ》く振り切るべし。障《さわり》はとあらば、それは命《いのち》の内に申すべきやと云ひて、むたいに申さば腹立て、なほ無理ならば切り捨て申すべし。また男の方は若衆《わかしゅう》の心底《しんてい》を見届くること前に同じ。命を抛《なげう》ちて五六年はまれば、叶はぬと云ふ事なし。尤も二道《ふたみち》すべからず。武道を励むべし。爰《ここ》にて武士道となるなり。」（聞書一・一八一）[31]

［式部殿が意見された。若いとき、衆道で一生の恥になるような事件を起こすことがある。その心得がないと危うい。だが、衆道についての心得を説いて聞かせる者はいないものだ。そこで、おおよその内容を述べてみよう。まず、貞女二夫にまみえずというような態度を心がけるべきである。そそぐ情愛は一生のうちにただ一人だ。そうでなければ男娼と同じであり、また淫乱な女と変わらないことになる。これは武士の恥だ。……お互いに命を捨て合うほどの後見人であるから、よくよく相手の性根を見とどけるべきである。性根が曲がっている相手ならば「差し障りがある」と言って、はっきり振り切るべきである。「差し障りとは」と聞かれたときは、「それは生きている間は言えないことだ」と答え、それでも無理無体なことを言うならば一喝し、なお聞きいれぬときは斬り捨てたらよい。また、年長の方が若者の心の底を見とどける必要があることは、先に述べた通りである。命をかけて五、六年も専心すれば、想いが叶わぬということはない。決して二つの道をかけてはならない。何よりも武道を励むべきだ。ここではじめて、武士道が確立する。］

経験の浅い若侍に対する「衆道」教育の核心がここにはある。武士間の同性愛を追求するにしても、ただ一人の誠実な相手と生涯にわたり自らの命をかけて堅固な間柄を貫き通せ、というのが心得の基本である。そのためには、悪しき性格の相手、浮気っぽい不誠実な相手とは早く手を切り、言葉で決着をつけられなければ斬り捨てよ、という実践的訓戒、さらに武断的措置までもが提示される。

われわれにとって注目に値するのは、同性愛たる衆道は武士道と対立するものではなく、むしろその一環だったことであり、相手を一途に思い合う男色関係の極致こそ武士道そのものだ、という立場が打ち出されていることである。

『葉隠』における「忍ぶ恋」は、男女間の恋愛ではなく、男どうしの同性愛であり、その頂点が主君に対する家臣の一方的な慕情であることは、すでに説明したところだが、とはいえ、こうしたいわば「理念としての衆道」がつねづね世間を支配し、人々の間で円滑かつ穏やかに機能していたというわけではない。つまり、「衆道」の理想と現実との間には、大きな溝が横たわっていた。

それを物語るのが、『葉隠』の中で言及されている少なからぬ「衆道の遺恨」の事例である。

ある侍が、想いを寄せた中島山三《なかしまさんざ》という美少年の小姓に相手にされないのを恨みに思って、主君の御前で小歌に託してその恋情を述べた、という話（聞書一・一八三）(32)、石尾《いしお》何某が坂部《さかべ》何某という小々姓に恋慕し、想いが叶わぬゆえに相手を討ち果たすと言ったことが公になり、藩から切腹を命じられた、という話（聞書八・七三）(33)、大野《おおの》何某と鍛治《かじ》何某とが衆道のうえの遺恨で口論をはじめ、周囲の仲介によっても和解することができず、あげくのはては藩の指示でおこなわれた公開の決闘において、両者とも命を落とした、という話（聞書七・二五）(34)、などが代表的な例である。

第一の例には、平安期の男女間恋愛にでも出てきそうな悲恋風のロマンティシズムが言い表わされているが、第

二、第三の例になると、衆道の遺恨を武力で決着づけようとする、武士ならではの発想と言動が明瞭に現われている。「人知れず想いつづける」ことが男道の最高の美徳だとされてはいたが、じっさいには男色をめぐるドロドロした人間関係が日常的に再生産されていた。それゆえ、同性どうしの情的葛藤や怨念、それらに端を発する数多くの血なまぐさい喧嘩や刃傷沙汰も起こるべくして起こったのである。この裏面を見ずして、『葉隠』を特徴づける、理念としての衆道を安易に美化することには、大いに慎重でなければならない。

五 「性」に関する意識（その二）――男女道徳

男性どうしの恋愛には寛容であった葉隠武士道は、異性間の、つまり男女の恋愛については、どういう態度をとったのであろうか。

結論からいえば、男女間のあるべき恋愛関係については、ほとんど言及もしていないし、論じてもいない。むしろ、まったく無視している。武士道にとって、男女間の恋や愛は取るに足りないもの、関心をもつに値しないもののごとくであり、男女間の交わりに『葉隠』は重きも意義もおいていない。聞書で繰り返されるのは、男と女の質的な違いであり、女という性の信頼しがたきことであり、女的なものが軽蔑に値すること、である。「女脈」という言葉で男の女性化傾向を嘆く次のような記述があるのも、それをよく表わしている。

「或人の話に、松隈《まつぐま》前の享庵《きょうあん》先年申し候は、「医道に男女を陰陽《いんよう》に当て、療治《りょうち》の差別有る事に候。脈も替り申し候。然るに五十年以来男の脈が女の脈と同じ物になり申し候。……さては世が末になり、男の気おとろへ、女同前になり候事と存じ候。……」と申し候由。これに付て今時分の男を見るに、いかにも女脈《おんなみゃく》にてあるべしと思はるるが多く候。あれは男なりと見ゆるはまれなり。」（聞書一・三六）(35)

［ある人の話に、以前、先代の松隈享庵が、「医学では男女を陰陽にあてて考え、治療のさいにも、両者の区別を重視していた。男女の脈にも違いがあった。ところが、ここ五十年来、男の脈と女の脈がまったく同じものになってきた。……さては、世も末となり、男の気質が衰え、女同様になってしまったと考えられる。……」と述べたということである。これに関して、いまどきの男を見ると、いかにも女脈であろうと思われるような男が多く、あれは確かに男だと見える者はまれである。］

人間の脈なるものに、そもそも男女の違いがあるのかどうか。あるとすれば、打つ脈の強弱、または頻度の差異にとどまるであろう。それにしても右の話の主眼は、男という性が、心身ともに、女という性と根本的に異なっていなくてはならない、ということである。女との同化は、男の本質の消滅を意味したのであり、「男らしさ」は男の尊厳の根拠だったのである。

女が信頼に値しない存在だ、という侮蔑意識は、儒教的な士道論にもあり、その点では、正統的、異端的とを問わず、両者に共通している。武田信玄の言葉を受けながら、山鹿素行も「女侍《おんなざむらい》」批判を述べたとき、その種の認識を前提していた。

「（武田信玄曰く）坂東八ヶ国の将軍となり既に王号を僣《せん》せる将門《まさかど》を、俵藤太が奉討のとき、秀郷《ひでさと》ひそかに将門が内《うち》の女に心を合せ是を討たりと也。女は義理をわきまへず正道を知らず、ふがいなくかざる人間なれば、武士の上に偽《いつわり》ある輩《やから》は女侍なり。ここを以って女に必ず心をゆるすべからずと云々。」（『山鹿語類』巻第二十二）(36)

［関東八ヶ国の将軍となり王を僭称した平将門を藤原秀郷（俵藤太）が討った時、秀郷はひそかに将門の内の女と心を通じて討ち取った、と言われている。女は義理をわきまえず、正道を知らず、ふがいなく外面を飾る人間であるから、武士でも偽りのある者は、女侍と言うのだ。それゆえに、女には決して心を許してはならぬのである、と。］

すなわち、前提されていた認識とは、女は本質的に「義理をわきまえない」「正道を知らない」「ふがいなく飾る」という性格をもつ存在だ、という独断的理解である。厳格な身分制社会や家父長的家族制度による桎梏と、その下での定型的な資質形成の結果であることについては、まったく度外視して、不義理、不正道、虚飾などの否定的特性を女性に押し付けつけた、というのが真実であろう。

しかし、男女間の情愛について、すこぶる冷淡であった常朝と比べると、儒教的士道論に立つ山鹿素行が、かなり寛大で柔軟な態度をとっていることは、注目に値する。

「人この気稟《きりん》形体有れば、則ち情欲有り。四支の動静に於ける、耳目の視聴に於ける、喜怒哀楽の内に感じ、飲食男女の外に索《もと》むる、皆情欲の自然にして、人物悉《ことごと》く然り。……先儒無欲を以て之れを論ず、夫れ差謬《さびゅう》の甚だしき也。（中略）人の情欲、必ず過溢《かいつ》して足るを知らず、聖人教えを立て之れを制節す、又已《や》むを得ずの自然也。」（『山鹿語類』巻第三十三[37]）

［人が、生まれつきの性質と形ある身体をもつ以上は、情欲もある。人の四肢は動きかつ静止し、耳は聴き、目は視る。人はまた喜・怒・哀・楽を内に感じ、食欲・性欲の満足をその外に求める。これらはみな、情欲の自然なあり方であり、人にも物にも妥当することである。……先儒は、本来的に人にも物にも欲はないとしているが、それは大きな誤りである。（中略）人の情欲なるものは、必ず度を過ごして、満足することを知らぬものである。それゆえ聖人が教えを設けてその情欲を節制するというのも、また必然のことなのである。］

人間の本来的な欲求に対する素行の考え方は、いわば自然主義的であり、現実的かつ合理的である。自然的本性として与えられたものを抑圧したり排除したりする発想はここにはない。情欲の自然的あり方は、それはそれで受け入れ、その適度な満足に努めたらよい、というのである。

ただし、男女間の情欲は、節度を越え、無際限に肥大化する傾向があるから、過去の聖人の教えに従って、自己規制をする必要がある。だが逆にいえば、節度を守りさえすれば、情欲の追求や充足は善であるというのが、素行の考えであった[38]。

以上の山鹿素行の情欲肯定説に比して、常朝が男女間の情欲に関心を寄せなかったのはなぜであろうか。

江戸期に入ってすでに百年以上も経ち、武家社会も強固な家父長的「家」制度のもとで維持され継続するようになっていた。家の維持のためには、子孫の誕生と財産の継承が不可欠となる。男系中心の相続制のもとに、女性には子どもを産む道具としての性格がいっそう固定化された。男女間の交わりは、家系の存続という目的のために手段化され、功利性を帯び、純粋な愛情関係からますます遠ざけられていく。男女間に無償の愛を見出すこと、実現することがきわめて難しい時代であった、と考えられる。自由恋愛が許されず、家の格式をもとに許嫁《いいなずけ》婚や見合い婚が支配していた武家社会では、なおさらそうであったろう。

それに反して、衆道における愛は、家の維持という功利的目的をもたない。それ自体が目的となりうるような、人と人との命を賭けた人格的な愛だ、と常朝はみなした。『葉隠』の中で、さかんに衆道の愛が称揚される一方で、男女の愛に少しも尊敬がはらわれないのも、故なしとしないのである。このように、衆道の希求・礼賛は、武士道における女性蔑視、封建的家制度の固定化、男女の情愛の手段化・矮小化、などという社会的文化的なひずみの必然的結果なのであった。

だが、女性がいつでもどこでも蔑《さげす》みの対象であった、とみなすのは正しくない。武家の妻となった女性には、相当の敬意がはらわれた。家計や家産の管理、子どもの出産・養育、使用人の雇用・監督など、家の存続にとってきわめて重要な役割を担う存在だったからである。大道寺友山の『武道初心集』にこんな指摘がある。

「我が女房と定め、奥様かみ様と人にも言はせて差し置く者へ対し、高声を掲《あ》げ、種々の悪口雑言《あっこうぞうごん》に及ぶは、市町《いちまち》の裏屋背戸屋《せどや》の傭夫役丁《えきてい》の風情《ふぜい》は格別、すでに一騎役《いっきやく》をも勤むる武士の所行には、決して有るまじき義に候。……総じて、我に手向ひのならぬ相手と見懸けて、理不尽の仕かたに及ぶ義をば、猛《たけ》き武士は決して致さぬものに候。(39)」

［わが女房として承諾し、奥さま・おかみさまと周囲の人々にも呼ばせている者に対して、がなり声をあげ、悪口雑言を投げつけるのは、市井の裏屋住まいの雇われ人や人夫がとる態度ならともかく、すでに一人前の役職を勤める武士の所業として、けっしてあってはならぬことである。……一般に、自分に手向かいできぬ弱い相手とみなして、理不尽な行為に走るようなことを、勇猛な武士はけっしてしないものだ。］

正式な婚姻によってわが家に迎え入れたからには、妻に対する理不尽な暴言や殴打は許されない、武家の妻の地位にふさわしい敬意をはらい、節度ある対応を心がけるべきだ、というのが趣旨である。家政能力を欠いた女性は問題外であった。だが、妻たる女性は、家の中でその能力を発揮すればするほど、存在理由を高めることができ、周囲からの尊敬を得ることもできた。お家の存続にとってなくてはならぬ人物として、夫からも下人からも一目置かれる存在だったからである。もとより、彼女の働きは、本人の意図はどうであれ、個々の家族構成員と家父長的な家族制度との一体化を促進し強化させる。その意味でも、妻の地位を保証し、妻に周囲からの尊敬を獲得させたのは、女性自身の能力であるというより、いわば家制度だったのである。(40)

封建時代の武家社会に特有の「家」制度には、見落とすことのできない裏面がある。それは何か。不義密通に対する仮借《かしゃく》ない制裁が、それである。父権制を柱とした家の継承は、この制度を些かでも揺るがす危険因子を徹底的に排除するところに成り立っていたからである。もとより、男の遊郭通いは、概して大目に見られた。他方、密通した妻、および密通者は、とくに断罪の対象となった。『葉隠』の中にも、密通をめぐる逸話が頻繁に登場し、そのつど苛烈な処断が下されたことが紹介されている。

例えば、藩主直茂が上洛中の留守に、城内でおこなわれた六名の男と八名の女との密通事件が発覚し、すべて捕縛され斬首された、という話（聞書三・二二）[41]、石井何某の妻が、江戸に上った夫の留守に、夫の弟と密通して、親類縁者から見捨てられ、石井の家は「畜生門」だとして一門から断交された、という話（聞書六・四二）[42]、中野何某は、妻が若侍と密通事件を起こしたことに憤り、下女ともども殺害した、という話（聞書八・二八）[43]、ある侍が、帰宅したとき妻と家来とが寝間で密通をしている光景を見、妻を斬殺し、後日家来には暇を出した、という話（聞書九・二〇）[44]など、枚挙にいとまがない。

処罰を下した主体が、藩当局であれ、一族郎党であれ、夫個人であれ、これらの状況の下では、密通当事者による事情説明ないし弁解など、ほとんど無視されている。常朝は、叙事詩的な語り口で粛々と述べているが、これらの制裁の実態はまことに血なまぐさく、そして凄まじい。

とくに妻の密通に対する夫の処断は、即時的または短時間のうちであった。しかもその多くは、閉ざされた私的空間の中で、個人の判断による私的制裁の形で遂行された。常朝自身も、そのことについて何の異議も唱えていない。当たり前だ、必然だ、との認識に立っていた、と考えられる。

これに加えて注目すべき逸話がある。男女間の不義に関して、「疑わしきは罰せず」という近代的刑事訴訟の法原則ではなく、「疑わしきも罰する」という慣習的な掟が力をもっていた、という事実である。次のような記述が見られる。

「八戸宿《やへじゅく》を或者罷り通り候時分、にわかに腹つつき、裏借屋《うらしゃくや》へ走り込み、雪隠《せっちん》を尋ね候へば、若き女一人罷り在り候が、雪隠は奥へこれある由教《おし》へ申し候に付き、そこに袴《はかま》をぬぎ置き、雪隠に参り居り候処、亭主罷り帰り密懐《みっかい》の沙汰を申し懸け、その末口事《くじ》になり、直茂公聞し召され、「密通にてこれなく候とも、女一人罷り在り候処、不遠慮《ぶえんりょ》に袴をぬぎ置き、女も夫の留守に袴をぬがせ候処、密通同前にて候」由にて、両人共死罪仰せ付けられ候由。」（聞書十一・七七[45]）

［ある男が、佐賀の八戸宿を通りがかったとき、にわかに腹の調子が悪くなり、ある裏屋へ走りこんで、便所はないかと尋ねた。その家には若い女が一人おり、便所は奥の方にあると教えてくれたので、男は、その場に袴を脱ぎすてて便所へ駆けこんだ。ところが、亭主が帰ってきて、脱いである袴を見て妻との密会の事実を述べ立て、その結果、訴訟ごとになった。直茂公は、この事件をお聞きになって「密通ではないとしても、女が一人だけいる所で無遠慮に袴を脱ぎ置いたこと、女もまた、夫の留守中に見知らぬ男に袴を脱がせたこと、これは密通同然というべきである」と言われ、両人ともに死罪を命じられたという。］

密通の疑いをかけられた男女両人は、この箇所の聞書を読むかぎり、必ずしも確実で明白な証拠がないまま死罪に処せられている。訴訟の形式をとってはいるが、当事者に十分な申し開き、つまり自己弁明が認められたのかどうか、定かではない。しかも最終的に、疑わしき不義は不義同然であるという理由で、主君直茂の個人的判断で死刑が決定されている。

直茂は戦国期から江戸期初めまで領国を支配した戦国大名であり、一方では、民衆にたいする慈愛にみちた政治を意味する「仁政愛民」を公にしつつ、他方で、種々の争いの鎮圧や領国の統一にむけて武将特有の厳格な統治をすすめたと伝えられている。[46] 直茂の死去以降、幕藩体制期の全体を通して、こうした藩主の意向にもとづく専断的処罰が佐賀藩で通常的におこなわれたとは考えがたい。

だが、『葉隠』でこうした事件が取り上げられ、密通の疑いですら厳罰の対象になることが明記された意味はきわめて重い。世間一般の男女道徳の根底に、家父長的な一夫一婦制の家族制度が厳然と横たわっており、それを微塵でも揺るがすような言動は反逆的だと見なされたことを、われわれはここから認識せざるをえないのである。

註

（1）誤解を避けるために付言すると、正統的な武士道論と異端的な武士道論との区別・対立が、江戸時代からすでに広く定着していたわけではない。明治期以降、山鹿素行の士道論を武士道論の代表格として称揚したのは、哲学者井上哲次郎であった。井上は、当時勢威のあった皇道主義・国家主義を支持する立場から、朱子学・陽明学を批判し日本主義を標榜した山鹿素行の思想にとくに高い評価を与えた。他方、『葉隠』については、世間で「鍋島論語」と呼ばれ、禅的武士道の一種であることを紹介してはいるが、それ以上の言及はなく、本格的な武士道書としてそれほど重視はしていない（『武士道の本質』（八光社、一九四二年）や『日本古学派之哲学』（冨山房、一九〇二年）を参照）。さらに言えば、素行に代表される儒教的士道と『葉隠』のうちに表現される戦国的武士道とを対照させ、江戸期におけるこの両道と結びついた新旧意識の差異を明らかにしたのは、和辻哲郎であった（『日本倫理思想史 下』（岩波書店）を参照）。正統・異端の区別の成立は、井上や和辻の議論を抜きにして、今日語ることができないように思われる。

（2）大道寺友山『武道初心集』矢野一郎編（実業之日本社、一九六三年）一一―一二頁　現代訳は種村による。

（3）山鹿素行『山鹿語類　第二』古川黄一編集（図書刊行会、一九一一年）一一九頁／原文につづく現代訳は、田原嗣郎訳を参照したが、最終的に訳文の責任は種村が負っている。

（4）『葉隠（上）』和辻哲郎・古川哲史校訂（岩波文庫）六五頁

（5）『葉隠（上）』五四頁

（6）『葉隠（上）』八六頁

（7）相良亨『武士道』（講談社学術文庫）一二三頁

（8）『葉隠（上）』八四頁

（9）『葉隠（上）』八四頁

（10）『葉隠（上）』八四頁

（11）『葉隠（中）』一七一―一七五頁

(12) 『葉隠（中）』一七六―一七七頁
(13) 『葉隠（下）』五―六頁
(14) 『葉隠（下）』六―九頁
(15) 『葉隠（中）』一六三―一六四頁
(16) 『葉隠（上）』一〇七―一〇八頁
(17) 『葉隠（中）』一七〇頁
(18) 誤解を避けるために言えば、恥辱に対する（他武士への）暴力的反撃は、戦国期ではしばしば許容されたのであるが、江戸期では、喧嘩両成敗の名のもとに、ほとんど処罰の対象となっている。
(19) 『葉隠（下）』三〇頁
(20) 『葉隠（下）』五〇―五二頁
(21) 『葉隠（下）』八一―八二頁
(22) 井原西鶴の『武道伝来記』には、日本全国で起こった種々のパターンの敵討ちが物語られている。諸国の話を西鶴自身が聞き集めて執筆したものであり、その内容には彼なりの脚色がほどこされていると思われるが、それを差し引いても、暴力の連鎖と拡大をひき起こした凄惨な敵討ち事件がいかに多かったかを知ることができる（『武道伝来記―諸国敵討』菊池寛訳［国民の文学 第十三巻『西鶴名作集』河出書房新社、一九六三年 所収］）。
(23) 『葉隠（上）』八五頁
(24) 新渡戸稲造『武士道』（岩波文庫）一〇八頁
(25) 『葉隠（上）』三九頁
(26) 『葉隠（上）』一〇五頁
(27) 家永三郎『日本道徳思想史』（岩波書店）一〇一―一〇二頁
(28) 『葉隠（上）』一二〇頁
(29) 三島由紀夫『葉隠入門』（新潮文庫）三五―三六頁
(30) 『葉隠（下）』六四頁
(31) 『葉隠（上）』八一頁
(32) 『葉隠（上）』八二頁

(33)『葉隠（下）』六五頁
(34)『葉隠（中）』一六七―一六九頁
(35)『葉隠（上）』三六―三七頁
(36)右掲『山鹿語類　第二』四五九―四六〇頁
(37)右掲『山鹿語類　第四』二四―二六頁
(38)山鹿素行のこの情欲論は、西洋哲学におけるデカルトの考えと共通するところがある。宗教改革を主導したカルヴァンが、人間という存在はその全体が罪に穢れていて、人間の本性も人間の営みもすべて罪とみなされるべきだ、と主張したのに対して、デカルトは、次のように述べて、人間の自然的本性を擁護したのである。「自然が人間に、どんな場合にも悪くて、善きほむべき効用を何ももたないような、情念を、与えたと私は信ずることができない」（『情念論』一七五節、『世界の名著』野田又夫訳、一九六七年）「情念はその自然の性からいえばすべて善いものであり、情念の誤った使用またはその過度を避けるだけでよい」（『情念論』二一一節）と。ここにも、自然的情念は基本的に肯定されてよい、そして情念や欲求の適度な範囲での充足は善である、とみなす自然主義的かつ合理的な思考がある。
(39)右掲『武道初心集』五九―六〇頁
(40)新渡戸稲造は、武士道による女性評価の二面性を次のように説明しており、おおむねそれは妥当だと思われる。「武士道はそれ自身の本位を有した。それは両本位であった。すなわち女子の価値をば戦場ならびに炉辺によって計ったのである。前者においては女子は甚だ軽く評価せられたが、後者においては完全であった。女子に与えられたる待遇は、この二重の評価に応じた。―社会的政治的単位としては高くはなかったけれども、妻および母としては最も高き尊敬と深き愛情とを受けた。」（『武士道』一二三―一二四頁）しかし、炉辺において受けた評価が「完全であった」とか、妻および母として「最も高き尊敬」を受けたとかは、事実の面でも形容の面でも言い過ぎであろう。
(41)『葉隠（上）』一五六―一五七頁
(42)『葉隠（中）』一〇一頁
(43)『葉隠（下）』二六頁
(44)『葉隠（下）』八五頁
(45)『葉隠（下）』一八九頁
(46)佐賀藩祖直茂は、一方でかなり慈悲深い主君であったことが『葉隠』で紹介されている。例えば、寒い夜、牢屋に入れられていた罪人たちを思いやって温かい粥を与えた、という逸話がある（聞書三・三）。さらに、初代藩主勝茂は、つねづね父の直茂が「公事沙汰裁判の時、何卒死罪にならざる様に心得候て、承り申さるべく候」（聞書四・六六）〔訴訟に関する裁判のときは、当事者がどうか死罪にならないようにと思いながら、話を聞いてやるように〕と語っていた言葉を、家老たちに伝えている。日ごろ罪人に対して死刑の申し渡しをできるだけ避けようとしていた直茂が、密通の疑いある男女に対しては毅然として死罪を命じた、というこの重大な不一致をわれわれはどう解釈したらよいか。封建的家族制度を守らんがために、不義密通に対しては例外的なほど苛酷であった、とみなすべきなのであろう。

第三章　武士の「自律」と「服従」

一　幕藩体制期の武士の「自律」と「服従」の相克

　これまでの論述で明らかになったように、『葉隠』に登場する侍たちは、個我としての強烈な自覚、武士という身分への尊大なほどのプライドをもつ、社会的な存在であった。彼らには、封建的身分制社会という制約の下ではあれ、確固たる個人主義的意識が横溢している。たしかに近代的市民が備えるようになった自律と異質なものではあるが、しかし、武士には武士独特の「自律」的性格が濃厚であったことが承認されてよい。「我は我なり」という自己同一および自重の精神、「自らの生死はおのれの意志で決める」という自己決定の態度は、武士において最も先鋭的であったからである。

　とはいえ、武士のこの自律性は、世の中が戦国時代から織田・豊臣政権期をへて、江戸時代へと移行する中で、社会のしくみや変化の影響をうけて、少しずつ変容していくことを余儀なくされた。すなわち、戦乱の世から太平の世への流れは、徳川幕藩体制の確立・定着の過程であったのであり、それは、中央集権的な法秩序の整備と適用、近世的官僚制の創設と普及をもたらした。泰平の時代にふさわしいこうした法秩序と官僚制は、戦士ないし闘士であった武士たちに、新たな桎梏を与え、これまでとは異なる難しい服従を強いたのである。

日本各地に存在する武士たちは、もちろん徳川幕府と直接に結びついていたわけではない。戦国期からの主従関係の延長上で、各地の「藩」に所属し、藩から与えられる土地や禄によって生計をたて、臣下としての業務をはたしつづけた。「武家諸法度」をはじめとするさまざまな幕府の掟による武士層の統制は、日本の津々浦々におよんだが、一方で、武士たちを直接的に支配・統御し、権力としての威光を発揮したのは、小さな「国」としての藩であった。武士たちにとって、幕府への恭順はけっして斥けることのできないものだったが、自らが所属する藩への忠誠はもっと重大かつ神聖なものであった。

江戸時代における武士の「自律」は、このように、徳川幕府という大枠から強制される服従と、小さいがいっそう重要な統治単位である地元藩から強制される服従によって、独特の性格と形態を与えられることになった。言葉を換えれば、二種類の「服従」システムの中で、ときにはそれに迎合し、ときにはそれに抵抗しながら、武士たちは、新しい時代に見合った「自律」を形成し、独特の「自律」を生き抜いたのである。

しかし、ひとつ注意しなければならないことがある。二つの「服従」の強制と言ったが、徳川幕藩体制は、つくり上げたばかりの秩序や制度を柔軟性もなく強いることによって、単に武士たちを型にはめ、飼いならし、都合よく統制したのだ、とみることは必ずしも正しくない。泰平の時代にあって、幕府も各藩も、なお戦士としての武士にふさわしい剛勇・果断・仁義・清廉などの徳性や資質、生活態度を尊重したのであり、生涯をつうじてそれらを失わないように訓育し激励したのである。前にも述べたように、山鹿素行に代表される正統的武士道でも、『葉隠』にみられる異端的武士道でも、「死の覚悟」を中軸とした戦士に特有の武士気質は、つねに高く評価され、堅持すべきことが期待されている。幕藩体制の政治的法的秩序のもと、武士たちは、たとえ門地・家柄・所得に大きな高低の差があろうとも、やはり共通して三民(農・工・商)の支配者であったからであり、いざというときには、体制の擁護者として武力による規制・抑圧におのれの生死を賭けねばならなかったからである。

一方では、戦闘人としての自律的な意志と言動をけっして失わない、だが他方、すべてを秩序のなかに巻き込んでいる権力・権威にはどうしても服従せざるをえない、この矛盾・相克は、江戸時代に入っていっそう深刻かつ尖鋭なものになった。こうした自律と服従の相克が、そしてその相克にたいするいろいろな解決の姿が、『葉隠』のなかにも明瞭に浮かび出ている。同時にそこには、前の時代以上に、武士の価値観の葛藤が、武士の精神的苦悩が、錯綜したかたちで表現されることにもなったのである。

二　『葉隠』にみられる「自律」の諸様相

（一）死生観における自律

先にとりあげた『葉隠』における「死の覚悟」の箇所でも述べたように、山本常朝にとって本来の武士とは、日常的に死と向き合い、たえず死と対峙する者のことであった。彼の言葉でいえば、「常住《じょうじゅう》討死の仕組《しくみ》に打ちはまり、篤《とく》と死身になり切って、奉公も勤め、武篇も仕《つかまつ》り候」（聞書一・六三）者、「武勇に大高慢をなし、死狂《しにぐる》ひの覚悟が肝要」（聞書二・三九）だと解する者なのである。

もちろん生きることを単純に否定しているわけではない。だが、「生きる」ことを「死ぬ」ことと切り離して独自に考えることを拒否するのである。戦闘者であることが武士の本質でありつづけるならば、生より先に死を考えるべきであり、生死の選択を迫られた場合は、死の優位をこそ積極的に肯定すべきなのである。次の言葉は、武士の覚悟の最も純粋無雑といってよい表現であろう。

「必死の観念、一日仕切《しき》りなるべし。毎朝身心をしづめ、弓、鉄砲、鑓《やり》、太刀先《たちさき》にて、すたすたになり、大浪に打ち取られ、大火の中に飛び入り、雷電に打ちひしがれ、大地震にてゆりこまれ、数千丈《じょう》のほきに飛び込み、病

死、頓死《とんし》等の死期の心を観念し、朝毎《ごと》に懈怠《けだい》なく死して置くべし。」（聞書十一・一三四）(1)

［必死の観念は、一日ごとに明確にしておくべきだ。毎朝、身も心も鎮めてのち、弓・鉄砲・槍・太刀によってずたずたにされ、大浪に呑みこまれ、大火の中に飛びこみ、雷電に打ちひしがれ、大地震に揺り動かされ、数千丈の断崖から飛びおり、病死し頓死するなど、行き着く最期の心に思いをはせ、朝ごとに怠りなく死んでおくべきなのである。］

戦場にあっては、死を恐れず、討ち死にを予期して果敢に敵と斬り結ぶこと、平時にあっても、いつなんどき襲われるかもしれない洪水・地震・大火などの災害、さまざまな事故や疫病による生命の喪失、これらの運命を前もって受容・覚悟しておくこと、これは、武士のうちに最も鋭く現われた人生態度であった。もっとも、このことを常朝はとりたてて「自律」と呼んだわけではないが、私は、死生観における武士特有の自律性とみなしてよい、と考える。戦時および平時のこうした緊張感あふれる覚悟なしには、真の武士たりえない、という認識が『葉隠』の根底に流れているからである。

しかしそれにしても、常朝は、なぜこれほどまで死にこだわったのか、なぜ不条理なほど死を称揚したのか。こういう疑問が生まれてくる。

武士はもともと戦場での闘いを生業《なりわい》とする戦士であった。その戦士が長くつづく太平の世で戦士としての本質をますます失っていくことへの絶望・嫌悪が、常朝に強くなっていたことが、その第一の理由であろう。日常的に死と向き合う事態がきわめて少なくなっている当時、彼が武士の本来的使命を訴え、死の覚悟を若い世代に語り伝えようとした必然的な理由はたしかにあった。

さらに次のような理由が挙げられるのではないか。

誤解をおそれずに言えば、太平の世になって武士が武士としての自律を発揮するには、もはや死しか残されていなかった、という事情である。幕府内や各藩内で整備された官僚制のもと、武士たちがその秩序に完全に組み込まれ、文官としての業務・役割に満足してしまうならば、その狭い範囲の中で限られた自律性を実現することはできる。むろん、あくまで文官としての自律である。だが、そこでは戦士としての武士の自律がまったく問題にならない。

武力による闘いを重視する武士たちにとって、闘いの一結果である死のもつ意義を忘却することは許されなかった。死は、闘う武士の強さや誇りの証であった。島原の乱以降、国内に大規模な内乱がなくなったとはいえ、農民・下民による一揆・強訴、武士どうしの刃傷《にんじょう》沙汰《ざた》や武力衝突、敵討《かたきう》ちなど、世間では暴力をともなうさまざまな事件にこと欠かなかった。こうした事件では、もちろん戦闘者、武力行使者としての武士に大きな役割が期待された。鎮圧や調停のために、渦中の武士たちは、死と向かい合わねばならなかった。

そうでない場合もある。藩勤めの武士がなんらかの重大な過ちや不祥事を犯した場合、また忠心からの諫言が（予想どおりか、予想に反してか）主君の怒りを買った場合、当局からしばしば切腹の処断が下された。これには、罪を犯した当の武士への報復という意味があったが、それ以上に、自死によって責任をとりたい、あるいは恥を雪《すす》ぎたいという武士の願いに応えた、という意味もある。

『葉隠』中で語られる「図にはづれて死にたらば、犬死気違なり。恥にはならず。これが武道に丈夫《じょうぶ》なり。」（聞書一・二）[2]［当てがはずれて死ぬことになれば、犬死・気違いである。しかし恥にはならない。これこそ武士道において肝心なことだ。］「奉公人の打留めは浪人切腹に極《きわま》りたりと、兼て覚悟すべきなり。」（聞書一・九二）[3]［真の奉公人の行き着く先は、浪人になるか切腹するかである、と予め覚悟しておくべきだ。］等々の言葉は、恥辱を最も嫌う武士だからこそ、恥よりも死を選択するということの妥当性を言い表わしており、日常において、さらに生涯にわたって、戦闘者としての武士の誇りと名誉を守ろうとする態度を言い表わしている。

その意味で、戦士たらんとする武士にとって、自律的な意志を貫くためには、戦時では討死が、平時では切腹だけが残されたのである。自死行為は、最も直截にかつ端的に、当該の武士の思いを表現する。ときには深甚な責任感の表出であり、ときには誇り高き名誉心の擁護であり、まれには心底からの抗議の表明であった。それは、あれこれの弁明ではとって代わりえないほどに、当人の願いや意図を強く深く周囲に伝達する方法なのである。

常朝は、このことをよく知っていた。彼の主張は、直情的な言動の勧めに満ちあふれており、いかにも「死にたがり」の精神の持ち主であるかのごとく誤解されやすい。だが、平時においても武士らしさを貫くためには、死を前提にした不断の覚悟が不可欠であること、その根本的な覚悟があってこそ武士の自律が確保できることを、彼は認識していた。そして、常朝にとってそれは、戦士としての武士が平時において向かうことのできる矛盾の解決形態だった、と私は考えている。

とはいうものの、山本常朝自身は、十七世紀後半から十八世紀前半を生きた武士であり、特筆すべき戦闘経験もない。主君光茂の死去にともなって四一歳で引退し隠棲するまでは、御側《おそば》役や御歌書《おうたがき》役などを務めつづけた武士であった。この点に注目して、側奉公の武士であった常朝の思想を武士の典型的なものとして扱うのはどうか、彼の叙述のなかに明瞭に表われている、思考停止して「死方《しにかた》に片付く」姿勢、主君への没我的奉公への勧めは、戦国時代の武士と比べて著しく主体性を欠いている、『葉隠』は処世術の書であり、傍観者の無責任な「ただのことば」の書ではないか、との批判がある。(4)

常朝の思想にはたしかに側奉公の武士にありがちな狭い処世観や偏りのある臆見がにじみ出ており、明らかに武士の典型的な思想とはいえないであろう。そして主君への没我的奉公の勧めは戦国武士よりはるかに非主体的だ、という批判は当たっていると思われる。しかし、常朝の思想・価値観と戦国武士のそれとが全く断絶し、常朝が後者の思想になんらの共感を示していない、と捉えるのであれば、それは一面的であろう。戦国武士のさまざまな言動や人生観、剛胆かつ勇猛な武士の代名詞である「曲者《くせもの》」への共感がくり返し語られており、それらは『葉隠』の骨格をなしている。

また、たしかに『葉隠』には処世訓が多い。だが、文官の処世術だけでなく、それに劣らず戦士の処世術に関する陳述に満ちており、太平の世にあって、なお「死狂い」の行動がどういう場面でどのように可能であるかについて、常朝は、時と場所をこえ、さまざまな事例をあげて語り尽くそうとしている。常朝自身は上記の批判にあるように、たしかに文官の域を出なかったが、だからといって単純に文官的武士の生活や価値観を肯定したのではなかった。むしろ、戦士的武士としての振る舞いがきわめて困難になっている世の中で、なお戦士的武士でありつづけることの意義と価値を説いた、というのが公正な解釈だと私は考えている。

(二) 日常における自律、人生を通しての自律

武士が実現すべき自律性は、「死の覚悟」を第一の根本態度としつつ、自らの日常生活において、さらに人生全体をつうじて、たえず発揮されるものでなければならない。根本的な死生観だけあって、それが日々の語らい、振る舞い、人間関係の中に貫かれていなければ、なんの意味もない。日常や人生過程のうちに現象しないような「死の覚悟」は、空虚であり偽りでしかないからである。

日常生活にあって予期せぬ喧嘩や敵討ちが出来《しゅったい》したならば、まず「後《おく》れをとらない」ことが、最も厳しく武士に求められる。

「何某《なにがし》、喧嘩打返《うちかえ》しをせぬ故恥になりたり。打返しの仕様《しよう》は踏みかけて切り殺さるる迄なり。これにて恥にならざるなり。」（聞書一・五五(5)）

［ある者は、喧嘩の仕返しをしなかったために、周囲から武士の恥だと言われた。報復のしかたは、まっすぐに踏みこんで斬り殺されるまでである。こうしてこそ恥にはならない。］

「我が身にかかりたる重きことは、一分《いちぶ》の分別にて地盤をすえ、無二無三に踏み破りて、仕《し》てのかねば、埒《らち》明か

ぬものなり。（中略）兎角《とかく》気違ひと極《き》めて、身を捨つるに片付くれば済むなり。」（聞書一・一九四）(6)

［わが身にかかわる重大事は、揺るがぬ決断をもって身を構え、無二無三に踏み込んでし遂げないと、決まりがつかないものである。（中略）とにかく気違いと言われるほど気持ちを固めて、命を捨てると決意すればそれでよいのである。］

前にも述べたが、自分への暴力や暴言を放置することは、武士の誇りに無関心であること、名誉毀損をひたすら受忍することであった。そういう事態に直面したとき、即座に反応し、報復しなければならない。「恥を雪ぐ」ことであり、受けた恥辱を残さないことである。常朝は、ここでも戦士的武士の果敢な決断を推奨するのである。尤も、こうした直情的で短気な対応が、ほんとうに事態を解決したり、すぐれた人間関係を築くことができたのかは、はなはだ疑わしい。じっさい、これらを契機に、より凄惨な血みどろの武力衝突、または、より激烈な報復合戦の泥沼化が招来されたことを、われわれは想起すべきであろう。皮肉にも、当初の「自律」的対応が、本人の予想を裏切って、他者によって憎悪されたり傷つけられたりする、さらには当人の自律的存続すら抹殺される、という「他律」そのものと呼ぶべき悲劇的事態に転化したのである。

死を恐れぬ戦士的武士の価値観は、どんな時でもどんな所でも、臆病を嫌悪し、弱音を吐かない態度につらなる。

「武士は萬事に心を付け、少しにてもおくれになる事を嫌ふべきなり。就中《なかんずく》物言ひに不吟味《ふぎんみ》なれば、「我は臆病なり、その時は逃《に》げ申すべし、おそろしき、痛い。」などといふことあり。ざれにも、たはぶれにも、寝言《ねごと》にも、たは言にも、いふまじき詞《ことば》なり。心ある者の聞いては、心の奥おしはかるものなり。兼《かね》て吟味して置くべき事なり。」（聞書一・一一八）(7)

［武士は万事に留意し、少しでも人に後れをとることを嫌悪すべきだ。とりわけ、ものの言い方に注意しなければ、「自

分は臆病だ」「そのときは逃げることにする」「恐ろしい」「痛い」などと言ってしまうことがある。冗談にも、戯れにも、寝言にも、たわごとにも、口にしてはならぬ言葉である。心ある人が聞けば、当人の心の奥底を見透かしてしまうものだ。前もって十分注意しておくべきことである。」

このように、「臆病」「逃げる」「恐ろしい」「痛い」などの言葉は、とことん日常でタブー視された。身が危険に陥ったとき、これらの言葉や感情は、たとえ勇猛な武士であろうと不可避的に生じたであろうが、こうした「本音」を「建て前」で隠すことがむしろ美徳だったのである。弱さを表わす本音は、武士の自律に反するもの、自律を崩すものと捉えられていたことがわかる。

弱音を吐かない、建前によって本心を隠蔽する、といった典型的な武士の生き方を、なんと偽りに満ちた、窮屈な生き方であろう、と評することはたしかに当たっている。自己の内的な心情を率直に表現できぬ存在とは、客観的にみれば、自律的とはとてもいえない哀れな存在ではないか、との批判も可能であろう。だが、江戸期に入っても、戦闘を生業とする武士の特性（たとえば剛勇・屈強・堅忍など）に大きな価値がおかれ、たえずその重要性が説かれつづけたことが、その現実的な要因であった。当時の文化や習俗、さらには教育をつうじて、武士自身も幼少期から、自覚的にそういう価値規範を内面化し、その種の道徳的人格へと自己を形成・陶冶しつづけた。それゆえ、その価値規範の下で自らの人格をひとたび形成した武士たちにとって、弱音を吐くとか、本音を語ることは、かえって彼らには耐えがたい苦痛であり、名誉や誇りの重大な毀損を意味したのである。それを度外視して、彼らの建前的な言動に、偽りだ、偏狭だ、哀れだと非難を投げかけても、彼らはただ嘲笑するのみであろう。

『葉隠』には、以上のような戦士的武士特有の、ときには直情的で攻撃的な行為の勧め、ときには不条理で建前的な言辞の勧めしか存在しないかというと、そうではない。書中に散在する処世訓には、意外なように思われるが、直情性や不条理性とは矛盾する冷静で合理的な内容のものも少なくないのである。

「我が智慧一分《いちぶ》の智慧ばかりにて萬事をなす故、私《わたくし》となり天道《てんどう》に背《そむ》き、悪事となるなり。脇より見たる所、きたなく、手よわく、せまく、はたらかざるなり。眞の智慧にかなひがたき時は、智慧ある人に談合《だんごう》するがよし。その人は、我が上にてこれなき故、私なく有体《ありてい》の智慧にて了簡《りょうけん》する時、道に叶ふものなり。」（聞書一・五）(8)

［自分の狭小な知恵だけで万事をなさんとするために、私的な行為となり、天の道理にそむき、悪事をなしてしまう。傍から見たとき、そういう知恵は、汚く、弱々しく、狭隘で、よい結果がえられない。真の知恵に達しえていないときは、知恵のある人に相談するのがよい。その人は、自分に関係のないことだから、私心なく曇りのない英知で考えるので、その意見は道理にかなったものとなる。］

「古人の金言《きんげん》・仕業《しわざ》などを聞き覚ゆるも、古人の智慧に任せ、私《わたくし》を立てまじき為なり。私の情識を捨て、古人の金言を頼み、人に談合する時は、迯《はず》れなく悪事あるべからず。」（聞書一・六）(9)

［昔の人たちの真なる格言や所業などを聞き覚えておくことも、古人の知恵に学び、私心を生じさせないためだ。私的な感情や知識を捨て、古人の金言を尊重し、他人と相談して事をすすめるときには、誤りもせず悪事もなさないはずである。］

複雑で難しい局面に立たされたとき、個人的な見方や私的な感情に左右されないで、客観的かつ虚心坦懐に思考をめぐらし、できれば経験や判断力の豊かな人物に相談した方がよい、というのである。「我が智慧一分」や「私の情識」の狭さに対する警戒感があり、「有体の智慧にて了簡する」こと、「古人の金言を頼む」こと、「人に談合する」こと等が、そうした狭さを脱却する重要な方法であることが指摘される。こうしてこそ、天道に一致し、眞の智慧に叶うわけであり、いわば状況への適切な判断や対処を可能にする。合理的な思考にもとづく自律の実現がここにはある、といってよい。

この点においてじつは、儒教的価値を受け入れながら「士道」の本質やあるべき姿を説きつづけた、山鹿素行の論述とかなり重なる部分がある。素行にとって「義」という価値観は、士道の根本であり、あらゆる武士道倫理はその上にこそ築かれるべきものであった。だが、冷静で合理的な思考と判断なくして、「義」なるこの規範の真意は理解されえない。また、実践面での「義」の達成も可能ではない。[10]そういう意味では、『葉隠』における「了簡」や「談合」の強調は、常朝の本意ではないとしても、儒教的士道の合理的思考に傾斜していることはまちがいない。

人生全体をつうじての自律的態度の堅持、自律性のたえざる向上も、『葉隠』の強調するところであった。

「或《ある》剣術者の老後に申し候は、「一生の間修業に次第《しだい》があるなり。（中略）この上に、一段立ち越え、道の絶えたる位《くらい》あるなり。その道に深く入《い》れば、終《つい》に果《はて》もなき事を見つくる故、これまでと思ふ事ならず。我に不足ある事を実に知りて、一生成就の念これなく、自慢の念もなく、卑下《ひげ》の心もこれなくして果《はた》すなり。……」と。」（聞書一・四五）[11]

［ある剣術者が老後に次のように語られた。「一生にわたる修行には順序があるものだ。（中略）いま述べたこの境地（上々の位）のさらなる上に、一段とび越えた、ふつうの道の途絶えた境地がある。その道に深くふみ入ると、ついにはどこまでも終わりがないことがわかるので、これで最終だと思うこともなくなってしまう。自分が不十分であることを深く認識し、一生の間、完成の域に達したという思いをもたず、自慢の念もいだかず、卑下の心ももつことなく、進んでいくのみである。……」と。］

「修業に於ては、これまで成就《じょうじゅ》といふ事はなし。成就と思ふ所、その儘《まま》道に背《そむ》くなり。一生の間、不足々々と思ひて、思ひ死《じに》するところ、後《のち》より見て、成就の人なり。純一無雑《じゅんいつむぞう》に打ち成り、一片《いっぺん》になる事は、なかなか、一生になり兼《か》ぬべし。」(聞書一・一三九)(12)

[人生の修行過程では、これで成就したということはない。成就したと思ったとき、すでに道に背いてしまっている。一生の間、まだまだ足りない、不十分だ、と思いつづけ、そのように死んだ人こそ、後から見て、たしかに成就した人だったということになる。混じりけのない純粋な、一途な境地に達することは、一生かけてもなかなかできることではないのである。]

武士的人格の完成は、容易なことではない。いや、真の自律という境地は、厳密にいえば不可能なのである。いったん達したかにみえる「道の絶えたる位」に入ったら入ったで、そこでも改めて終着点がないことを思い知らされる。人格の完全な成就は達しえぬ目標であり、あるのはただ完成へのたえざる努力であり、努力の過程そのものにほかならない。

「一生の間、不足々々と思う」心が、人間の自律を支え、鼓舞しつづける。常朝は、こうした無際限の自己高揚をめざすべき姿勢に、戦士的武士も文官的武士もなんら区別があってはならないとみている。山鹿素行は、社会の支配階層としての武士に、農工商の三民を指導し彼らの模範となるだけの高い道徳性を、そして永続的な人格形成を期待した。(13)この点では、『葉隠』で描かれる理想的武士も、自分の不足や未熟を真の自律に向かう本源的な駆動力と捉えることによって、素行の理想と共通している。

(三) 自律にともなう立居ふるまい、あるべき風貌

武士の自律は、人生態度や心の内面だけにとどまるものではなかった。日常の立居ふるまい、語り方、風貌や表情のうちにも現われ出るものであり、その現象をとおして当の武士の本性が、他の人々にもしっかりと感得される

ものでなければならなかった。

物言いについては、基本は「寡黙」であり、言うべきときには、「一言」によって核心を伝えることである。

「物言ひの肝要は言はざる事なり。言はずして済《す》ますべしと思へば、一言もいはずして済むものなり。言はで叶はざる事を、言葉寡《すくな》く道理よく聞え候様《よう》云ふべきなり。むさと口を利《き》き、恥を顕《あら》はし、見限《みかぎ》らるる事多きなりと。」（聞書十一・一二五）(14)

［ものの言い方で肝心なことは、言わないことである。言わないですまそうと思えば、一言もいわずにすむものだ。言わなければならぬことは、少ない言葉で道理が立っているように言うべきである。注意せずに口をきいて恥をかき、他人から見限られることが多いものだ、と。］

「武士は当座《とうざ》の一言《いちごん》が大事なり。ただ一言にて武勇顕はるるなり。治世《ちせい》に勇を顕はすは詞《ことば》なり。乱世《らんせい》にも一言にて剛臆《ごうおく》見ゆると見えたり。この一言が心の花なり。」（聞書一・一四二）(15)

［武士はその時その場の一言が大事である。ただの一言で武勇が現われるものだ。平和な世で勇気を表現するものは、まさに言葉である。戦の世でも、一言で当の人間が剛勇か臆病かが示されると思われる。この一言こそが心の精華である。］

武家社会では饒舌は嫌われた。瑣末なこと、言う必要のないことを口に出すことは、恥のもとであり、周囲からの軽蔑を招くと考えられたからである。しかし、語る必要があるときに沈黙することは、臆病であり、卑劣であった。相手に、周りの人々に、共感してもらえるよう道理だてて、ことがらの趣旨を短い言葉で語ることこそ理想とされていたことが、右記の文からもうかがい知られる。

日ごろの身なり、風貌、表情、立居ふるまいも、武士の自律的本性の表われとして重視された。それらは外面だからといって、いい加減にされてはならないものだった。

「打ち見たる所に、その儘、その人々の長分《たけぶん》の威《い》が顕はるるものなり。引き嗜《たしな》む所に威あり、調子静かなる所に威あり、詞寡《ことばすくな》き所に威あり、礼儀深き所に威あり、行儀重き所に威あり、奥歯嚙《おくばかみ》して眼差尖《まなざしするど》なる所に威あり。これ皆、外に顕はれたる所なり。畢竟は気をぬかさず、正念《しょうねん》なる所が基《もとい》にて候となり。」（聞書一・八九）[16]

「外から見ただけで直ちに、その人の長所である威厳が現われるものである。嗜みのあるところに威厳があり、静かに落ち着いているところに威厳があり、言葉の少ないところに威厳があり、礼儀の深いところに威厳があり、行儀の重々しいところに威厳があり、奥歯を嚙んで眼差しの鋭いところに威厳がある。これらすべて、外面に現われ出たものだ。結局は気をぬかず、真摯たらんとする心こそがその根本なのである、と言われた。」

「武士の大括《おおくくり》の次第を申さば、先づ身命《しんめい》を主人に篤《とく》と奉《たてまつ》るが根元《こんげん》なり。斯くの如くの上は何事をするぞといへば、内には智仁勇《ちじんゆう》を備ふる事なり。（中略）外には風体《ふうてい》、口上《こうじょう》、手跡《しゅせき》なり。これは何れも常住の事なれば、常住の稽古にてなる事なり。大意《たいい》は閑《しず》かに強みある様にと心得べし。」（聞書二・七）[17]

「武士のあり方の基本を順に言えば、まず、自分の身命を惜しむことなく主君に捧げることが根本である。このようにした上で何をすべきかと言えば、自らの内面に知・仁・勇の美徳を備えることだ。（中略）外見については、風貌・物の言い方・筆跡が大事だ。これらは日常のことがらであるから、日常の稽古によってできるようになる。おおよその内容は、静かであって強さが現われているようにと、心得るべきである。」

武士の内面にあるすぐれた人格や特性が一種の威厳となって外に表出される必要があった。逆にいえば、「威」を帯びていない風貌は、内面の貧しさ、道徳性や自律性の欠如を意味した。武士にふさわしい智仁勇を内に充実させること、外には静かな落ち着いた起居につとめ、威厳ある眼差しや表情を心がけ、嗜みと重厚さを感じさせる礼儀をふみ行なうこと、この両者はけっして分離されてはならず、表裏一体の関係をなしていなければならなかった。

引用文の最後にあるが、相良亭が注目した「閑かな強み」という規定のうちに[18]、充実した内面的世界から発する武士のあるべき外面的風貌が意味され、その特質が凝縮的に表現されている。

もとより、こうした理想的な風貌は、不断の努力なしで簡単に手にはいるものではない。かなり細やかな日常的修業なるものが指示されていることに注目しよう。

「風体《ふうてい》の修業は、不断鏡《ふだんかがみ》を見て直《なお》したるがよし。（中略）利発《りはつ》を顔に出し候者は、諸人請《しょにんう》け取り申さず候。ゆりすわりて、しかとしたる所のなくては、風体宜《よろ》しからざるなり。うやうやしく、にがみありて、調子静かなるがよし。」（聞書一・一〇八）[19]

［よき風貌のための修行は、たえず鏡を見て容姿を直すのがよい。（中略）利発さを顔に表わす者は、人々から受け入れられないものだ。どっしりとして確固たるところがなければ、その風貌はよろしくない。恭しく、苦味を感じさせ、立居の静かであるのがよい。］

意外に思われるが、女性のみならず、武士にとっても鏡の大切さが強調される。自分を映し出す鏡を用いて、日々自らの容姿を正すことが推奨されている。身なりや風貌は、他者や周囲の人々との関係で評価されるものであり、「風体」のよしあしは主観的・独善的な判断では決められないことを、常朝は重々知っていたのであろう。

ここには、主として文官的武士の処世術が登場しているとも考えられるが、「威」を重視する武士にとって、その内面も外面もひとしく「閑かな強み」に満たされているべきであり、その意味では、戦士であれ官吏であれ、いつの時代のどんな部署の武士にも要求される嗜みであった[20]。

自律という生活態度にとって、人間が本来もっている、あるいは周囲から惹起されるさまざまな欲望を、どう受けとめどのように統御するかは、とくに重大な課題である。欲望に影響され、ときには翻弄されるような意志は、他律的な意志であって、とても自律とは呼べない意志であろう。武士にあってもそうであった。常朝はこの面での警告も忘れなかった。

「奉公人に疵《きず》のつく事一つあり。富貴《ふうき》になりたる事なり。逼迫《ひっぱく》にさへあれば疵はつかざるなり。」(聞書一・五六)[21]

[奉公する武士として自分に疵をつけるようなことが一つある。それは裕福になることだ。貧しい生活さえしておれば、疵はつかないのである。]

「三十年以来風規《ふうき》打ち替り、若侍どもの出合ひの咄《はなし》に、金銀の噂、損徳の考へ、内証事《ないしょうごと》の咄、衣裳の吟味、色慾の雑談ばかりにて、この事なければ一座しまぬ様に相聞え候。是非なき風俗になり行き候。(中略)これは世上花麗《かれい》になり、内証方《ないしょうがた》ばかりを肝要に目つけ候故にてこれあるべく候。我身に似合はざる驕《おご》りさへ仕《つかまつ》らず候へば、兎《と》も角《かく》も相済《あいす》む物にて候。」(聞書一・六三)[22]

[三十年ぐらい前から、世の中の風紀が変化し、若侍たちが寄り集って語り合う場では、金銀の噂、損得の考え、内々の暮らし向きの話、衣装の吟味、色欲にかかわる雑談ばかりがおこなわれ、こういう談義でなければ会合がうまくいかない、と聞いている。まったく情けない風俗になってしまった。(中略)これは世情が華美になり、暮らし向きだけが大事だと思うからこそ、そうなってしまったのであろう。我が身に似つかわしくない驕った生活さえしなければ、ともかく問題は起こらないものである。]

農本主義を中心とする封建的経済制度では、往々にして単純再生産が基本である。よほどの農業生産性の発展・拡大がなければ、生活水準の向上や家計の富裕化は望めない。右に述べられた「富貴」「金銀」「損得」「衣装」「色欲」などの言葉の登場には、江戸期もかなりすすんで、一定の商品生産や販売・流通、そして貨幣経済の発達があり、それにともなって庶民生活がしだいに豊かになったという時代背景がある。

豊かさに甘んじ富貴に流される傾向は武士たちの中にも広がった。だが、常朝は、風紀の乱れを、とりわけ武士の軟弱化を懸念した。威厳と清廉を旨とすべき武士が、時代の風潮に迎合し、いろいろな欲望に囚われ惑わされることを嫌悪した。武士がよって立つべき意志の自律を崩壊させるものだ、との認識があったからであろう。

封建社会に特有の節欲主義・禁欲主義の性格が濃厚だったとはいえ、諸欲求の影響下での他律的な意志決定を斥けて、あくまで主体的に諸欲求を制御し、武士身分にふさわしい自律的な意志決定を貫こうとした姿勢を、ここに見出すことができる。

三　『葉隠』にみられる「服従」の諸様相

(一) 主君への奉公

『葉隠』の中で描かれる武士の「服従」は、さまざまな様相・形態をとっている。それらのうち第一義的な服従は、なんといっても「主君への奉公」である。その核心は、すでにかなり詳しく論じたように、武士たちによる主君への自己犠牲的な奉仕、「献身の道徳」にもとづく奉仕であった。

「我が身を主君に奉《たてまつ》り、すみやかに死に切って幽霊となりて、二六時中《じちゅう》主君の御事《おんこと》を歎き、……」(聞書一・三五)[23]

「わが身すべてを主君に差し上げ、できるだけ早く主君のために死んで幽霊になって、いつもいつも主君のことを深く心配し、……」

「無理無体に奉公に好き、無二無三に主人を大切に思へば、それにて済むことなり。これはよき御被官《ごひかん》なり。」（聞書一・一九六）[24]

［理屈ぬきで奉公好きになり、遮二無二主人を大切に思えば、それですむことである。これが良い家来である。］

おのが主君を思いつづけ慕いつづける心根があるかないかが、良き奉公人であるか悪しき奉公人であるかの分水嶺である。これはもはや理屈の問題ではない。厳しい言い方になるが、常朝は、奴隷根性にも類する「奉公人根性」を前面に押し出してはばからない。まさに奥深い情念のレベルでの君臣間の人間的な絆が重視され、推奨されている。

こういう臣下にとって、その行動の原動力は、物でも金でもない。必要に応じて、あるいは偶然に、主君が与える謝辞であり、慰藉の言葉である。

「ただ殿を大切に存じ、何事にてもあれ、死狂ひは我一人と内心に覚悟したるまでにて候。（中略）知行御加増、金銀過分に拝領ほど有難き事はなく候へども、それより、ただ御一言《ごいちごん》が忝《かたじけ》なくて腹を切る志は発《おこ》るものなり。」（聞書二・六三）[25]

［ただ殿を大切に思い、なにごとがあろうと、そのとき死に狂いの奉公をするのは自分一人だけだ、と心のうちで覚悟していたまでである。（中略）俸禄を増やしていただいたり、金銀を過分に与えていただくことほど有り難いことはないけれ

ども、それにもまして、殿からのただの一言が有り難くて切腹する志も起こるものである。」

じっさい、ある機会に主君光茂から下された思いやりの言葉で、常朝自身、主君の死後追い腹することを決意したのであった（尤も、後の殉死禁止令によって、所期の目的を達成することができず、彼は出家・隠棲の道を歩むにとどまったのであるが）。

主君に仕える武士を、ひたむきな奉公人としてその外部から眺めるならば、ここに独立した自我はない。まさに自己犠牲であり、自我の没却・消失である。客観的には、我を滅した言動だけが浮かびあがる。その点、生死をかけた奉公に見合うだけの恩顧が主君から獲得できない場合、自己利益や報酬を強固に求めた戦国武士たちは、はるかに主体的な存在だといいうる。

ここに着目して、常朝が理想とする奉公が、自己主張を排斥し、没我的できわめて非主体的だ、という非難はたしかに正当であろう。しかし、他面があることにも留意しなければならない。

主情主義的な表現であるとはいえ、きわめて主体的な献身や奉公の意図が、その根底に潜んでいることである。「我は殿の一人被官なり」（聞書二・六二）［我こそは殿さまの唯一の真なる家臣である］という言に明らかなように、自分は他の誰よりも主君を思っている、という強烈な自負心、自分こそ真の臣下に値する、という不動の自尊心があり、他の臣下に対する頑固なほどの自他差別化の意識がある。

結果としての没我的忠誠や非主体的奉仕を、むしろ自覚的かつ主体的に選びとっている、というのが真実なのである。それは、封建的秩序が確立し、安定した君臣関係が持続する世において、そうした強固な統治の枠組みの中で生きていかねばならない誇り高き官吏的武士に許された、いわば主体的な決断の結果にほかならなかった。

こうした没我的な忠節を主体的に貫きとおすという姿勢は、たとえ主君の命令が誤っていようと、最終的には受忍し実行する、という態度のうちで徹底化されている。

「御主人より御懇《おねんご》ろに召し使はる時する奉公は、奉公にてはなし。御情《おなさけ》なく御無理《ごむり》千万なる時する奉公が、奉公にて候。」(聞書九・二四)(26)

[主人から信頼や情愛をえて召し使われている時の奉公は、真の奉公ではない。情愛もかけられず理不尽な命令をうけた時おこなう奉公こそ、ほんとうの奉公なのである。]

「我が身は難儀恥辱を堪忍《かんにん》し、主君の恥をあらはさず、主君の用の欠けぬ様にするこそ、忠臣《ちゅうしん》とは云ふべし。何ぞ一身の潔《いさぎよ》き事を好《この》まんや。」(聞書十・九)(27)

[我が身は難儀や恥辱を堪え忍び、主君の恥を外に漏らさず、主君の用に不足をもたらさぬようにする者こそ、忠臣と云うべきである。どうして自身の潔さだけを求めてよいものか。]

主君による政治支配や命令が十分な合理性をもち、それに共鳴して命令に従うことができる場合は、とくに問題はない。ところが、その命令が不条理で理不尽な場合もありうる。その時どうするか。もちろん、可能なかぎり異議申し立てや諫言の行為もとられるであろう。身分・職位に応じた主君への意見具申を、常朝も否定しない。だが、命令が変更されず、それへの服従が強制されるとき、むしろ積極的に命令の実現のために尽力・奔走すべきことを訴えるのである。

当時、「御情なく御無理千万なる時する奉公」はけっして例外的でなかったのではないか、と推測される。どんなに厳しい境遇であれ、その種の奉公ができるかどうかが、忠臣かどうかの試金石であった。戦国武士は、おのが自律を守るために、我が意に反する命令をくだす主君から立ち去ることもできた。安定した君臣関係に束縛された江戸期の武士は、それほど自由ではありえない。

とくに葉隠的武士は、過ちから発生するにちがいない主君の恥を露呈させぬために、我が意に反する主君の命令を雄々しく受容した。だが、それを「面従腹背」というのは妥当ではない。あえて言えば、「面従腹従」であり、自己を「無理無体に」それへと収斂させせんとした。まさに「不条理なれども心底から服従す」という姿勢を堅持し発揮することによって、いわば逆説的に自律的であろうとしたのである。

(二)「家」・「藩」への忠誠

主君への献身的奉公とならんで、鍋島家ないし鍋島藩にたいする無条件的な忠節・奉仕も、『葉隠』の著しい特徴である。すでに言及したことだが、再度引用したい。

「……有難き御国《おくに》、日本に比類なき御家《おいえ》に、不思議にも生れ出で候事、本望この上なき事に候。(中略)いよいよ私《わたくし》なく御用に相立ち、御情けなく御無理の仰せ付け、又は不運にして浪人切腹仰せ付けられ候とも、少しも恨み奉らず、一つの御奉公と存じ、生々《しょうじょう》世々《せぜ》御家を歎き奉る心入《こころい》れ、これ御当家《ごとうけ》侍の本意、覚悟の初門《しょもん》にて候。」(聞書四・八一)[28]

［感謝すべき尊いお国、日本の中で比類なく立派なお家に、自分たちが不思議にも生まれ出たことは、本望この上もないことである。(中略)ますます私心なく殿のご用に立ち、無情で不条理なご命令、または不運にして浪人や切腹を仰せつけられても、少しも恨み申し上げず、それも一つのご奉公だと考え、世がどんなに移り変わろうと、お家のことを深く心配申し上げる心構え、これこそご当家の侍の本意であり、覚悟の基本なのである。］

武士たちを直接帰属させ、生計の糧を与えてくれる本体は、なんといっても藩であった。自分が生まれ育った藩の存続こそは武士身分の保障であり、それゆえ武士たちにとっては「恩顧」の現実形態であった。とはいえ、これは、日本各地のどの藩でも当てはまることであろう。

「有難き御国」「日本に比類なき御家」という観念は、佐賀の領国ないし藩、鍋島の家、の武士に限られはしなかったはずである。しかし、歴代主君の家系と藩のすばらしさや独自性に対する賛美、上からの不条理な命令や処断をも受け入れてしまう自己犠牲的な忠節の追求・称揚は、異常なほどにきわだっている。

「御家中に、よき御被官出来《ごひかんでき》候様《よう》に人を仕立て候事、忠節なり。志《こころざし》ある人には指南《しなん》申すなり。我が持分《もちぶん》を人を以て御用に立つるは本望の事なり。」(聞書一・一二五)[29]

[ご家中に、すぐれたご家臣ができるように育成することは、真の忠節である。志のある人を教え導いてあげようと思う。自分の持っているものを他人のために役立てることができるのは、まさに本望である。]

徳川幕府の存続を願う言葉は、とくに『葉隠』に出てこない。その点、鍋島の家や藩の永続を願う言葉は強烈だ。鍋島家・鍋島藩の永続を願うからこそ、その永続性の土台となる真に忠節の家臣を継続的に育成しなければならない、という強い使命感が表明されるのである。

藩という組織とその組織への忠誠が『葉隠』のなかで重視されていることに注目し、日本思想史家の池上英子は、『葉隠』の哲学の基調には、「鍋島愛国主義」「鍋島ナショナリズム」がある、と主張した。さらにその内実を問うて、「『葉隠』の論理は、……忠義の場が主君その人から「藩」という政治組織体そのものへと移行したことを反映している」[30]と言う。

主君が理想的な為政者ではなく、主君を思う家臣になんらの情緒的な認知を与えぬ場合、家臣がそれでも忠実な奉仕をつづけるためには、主君一身より一段高い価値のあるもの、すなわち主君の「家」を忠義の対象として導入することで（常朝は）この困難を解決しようとした、というのが彼女の結論であった[31]。これは傾聴すべき解釈であり、検討に値する指摘である。

歴代の主君は、一定の期間、藩の統治や家臣団の統率をおこない、そしてこの世を去っていく。しかもそれぞれは、尊敬に値する名君ばかりではない。各藩主には特有の限界がつきまとう。統治の時間的制限という面で、あるいは統治能力の質や水準という面で。藩主個々人の相対性を超えるもの、その制約性を補完するもの、それは各藩主を生み出す家系であり、藩組織である。常朝が特定の主君になんらかの失望をいだき、限界をもつ主君よりも永続的性格をもつ家や藩に希望を託した、という可能性がたしかになかったとはいえない。

しかし、『葉隠』にあっては、主君と藩とを分離する認識や表現は萌芽にとどまった、と私は考える。藩主の限界性と鍋島家・鍋島藩の永続性との差異意識はたしかにあったであろう。だが、藩主と切り離して鍋島の家や藩の独自性を常朝が意識的に評価・期待し、それを忠義の対象とした、というのは的を射ていないと思われる。じつは、それほどに『葉隠』における人間的な主従関係は濃密であることを要求されたからであり、主君と臣下との「人格的依存関係」が最初から最後まで重視されたからである。

常朝が主君を飛び越えて藩を忠義の対象としたと理解するには、前節で紹介した主君への滅私奉公、主君と家臣との情緒的な絆の絶対視が必ずしも常朝の本心ではなかった、あるいは没我的忠節を強調する彼の語りには虚偽があった、とみなす必要がある。だが、それはかなり牽強付会の解釈だというべきであろう。

『葉隠』にみられる理解では、主君という人格と藩という組織との未分化が顕著であり、藩という政治体はいわば主君という人格の組織的表現の域を出ていないのである。尤も、藩という組織はすでに幕府のもつ官僚制秩序に準じた一種の中央集権的制度をそなえており、現実には、主君の人格とけっして同等の機能ではありえず、その性格も異質なものになりつつあった。だが、おそらくそのことを予感しつつ、それでもなお常朝は、人間的情愛を基本にした主従関係や藩内政治を希求し、またその復活を訴えつづけたのだ、と考えられる。

（三）一生の奉仕、主体的・意志的な服従

常朝にとって、主君への奉仕・忠節は一生をかけた行為でなければならない。主従の関係がいったん成立した場合には、それを維持し、より堅固にすべきなのである。臣下は、むろん現実からいって簡単に主君から立ち去ることはできなかったし、また道義からいって立ち去るべきではなかった。この点にかかわって、次のようなエピソードが『葉隠』に紹介されている。

相良求馬《さがらきゅうま》が家老職に就いたとき、鍋島平左衛門《へいざえもん》の家臣であった有能な士である高瀬治部左衛門《ちぶざえもん》をぜひ自分の家来にしたいと申し出、彼を譲りうけることを主人の平左衛門に承諾してもらうことになった。ところが、当の治部左衛門は、求馬を前にして、生活は豊かになるかもしれないが、貧しい生活のほうがずっと気楽だと言い、「奉公人は主人を持ち替へ申さぬものにて御座候」（聞書九・一八）と断った、という[32]。

常朝は、相良求馬がそれを聞いて感心したことを語り、一生主人を替えぬ武士の姿勢のうちに、臣下としての高い不動の道義性をみている。ただし、この逸話を聞くかぎり、すぐれた家臣を他家に譲ったり、他家から譲り受けたりすることが、武家社会で現実におこなわれていたことが知られる。

治部左衛門の場合、むしろ例外的な行動だったかもしれない。しかし、「主人を替えぬ」ことに高い価値が与えられていたこと、それを理想的な臣下気質とみなす風潮がなお根強かったことは承認されてよいだろう。

奉公は、ひとたび決まった主人を一生替えないという堅固な節操であるとともに、一生をつうじて主を思い、主に忠誠を尽くしつづける絶大な忍耐を意味していた。

「御心入《おこころいれ》を直し、御国家を堅め申すが大忠節なり。一番乗、一番鑓《やり》などは命を捨ててかかるまでなり。その場ばかりの仕事なり。御心入《おこころいれ》を直《なお》し候事は、命を捨てても成らず、一生骨を折る事なり。」（聞書十一・二八）(33)

［殿のお心やお考えを直し、お国を堅固なものにすることが、大忠節である。戦場での一番乗りや一番槍などは命を捨ててかかればよいものだ。その場だけの仕事である。しかし、殿のお心やお考えを直すことは、命を捨てても成功せず、一生骨を折らねばならない仕事なのである。］

戦場での一番乗り・一番槍を達した武士は、たしかに勇猛果敢さにおいて、その戦果において、輝かしい忠節の模範である。だが、生命を賭した激烈な働きぶりとはいえ、それはやはり一時的な忠節の発現にほかならない。これに比して、主君の傍らで、主君を助け、主君の言動を支え、ときには諫言する仕事は、短期間ではすまない、忍耐を要する一生の忠節の発揮である。

常朝は、戦士的武士より文官的武士の苦労の長さ・大きさに言及し、それに高い価値を与えている。ここには、はしなくも、文官でありつづけた常朝の意地と誇りが垣間見られる。(34) それは同時に、戦士的武士の気質に憧れながらも、もはや戦士的武士とはなりえない江戸期の武士がおこなった、人生目的の再設定と新しい名誉心の内面化だったのである。

奉公は、たしかに生涯をかけた献身的な服従であった。タテ的な身分関係のもと、しばしば自らの意に沿わぬ、ときには意に反した上司の命令にたいする、苦しみ多き服従であった。だが、自分が気に入らないからといって、命じられた役目をことわって引退してしまうような家臣にたいし、常朝は厳しい非難をあびせている。

「不気味《ぶきみ》なる事ありとて、役《やく》断り、引き取りなどする事は、御譜代相伝《そうでん》の身として、主君を後《あと》になし、逆心《ぎゃくしん》同然なり。……仰せ付けとさへあらば、理非にかまはず畏《かしこ》まり、さて気に叶はざる事は、いつまでもいつまでも訴訟をすべし。」（聞書一・一五八[35]）

［自分の気に入らないことがあるからといって、依頼された役目を断わり、引退などすることは、代々お家に仕えてきた家臣として、主君を後に回し、反逆するも同然の行ないである。……殿からの仰せつけであれば、正しくとも正しくなくともまずお受け申しあげ、その後考えの異なることについては、いつまでも申し上げつづけるべきである。］

まずは理屈ぬきに任務を引き受け、そのあと気にいらぬことを自分の意にかなうまでいつまでも申し出るべきだ、というのである。服従は服従であるが、自分の意志をまったく滅却しての服従ではない。「理非にかまわず」引き受けるさいにも、確たる意志が示され、自分の考えをその後実現しようと努める態度にも、強い意志が発揮される。自己なき服従、意志なき迎合ではないことがわかる。もちろん、そういう努力が報われなかったことも少なくない。しかし、こうした奉公のプロセス全体をとおして、服従じたいが主体的・意志的服従の性格を濃厚に帯びるようになったことは否定できないであろう。

服従の主体的意志的性格とあわせて、さらに一定の知的理性的性格が求められていたことにも留意しよう。

「時代の風俗、主君の好嫌《すききらい》をも合点《がてん》なく、無分別に奉公に乗気《のりき》などさし候はば、御用にも立たず、身を亡ぼし候事これあるべく候。」（聞書二・八[36]）

［その時代の習慣・風紀や主君の好き嫌いを理解せず、分別なくただ精力的に奉公しようとするならば、殿のご用には立たず、我が身を滅ぼしてしまうこともあるものだ。］

すなわち、常朝は、世間や時代状況についての認識、主君が望むもの・望まないものについての理解が、効果的な奉仕にとって不可欠だ、とみている。ここにあるのは、情緒的盲目的奉仕ではない。自らの忠誠が忠誠として実を結びうるための、賢明な良識・判断が必要であることの主張である。一方で、一見盲目的で直情的な「無二無三」の忠節をうたいながら、他方で、その忠節実行にあたって、時代や体制秩序に関するかなり理知的な洞察を強調する、というこの矛盾も、これまで無視されがちであった『葉隠』の特質なのである。

　このように、一部に冷静な知的判断をふくむ意志的な服従が目ざされたのであるが、同時にそこには、身分や職位によって異なる奉公のあり方・心の用い方が、十分認識され遂行されなければならない、という重大な制約があった。

「萬事、実《じつ》一つにて仕《し》て行けば済むものなり。その中に奉公人は御側《おそば》・外様《とざま》・大身《だいしん》・小身《しょうしん》・古家《こか》・取立《とりたて》などについて、それぞれ少しづつの心入れは替るべし。御前《ごぜん》近き奉公などは、差し出《い》でたること第一わろきなり。大人《たいじん》の御嫌ひ候ものなり。」（聞書二・三〇）[37]

［万事、一途な誠実さでもって進んでいけば、それで済むものだ。奉公人としては、お側・外様、大身・小身、古参・新規取り立てなど、各々の身分で少しずつその心構えは変わることであろう。殿のお側近くでの奉公などは、差し出がましいことが最も悪い。主君がお嫌いになることである。］

　主君の御側にある者だからといって、無遠慮で差し出がましい態度は主人の反感を買うもととなる。それぞれの職階にふさわしい意思の伝え方、意見具申や忠言がもとめられた。

「諫言」を論じた箇所で、すでに詳しく述べたように、直接の助言・忠告のたぐいは家老職にかぎられていたし、その地位に達してもいない者がそうした言動をとることは、明らかに不忠であった。

主君への奉公を希望し念願する誰もが、身分を超えて、いつでも対等平等に忠節を尽くすことができたわけではない。あくまで職位や立場に限界づけられた奉公であった。封建的身分制社会だからこそそんなことはしごく当然だ、との受けとめ方もたしかにありえよう。しかし、家老になりえなかった常朝自身が味わったように、奉公一途をめざそうとも、現実にはその思いをはたせなかった大半の家臣の悔しさ・無念さが、君臣関係の背後に営々と積みあげられていた事実を、われわれは見落とすことはできないのである。

『葉隠』は「死の覚悟」を土台とした熱情的な武士道の書だ、と言われてきた。理屈にとらわれない純粋な武士道精神の表われをその中にとらえることは、まちがいではない。だが、これまで見てきたように、それは同時に、対立する資質、性向、理念を併存させた記述であり、それらの混合体としての書である。

すなわち、戦士的武士と文官的武士という資質の対立、直情的猛進的性向と知的合理的性向との対立、そして独立的武士の「自律」の理念と秩序内的臣下の「服従」の理念との対立などが、その内実をなしている。『葉隠』の記述や常朝の訴えの中に、もっぱら純粋さ・真正さを見るよりも、むしろ各所ににじみ出ている葛藤や錯綜、対立や矛盾をとらえる方が、この書の真意に迫ることができるだろう。

より踏み込んで言えば、文官的武士の立場に立ちながら、戦士的武士の資質にあこがれ、それに固執しようとする矛盾、直情的猛進的な性向をさかんに称揚しながら、太平の世では知的合理的な性向をないがしろにはできず、それを受け入れようとする矛盾、自尊と誇りを守って自律的であろうとしながら、官僚制的秩序のもとでの服従を意志的に耐え忍ぼうとする矛盾、まさにこれらの矛盾を葉隠武士道は免れることができなかったし、武士たちもこれらの矛盾のただ中で生き抜かなければならなかった。

それゆえ、この書のなかで取り上げられた多くの武士たちの姿は、私の思うに、時代の過渡期に生起した避けがたい苦悩を背負い、自分の生死にかかわる選択や行動をとおして、苛烈な矛盾の解決のさまざまなバリエーションを示した姿だったのである。

註

(1)『葉隠（下）』和辻哲郎・古川哲史校訂（岩波文庫）二〇七頁／現代訳については、奈良本辰也訳や相良亨訳を参照しつつ、最終的には私の判断と責任で訳出した。なお、私が現代訳を重視するのは、読者の原文理解を容易にするという理由からだけではなく、現代訳の中身のうちに『葉隠』解釈の真価や理解の深浅が投影されると考えるからである。
(2)『葉隠（上）』二三三頁
(3)『葉隠（上）』五九頁
(4) 山本博文『『葉隠』の武士道』（ＰＨＰ新書、二〇〇一年）一九一—一九三頁参照。
(5)『葉隠（上）』四五頁
(6)『葉隠（上）』八五頁
(7)『葉隠（上）』六六頁
(8)『葉隠（上）』二四頁
(9)『葉隠（上）』二四—二五頁
(10) 山鹿素行『山鹿語類　第二』古川黄一編集（図書刊行会）巻第十四、五四頁を参照。
(11)『葉隠（上）』四〇—四一頁
(12)『葉隠（上）』七二頁
(13) 前掲『山鹿語類　第二』巻第二十一、三五一—三五三頁を参照。
(14)『葉隠（下）』二〇四頁
(15)『葉隠（上）』七二頁
(16)『葉隠（上）』一二一頁
(17)『葉隠（上）』九三頁
(18) 相良亨『武士道』（講談社学術文庫、二〇一〇年）の中の「四、閑かな強み」の章を参照。
(19)『葉隠（上）』六三頁

(20) 山鹿素行の論述でも、武士における内面と外面との一致の強調が顕著であった。前掲『山鹿語類　第二』巻第二十一、三七五頁を参照。
(21) 『葉隠（上）』四六頁
(22) 『葉隠（上）』五〇―五一頁
(23) 『葉隠（上）』三六頁
(24) 『葉隠（上）』八六―八七頁
(25) 『葉隠（上）』一一三―一一四頁
(26) 『葉隠（下）』八七頁
(27) 『葉隠（下）』一〇一―一〇二頁
(28) 『葉隠（上）』二〇八頁
(29) 『葉隠（上）』六七頁
(30) 池上英子『名誉と順応』森本醇訳（NTT出版、二〇〇〇年）二九二頁
(31) 同右　二九二―二九三頁を参照。
(32) 『葉隠（下）』八四―八五頁
(33) 『葉隠（下）』一七五頁
(34) 常朝は、文官的武士の立場から、一生骨を折らねばならぬ城勤め・側奉公の艱難辛苦を強調するが、自己正当化が過ぎて、逆に、戦士的武士の一番乗り・一番槍への過小評価に陥っていると見えなくもない。戦場で先陣を切る、ないし一番乗りを勝ち取ることは、言うまでもなく、名誉と誇りを示す上で、戦う武士にとって何にも代えがたい最高の価値であった。

たとえば、姉川の戦い（一五七〇年、織田・徳川連合軍と浅井・朝倉連合軍との戦）のとき、織田信長から加勢を頼まれて馳せ参じた徳川家康が、柴田勝家・明智光秀・森右近らがすでに一番陣を担うことが決定されていたため、家康には二番陣が要請されたとき、頑としてそれを拒否し、彼は要求が受け入れられなければ参戦しないと回答して、結局一番陣への変更を信長に決断させる、という事件があった。そのとき家康が挙げた理由は「一番を申し請けかねて二番に有りと、末世まで申し伝えにまかりなるべき事、迷惑つかまつり候」というものであった。（前掲『三河物語』一〇四頁）

このように、そもそも自軍の統帥者から先陣を任せられること、一番乗りを勝ち取ることも、容易ではなかったのであり、あいつぐ戦闘をつうじて顕著な実績を挙げつづけた者にだけ、一番乗りは許されるのである。常朝のように、一番乗り・一番鑓は

その場だけの仕事だ、と言うのは正しくない。持続的でリアルな（観念的ではない）「死の覚悟」、死の淵に直面しつつおのが命を賭けて獲得した数々の武功、自陣営における周囲からの絶大な期待・信頼などが、たえず必要不可欠なのである。

（35）『葉隠（上）』七五―七六頁
（36）『葉隠（上）』九三頁
（37）『葉隠（上）』一〇二頁

第四章　武士の宗教性と非宗教性

どんな宗教であれ、自己利益のために世間を欺くことを主な目的としていない限り、少なくとも世界や人生にたいするなんらかの基本的な見方・考え方を提示しているものであろう。それゆえ、自身が生きた時代において当時の支配的な宗教や宗教的価値観をどのように受けとめ、それらにどういう態度をとったかのうちに、その人間の世界観や人生観の特色が明瞭に表われる。

『葉隠』を口述した山本常朝、および彼が注目し言及した当時の武士たちは、どのような宗教的態度を示しているであろうか。

ここで私が「宗教的」という言葉を使う場合、一つには、神仏にたいする崇敬・信仰のあり方を指している。二つ目には、人間や自然を超えた運命ないし宿命に関する考え方をその中に含めている。さらに三つ目には、種々の宗教思想の中でもとくに、仏教および仏教的世界観にたいする評価を意味している。この三者に関わるかぎりでの武士の思考・意識を問うてみたい。換言すれば、武士道と宗教的なものとの関係や交錯がどうであったかを、明らかにしたいと思うのである。

しかし、最初に考慮すべきことがある。

『葉隠』は、言うまでもなく江戸期半ばの武士（そして出家者）山本常朝の口述を筆記したものであるが、この書物には、文官的武士である山本常朝の宗教的な態度や思想だけでなく、常朝が憧憬し評価する戦国期の戦士的武士たちの宗教的な態度や思想が満ち溢れている。異なった時代・社会を生きかつ経験した両者の間には、当然かなり著しい違いがあることに注意しなければならない。この点については、本論の中で、少しずつ明らかにしていくつもりである。

一　武士による神仏への崇敬、および神仏の相対化

幕藩体制の確立および安定期に人生を送った山本常朝は、佐賀藩で長らく主君の側奉公を務めた武士として、鍋島家の存続・繁栄を誰よりも強く願う人物であった。彼が示した宗教的態度の第一は、前にも引用したが、鍋島の主君および家の存続を目的とする神仏への崇拝である。

「毎朝、拝《おがみ》の仕様《しよう》、先づ主君、親、それより氏神《うじがみ》、守佛《まもりぼとけ》と仕《つかまつ》り候なり。主をさへ大切に仕り候はば、親も悦《よろこ》び、佛神《ぶっしん》も納受《のうじゅ》あるべく候。」（聞書一・三二）(1)

［毎朝の拝礼のありようは、まず主君、親、それから氏神、守り仏という順で行なうことである。主君をさえ大切にするのであれば、親も喜び、仏神もその心を受け容れてくださるだろう。］

戦場での生死を賭した闘いを余儀なくされる戦国期の武士たちにとっては、戦いそのものに勝利する、ないし他者に誇るべき戦果を挙げること、最低でも生きのびて帰還することが重視され、それが仏神への帰依・祈願の第一であったろう。だが、領国支配および藩統治が安定し、泰平期に移るにつれて、藩の中軸たる主家の存続・繁栄が最高価値となる。それは、家臣にとってだけではなく、なにより藩を統治する主君にとっての最大の関心事であり、

至上の目的でもあった。

第二代藩主鍋島光茂の山王神社参拝にはそれがよく表われている。

「萬治元（一六五八）年六月十五日、仁比山山王《にひやまさんのう》へ御参詣、御願書。　今日社参《しゃさん》仕り候儀、先づ以て公方様《くぼうさま》、御氏神、次に四人の子供も恐れ乍《なが》ら御同前に頼み奉り候はで叶はざる御事に候。　殊更《ことさら》山王権現は就中《なかんづく》ありがたき神慮《しんりょ》の儀、度々《たびたび》身に覚え申し、ひとしほ信心奉り候。」（聞書五・八三）[2]

［萬治元年六月十五日、（光茂公は）仁比山の山王神社に参詣なされ、願書を上納された。この日神社に参詣されたのは、まず第一に、徳川将軍、（鍋島家の）氏神、その次に、畏れながら（公の）四人の子のご繁栄をもお頼み申されずにはいられない、ということからであった。ことに山王権現はとりわけありがたい神慮をくださり、いくどもそれを実感し、それゆえ格別の信心を奉じている神である。］

他にも、「寛文二（一六六二）年、御武運長久《ちょうきゅう》御子孫繁昌《はんじょう》の為、向陽軒《こうようけん》御建立《こんりゅう》。」（聞書五・八七）[3]や「寛文五（一六六五）年九月廿五日より光茂公徳善御参籠《とくぜんごさんろう》（光茂公は徳善院に参詣し、院内に留まり）、御自筆の御願文あり。（中略）たのもしな　なほ行末もかぎりなく　守るめぐみの　神のちかひは」（聞書五・八八）[4]などの記述がある。寺社の建立、寺社への金品の寄進、参詣・礼拝に、藩主がいかに熱心であったかが知られる。鍋島家では、藩祖直茂や初代藩主勝茂の時代に、すでに敬神や仏教への帰依を重視した言動が現われており、『葉隠』にも、彼らが有力な神社への常燈・米・金銭の寄進、主な寺社への参詣と願書奉納などを行なっていた、との記述がある。（聞書三・五六）、（聞書四・六八）[5]だがさらに、直茂・勝茂などの戦国大名と異なり、戦場での経験のない光茂の代において、なおいっそう御家存続・子孫繁栄を目的にした神仏信仰や寺社崇敬の傾向が強まっている。

藩主の重病や危篤状態にあっては、危機脱出・身体快癒のために、ありとあらゆる神仏への祈祷行為が総動員された。第三代藩主綱茂の死去直前のもようを記した次の文は、藩内にある神社仏閣あげての回復祈願が行われたことを示している。

「玄梁院《げんりょういん》（＝綱茂）様宝永三年戌《いぬ》十月十二日より御不快《ごふかい》の事、……御本丸御書院にて五壇《だん》の法《ほう》御執行、白山《しらやま》八幡にて温座《おんざ》護摩《ごま》、十二箇寺大般若《だいはんにゃ》、その外諸寺にて御祈祷《きとう》、……」（聞書五・九六）(6)

綱茂以前の直茂・勝茂・光茂の逝去時には、これに類する主君回復祈願の儀式が行われたという記述が『葉隠』の中に見出されないことと比べれば、注目に値する現象である。泰平時にはこれだけ大規模な神仏祈願が制度化されかつ儀式化されていたからであろうが、それにしてもかなり大仰で異常なほどだ、という印象をぬぐえない。

仏神への崇敬・信仰は、幕藩体制期の佐賀藩主時代では、ごく当然でほぼ無条件的なものといってよい、つまり宗教への無批判的な依存性が濃厚であった。だが、戦国期に活躍した直茂や勝茂には、神仏への信仰の面と併せて、それを否定したり無視したりする傾向もあったことに注意が必要であろう。

戦国期を生き抜いた藩祖直茂には、この傾向がとくに顕著であった。国家統治にあたって、すぐれた人材が大切であることを直茂は強調し、「すぐれた人材を得るには、神仏への立願をすべきかどうか」という勝茂の問いに対して、直茂はこう答えたのである。

「総じて人力に及ばざる事を仏神に御頼《おたの》み申すものにて候。よき人出来候《できそうろう》事は、我が力にて成る事なり。」（聞書四・五五）(7)

［大体において、人間の力では及ばないことを仏神にお頼みするものだ。すぐれた人物が出てくるようにすることは、自

分の力でできることである。」

ここには、藩の統治や自分の人生の行末すべてを神仏の加護に依頼するような、非主体的態度は見られない。もとより自分の力の及ばない運命的な領域ないし状況では、神仏の加護を期待せざるをえないが、自分が達成しうる限定された目的や課題に対しては、あくまで主体的な態度を貫こうとしているのである。神仏の絶対性への疑義と、神仏の力や影響の相対化、といっていい。

さらに、直茂のこうした基本姿勢と共通する戦国武将の鍋島安芸守茂賢《あきのかみしげまさ》の言動も、注目に値する。茂賢の子、鍋島志摩守《しまのかみ》茂里が安芸守茂賢に使いをやって、「京都の愛宕神社に参詣したい。愛宕権現は弓矢の神であり、武運を開くために。」との趣旨を伝えたことに対して、父の茂賢は立腹してこう語ったのである。

「しかと無用に候。鍋島の先手《せんて》が、愛宕《あたご》など頼みて成るべきや。向ふに愛宕権現立ち向はれ候はば、真中《まんなか》二つに切り割りて、先手を勤むべく存じ候へ。」（聞書八・五八）(8)

［まちがいなく必要のないことだ。鍋島の先手を務める者が、愛宕の神などを頼んでよいだろうか。敵方に愛宕権現が立ち現われたなら、真っ二つに斬り割って、先手の務めを果たそうと考えよ。］

死を覚悟し先鋒として敵陣に斬りこんでいく武士にとって、神頼みは臆病者の所作だと考えられていたのであろう。愛宕権現が敵方に与《くみ》して出現してくれば、真っ二つに斬って捨てる、というのは、まことに曲者（＝剛の者）というほかはない。それと同時に、鍋島茂賢の言は、当時の武士が神仏の力を必ずしも絶対的なものだと考えていないことをよく表わしている。神仏の加護を否定しはしないが、いついかなる時もそれに依存することをけっして潔しとしなかった。自分の力の及ぶ状況下では目いっぱい自律性を発揮することも、誇り高き武士の意気地であっ

たのである。(9)

山本常朝も、戦国期の鍋島武士たちの影響を受けることによって、泰平期での側奉公勤めの中で、こうした自律性を堅持していたと考えられる。神仏を崇敬しながらも、神仏への単純な拝跪には陥っていないからである。もちろん、彼の姿勢の基軸には、「主君への献身」「主従の契り」があった。ここに至上の価値をおくことによって、神仏全般に対する相対化が可能になっている。よく引用される有名な次の文は、その証左であろう。

「この主従の契《ちぎり》より外には、何もいらぬことなり。この事はまだなりとて、釈迦・孔子・天照大神《あまてらすおおみかみ》の御出現にて御勧めにても、ぎすともすることにてなし。地獄にも落ちよ、神罰にもあたれ、此方《こなた》は主人に志《こころざし》立つるより外はいらぬなり。悪くすれば、神道の仏道のと云ひ、結構な打ち上つた道理に転ぜらるるものなり。仏神《ぶっしん》もこれをわろしとは、思召《おぼしめ》さるまじきとなり。」(聞書二・六四)(10)

［この主従の契り以外には、なにも必要ではない。これではまだ十分でないと、釈迦・孔子・天照大神が出現なされいろいろお勧めになっても、びくともすることはない。そのために地獄に落ちても落ちるがよい、神罰に当たっても当たるがよい、自分は主君に忠を尽くす他はなにも要らないのだ。悪くすれば、やれ神道だとか仏道だとか言って、無難でもっともらしい理屈に転ばされてしまうものだ。神も仏もこれを悪いことだとは思われないであろう。］

読みようによっては、かなり大胆不敵な仏神に対する不敬・冒瀆である。主君への没我的忠誠が最優先されるのであり、それを妨げる仏道や神道であるならば、それらを敢然と拒否するぞという態度の表明だからである。

常朝はこのように、人間・自然を超えた宗教および宗教的世界観より、人間界に通用する倫理（この場合は主従道徳）にいっそう高い価値をおいている。一言でいえば、倫理を宗教に優先させたのである。

二　呪術・占いにたいする不信、神秘主義への懐疑

三民の支配階級としての武士層は、武力による戦闘においても、また社会秩序を維持する上でも、どうしても自分の力が及ばない場合を除けば、かなりの程度の自主的合理的な行為を求められる、といってよい。

戦場にあって見通しのない無謀な猪突猛進を試みれば、勝利を得られないどころか、かんたんに自分の命を失うであろうし、被支配層に対して不条理で無慈悲な統治・経営を行なえば、民衆の不満・反抗を呼び起こし、領国ないし藩を円滑に維持・発展させることは不可能であろう。戦闘においても、統治においても、その成功のためには、神仏への祈願にもまして、武士たち自身による行為の自主性や合理性が、格段に重要となっている。

それゆえ、彼らが、呪術的なもの、占いに類するものに、あまり価値をおかなかったのも当然であろう。『葉隠』にも、それらを示すいくつかの事例が記述されている。

「常に無き事のあれば怪事《かいじ》と云ひて、何事の前表《ぜんぴょう》など云ひ扱ふは、愚《おろか》なる事なり。日月重出《じゅうしゅつ》、箒星《ほうきぼし》、籏雲《はたぐも》、光り物、六月の雪、師走《しわす》の雷《らい》などは、五十年百年の間にある事なり。陰陽《いんよう》の運行にて出現するなり。(中略)又天変《てんぺん》これある時、世上に必ず悪事出来《いでく》る事は、籏雲を見ては何事ぞあるべしと、人々我と心に怪事を生じ悪事を待つ故、その心より悪事出来《あくじしゅったい》するなり。」(聞書一・一〇五)[11]

［通常でないことが起きれば怪事と言って、それが何ごとの前兆であろうかとあれこれ言うのは、愚かなことである。太陽と月が同時に見えること、彗星、旗雲、光り物、六月の雪、十二月の雷などは、五十年や百年の間にまれに生じることである。陰と陽の運行によって出現するものだ。(中略)また、天変がある時、世の中に必ず悪いことが起こるのは、たとえば旗雲を見て何ごとかが起きるだろうと、人々が心中に怪事をつくり出し、悪いことが起きるのを待つゆえに、その心

から悪いことが出現してくるのである。」

自然や気象の分野で常ならぬ事が起きたとき、往々にして世間では恐るべき災厄を予想してしまいがちだが、その尋常でない現象にも、十分な原因・根拠があることを常朝は洞察している。自然の異変と社会の災厄とを連動させてしまう非合理な思考に異議を申し立てて、神秘主義に傾く人々の「心の弱さ」にこそ、大きな問題があることを見抜いているのである。

こうした一定の合理的思考は、吉凶の占いに関しても、それを冷静に受けとめ判断する態度に通じている。

「易経相伝《えききょうそうでん》に、占《うらない》は中《あた》るものと思ふは誤なり。中らぬが本体なり。易はカハルと訓《よ》む故なり。占、吉《きち》なれども悪をすれば凶《きょう》となり、凶なれども善をなせば吉となるなり。」（聞書十・七二）(12)

［「易経相伝」にあるように、占いが当たるものと思うのは誤りである。当たらないのが、本質なのだ。易は「かわる」と読むからである。占いとは、吉と出ても悪事をなせば凶となり、凶と出ても善事をなせば吉となるものである。］

占いそのものを頭から否定しているわけでないとはいえ、「そもそも占いは当たらないもの」と言い切る姿勢は、常朝の合理的性格の一面を示している。(13) それ以上に重要なのは、吉凶占いの中身を左右するのは、自分の行為そのものが善行なのか悪行なのかという過程および結果であり、それをこそ重視する主体性である。自分の自発的自律的行為によって、吉凶すら逆転しうる、という確信である。

もう一つ触れておきたい記述がある。それは、藩祖直茂が城内で発生した幽霊事件にたいしてとった毅然たる態度についてである。

男女間の不義密通にたいして仮借ない制裁が科された事例が少なかったことは、以前に述べた（第二章の「五「性」に関する意識（その二）――男女道徳」を参照）。

三の丸で集団的な密通をしていた男女たち十四名が、取り調べのうえ死罪を命ぜられ、打ち首にされた。その後、三の丸では、毎夜、幽霊が現われ、城勤めの女性たちが恐れて外に出られなくなるという事態が生じた。祈祷や施餓鬼がとりおこなわれたが、まったく効果がない。それを伝えられた直茂は、こう語ったのである。

「公聞《きこ》し召され、「さてさて嬉しき事哉。彼者共《かのものども》は首を切り候ても事足らず、憎《にっ》くき者共にて候。然る処、死に候ても行き処へは行かず、迷ひ廻り候て幽霊になり、苦を受け浮び申さずは嬉しき事なり。成る程久しく幽霊になりて居り候へ。」と仰せられ候。その夜より幽霊出で申さず候由。」（聞書三・二一）[14]

［直茂公はお聞きになって、「さてさて嬉しいことではないか。あの者たちは、首を斬っただけでは物足りないほどに憎い輩である。それゆえ、往くべき所へも往けず、迷い廻って幽霊になり、苦しみをうけて浮かばれもしないのは、嬉しいことだ。できるだけ長い間、幽霊になっておるがいい。」と言われた。その夜から、もう幽霊は出なくなったということである。］

直茂の豪胆ぶりを示す逸話である。彼がほんとうに幽霊の実在性を信じていたのかどうかは、定かではない。幽霊の出現に怯える女性たちの恐怖心や思い込みが、こうした幽霊話の元凶であったことが推測される。また、「苦しみつづけていつまでも幽霊になっておればよかろう」という直茂の言明によって、その後じっさいに幽霊が出なくなったという話も、にわかに信じがたい。

彼の毅然たる態度と断言が、幽霊そのものを消滅させたというより、集団幻想に呪縛されていた人々を得心させ、彼らの恐怖感と幻覚を払拭し去ったのだ、というのが真実であろう。家臣たちの主君直茂に対する絶大な信頼と同調があってはじめて理解できる話である。

戦場でたえず死と向き合ってきた、さらに泰平期でも「死の覚悟」を堅持してきた直茂だからこそ、堂々と口にしえた言葉であることはまちがいない。神秘主義や呪術的なものに動揺したり影響されたりしないだけの、堅固な意志と合理的な精神が、戦士的な武士の真骨頂であったことを、改めて思い知らされるのである。(15)

三　運命の受容、仏教的価値観の肯定

超自然的なもの、神秘的なものにたいして、以上のように一方では、懐疑的であった武士たちは、他方では、自分の運命に対して受容的であり、諦観的でもあった。自分の生命・身体が消滅を免れないはかなきもの、現世は移ろい行く一時的なもの、という認識のうちには、なにより仏教からの影響が強くにじみ出ている。以前にも言及した常朝の以下の感慨には、城勤め時代と出家時代を問わず、生涯にわたっての彼の真情が表われている。

「道すがら、何とよくからくつた人形ではなきや。糸をつけてもなきに、歩いたり、飛んだり、はねたり、もの迄も言ふは上手《じょうず》の細工《さいく》なり。来年の盆には客《きゃく》にぞなるべき。さてもあだな世界かな。忘れてばかり居るぞと。」(聞書二・四四)(16)

［一緒に歩きながら「人間とは、何とよく工夫された操り人形ではないか。糸を付けてもいないのに、歩いたり、飛んだり、跳ねたり、ものまで言うとは、いかにも名人の細工である。来年の盆には霊として迎えられることになるかもしれぬ。それにしてもかりそめの浮世だ。誰もがこのことを忘れているぞ」と話された。］

人間は、とくに理由もなくこの世に生をうけ、ある程度自分の意志で多種多彩に発言し行動しはするが、しかし大局的には運命の大枠を脱しえず、歴史の流れの中で翻弄され、そして姿を消していく。「来年の盆には客（あの世の存在）になる」とのごとく、いつどこで死ぬかはわからない。人間的生のこの無常性、一時性、脆弱性に対する自覚は、常朝にとくに強かったことが知られる。

他にも、常朝が仏教的価値観を受容し、自分の人生の指針としていることを示す箇所が多い。

「身は、無相《むそう》の中《うち》より生を受くとあり。何もなき処にいるが、色即是空《しきそくぜくう》なり。その何もなき処にて万事を備ふるが空即是色《くうそくぜしき》なり。二つにならぬ様《よう》になり。」（聞書二・三一[17]）

［われわれの身は、形のないものの中から生命をうけたと言われる。何もない所にいるのが「色即是空」ということだ。その何もない所ですべてを具えているのが「空即是色」である。二つに分けて考えぬように、とのことである。］

仏教の要諦である「色即是空」と「空即是色」の両者は本質的に一体なり、との理解を示す記述である。この世に存在するありとあらゆる物は、もともと実体のないものだ、という把握が「色即是空」であり、そうした実体なきものも、因縁があったからこそ起こるがゆえに、そのまま実在として存在する、という把握が「空即是色」である。常朝は、まったき虚無とまったき実在との相即性に共感し、また両者の統合を感得する精神的境地をめざしていたように思われる。

さらに、仏法の「貪《とん》・瞋《じん》・痴《ち》」論、「六根清浄《ろっこんしょうじょう》」の希求に関する記述もある。

「貪・瞋・痴と、よく撰《え》り分《わ》けたるものなり。世上《せじょう》の悪事出来《でき》たる時、引き合ひてみるに、この三箇条に迦《はず》るる事なし。吉事を引き合ひて見るに、智・仁・勇に洩れずとあり。」（聞書二・九〇）(18)

［貪・瞋・痴とは、よく分類したものである。世の中で悪いことが起きた時、引き合わせてみると、この三ヶ条に外れることがない。また、良いことを引き合わせてみると、智・仁・勇の三つに漏れることもない、と言われた。］

「前数馬《ぜんかずま》申し候は、茶の湯の本意は、六根《ろっこん》を清くする為なり。眼に掛物《かけもの》・生花《いけばな》を見、鼻に香《こう》をかぎ、耳に湯の音を聴き、口に茶を味ひ、手足格《かく》を正し、五根清浄なる時、意《い》自《おのずか》ら清浄なり。畢竟《ひっきょう》意を清くする所なり。」（聞書二・一一八）(19)

［先代の中野数馬（利明）が話しておられた。「茶の湯の本当の意味は、六根を清くするためである。眼に掛物や生け花を見、鼻に香りを嗅ぎ、耳に湯の音を聞き、口に茶を味わい、手足の作法を正し、こうして五根が清浄である時、心もおのずから清浄となる。けっきょく心を清くすることなのだ。」］

よく知られているように、むさぼり・いかり・おろかさを表わす「貪欲《どんよく》・瞋恚《しんい》・愚痴《ぐち》」の三つは、仏教では、人間にとって最も根本的な煩悩であり、それゆえ三毒と呼ばれている。常朝は、自身の人生経験に照らして、この三種が人間本性に由来する深い意味のある煩悩であって、しかも世間で出来する数々の悪行の源泉であること（併せて、智・仁・勇の儒教的徳目は、善行の源泉であること）に納得しているのである。

また、茶の湯に関する先代中野数馬の説を紹介しながら、常朝は、六根清浄をめざす茶の湯の本質に言及している。眼・鼻・耳・舌・身の五種の感覚器官、心を意味する「意」を合わせた六根は、人間に煩悩や迷いをひき起こす根源だ、というのが仏教の教えであるが、茶道の精神に浸潤しているその基本主張への深い共感が表われている。

また、若侍向けに武士としての基本的な心構えを箇条書き風に記した「草庵雑談覚書」にも、仏教や仏教的世界観への共感・重視を示す条項がいくつかある。

「一　信心は武運を添《たす》け、慈悲は運を育《はぐく》む母の事」「一　天道は慈悲・真なり、世界は憐れみ相持ちの事」「一　沙門《しゃもん》は崇敬すべし、女童《おんなわらべ》には憐憫を加うる事」「一　天の照覧《しょうらん》鏡の如し、因果は報いて遁《のが》れなき事」「一　仏神に信心すべし、君父《くんぷ》に毎朝礼する事」「一　三宝を崇《あが》めて倚《かたよ》らず、私《わたくし》を去りて真に叶うべき事」等々。[20]

その中心的内容は、仏神への厚い信仰、僧侶への崇敬、弱者への慈悲・憐憫、因果応報の受容、三宝（仏・法・僧）の公平な尊重、などであった。仏教的な主義主張を独創的に展開しているというより、わかりやすく教訓的な説諭のかたちで提示している、と見た方がよい。

このように、常朝による仏教受容のあり方を示す主張・姿勢は、『葉隠』やその他の著作の処々に数多く見出される。しかし、ありていに言えば、その受容や理解は、それほど全面的・徹底的・体系的なものではなかった。出家したあと、彼は僧侶となって本格的な仏道修行に没頭したわけではなく、諸々の仏典・経典の研究や解釈に専念したわけでもないからである。

常朝にかなり深甚な影響を与えた、鈴木正三のような一途で熱烈な仏道希求者と比べると（正三については第五章でとりあげる）、常朝は、やはり隠遁者の域を出てはいない。仏教的価値観を彼なりに受けとめ、自分の知的情的な了解の範囲で咀嚼し言表しつつ、この世を去るまで（鍋島家の行く末を案じながら）穏やかで静寂な出家の日々を送った、というのが正確であろう。

それゆえ、人の身のはかなさ、この世の無常を、主情的に感得し歎じ表現することが、彼の後半生の主題の一つともなっている。

一般にあまり注目されてはいないが、それを証拠立てているものに常朝自身が残した数々の短歌がある。「元禄十三辰歳《たつどし》遁世以来愚詠《ぐえい》」と題して、全部で百五十五首の短歌を残している。(21) 元禄十三（一七〇〇）年というと、主君鍋島光茂が死去し、それをきっかけに常朝が黒土原に出家・隠棲した年であり、その年から正徳四（一七一四）年までの足かけ十五年の間に詠んだ歌が、この「愚詠」の中に収められている。草庵「朝陽軒」（のち「宗寿庵」と改名）での生活体験、移り行く四季、想い起される過去などを情感豊かに映し出している歌々であった。

「消えはてぬ身はいつ迄か白露の　起きては向かふ朝顔の花」（元禄十四年五月十六日）
「惜しめどもかぎりある世の習わしに　花もわずかの色を見せける」（元禄十五年）
「嘆かしな憂き世にかよふ夢も又　さめて跡なき峯の松風」（元禄十五年）
「夢とだに思ひも湧かでいつしかに　三とせふり行く五月雨の空」（元禄十五年五月十六日）
「うつろひし秋の千種の中に入り　霜かと見えて白菊の花」（元禄十七年）
「夜を残す老ひの寝覚めに数ふれば　あはれ昔の友ぞ稀なる」（宝永二年）
「露むすぶ草の庵は跡絶へて　もとの野原にすだく虫の音」（宝永二年）
「吹き送る鐘の響きに夢覚めて　夜半のあらしも南無阿弥陀仏」（宝永四年五月十六日）
「夢ぞとはおもひしれども夏の夜の　月にむかしの忍ぶはかなさ」（正徳三年五月十六日）
「おしからぬ身はながらえて憂き秋の　露をかさぬる墨染の袖」（正徳三年）
「忘れじな消えは果つとも露の身の　おもひ出となる君がことの葉」（正徳四年）

ここでは、常朝の心中にある仏教的な見方や価値観が色濃く表現されている十一首の短歌をとりあげてみた。自分の命や身体に関しては、「消えはてぬ身」「露の身」「おしからぬ身」等々の表現が登場し、この世については、「かぎりある世」「憂き世」などの言葉が用いられている。

自然描写の中に、とりわけ「露」「霜」「花」といった一時的で変移的な事象・事物への注目と愛着があり、四季の「うつろひ」に自然の本性をとらえる常朝の無常観がにじみ出ている。かつて存在した草庵が廃墟さらには野原になり、親しかった友がこの世から次々に去って孤独感・寂寥感に襲われているおのが身上も歌の主題である。「諸行無常」「生者必滅」「現世夢幻」の世界観がこれらの歌の深層に流れていることはまちがいない。

この中で第一首、第四首、第八首、第九首の四つは五月十六日に詠まれたものであることに注目したい。五月十六日といえば、常朝がお側役として仕えた主君光茂の命日である。彼は、毎年、一度も欠かさずこの命日に、亡き主君を偲びつつ歌を詠みつづけた。過去を想起しながら、主君への懐古の情を現在の孤独な我が身や移ろいゆく日常の自然と重ねている様子がうかがえる。「思ひ」や「夢」という語が多いのも偶然ではないであろう。

四　常朝の「慈悲」論

もう一つ、常朝への仏教からの影響として、看過することのできない顕著な志向・態度がある。それは、「慈悲」の強調である。「慈悲」ないし「慈悲心」に言及し、その意義を重視している箇所は数多い。「夜陰の閑談」の末尾に掲げられた有名な彼の四誓願の一つ「一　大慈悲を起し人の為になるべき事」をはじめとして、『葉隠』の随所に以下のような慈悲称賛の語りがある。

「大気《たいき》と云ふは、大慈悲の義なり。神詠、「慈悲の目ににくしと思ふ人あらじ科《とが》のあるをばなほもあはれめ」。廣く大なること限りなし。普《あまね》くと云ふところなり。……慈悲より出づる智勇が本の物なり。慈悲の為に罰し、慈悲の為働く故、強く正しきこと限りなし。我が為にするは、狭く小さく小気《しょうき》なり。悪事となるなり。（中略）直茂公、

「理非を糺《ただ》す者は、人罰に落つるなり。」と仰せられ候は、慈悲よりの御箇条かと存ぜられ候。「道理の外《ほか》に理《り》あり。」と仰せられ候も慈悲なるべし。無尽《むじん》なる事味ふべし。と精《せい》に入《い》りて御咄《おはなし》なり。」（聞書一・一七九）[22]

「広い度量というのは大慈悲の意味である。神詠に「慈悲深い心から見れば、憎いと思う人はいまい。咎のある者をなおいっそう憐れむべきだ」とある。限りなく広く大きな心のことだ。すべてにゆきわたるということでもある。……慈悲心から出てくる智恵や勇気こそが本物である。慈悲心をもって罰し、慈悲心をもって働くのであるから、限りなく強く正しい。自分のためにするのは、狭く小さく小心である。それは悪事となる。（中略）直茂公が「理非をただ糺明する者は、人からの罰を受けることになろう。」と言われたのは、慈悲についての教えかと思われる。「道理の外に理がある」と言われたのも、慈悲のことであろう。慈悲は汲めども尽きないほど大きいことを味わうべきだ。こう常朝師は熱を入れてお話になった。」

「自他の思ひ深く、人を憎み、えせ中《なか》などするは、慈悲のすくなき故なり。一切悉《ことごと》く慈悲の門に括《くく》り込んでからは、あたり合ふことなきものなり。」（聞書二・一〇八）[23]

「自他を区別する心が深く、人を憎み、仲たがいなどするのは、慈悲心が少ないからである。いっさいすべてを慈悲心のうちに包みこめば、人と衝突することなどないものだ。」

「恩を受けたる人、懇意の人、味方の人には、たとへ悪事ありとも潜《ひそ》かに意見いたし、世間にはよき様に取り成し、悪名《あくみょう》を云ひふさぎ、誉め立て、無二の味方・一騎当千《いっきとうせん》になり、内々《ないない》にてよく受け候様に意見すれば、疵《きず》も直り、よき者になるなり。……すべて慈悲門《じひもん》に括《くく》り込みて、よくなさねば置かぬ念願なりと。」（聞書二・一一九）[24]

「恩を受けた人、親しい人、味方の人などには、たとえ悪事があっても、こっそり意見をし、世間にはうまくとりなし、悪い評判が立たぬようにし、誉めたて、無二の味方・一騎当千の友になり、内々に得心するように意見をすれば、短所も直り、良い者になるものである。……すべてを慈悲心に包みこんであくまで良くしようという念願が大切だ、と言われた。」

武士にはさまざまな徳目が要求される。主君への忠義、親への孝行、勇気・果断、自省と謙虚、清廉・節欲などがそうであるが、常朝にあっては、慈悲・憐憫はそれらと並ぶ、いや時にはそれらより高い道徳的価値をもつものと捉えられている。引用文中にあるように、「慈悲」は、自己愛のうちに安住せず、自他の区別に固執しないことである。そして、自己から離れ他者の方へと眼差しを向けることであり、他者の窮状や苦悩に思いを馳せることである。

すべてを「慈悲の門に括りこむ」こと、慈悲心を他者の上に広げ他者を包みこむこと、それは、世間および組織内の人間関係の貴重な潤滑油となる。さらに他者の人間性の陶冶・向上を支え、それをいっそう促進する。長く組織内の人間として生きかつ苦労してきた常朝が、仏教に感化されつつ練り上げた処世術がみごとに表現されている。だが、慈悲は、世間および武士どうしの人間関係において必要であるだけではない。彼は、主君と家臣、為政者と被治者との間で、慈悲こそそれらの関係を維持し強化する不可欠の重要な徳目だとみなしている。御家ないし国家の安泰・継続を可能にする最高価値の一つであり、統治の根本に慈悲なくしては御家存続もない、という考えが常朝にはあった。

常朝が宝永五（一七〇八）年に養子の山本権之丞（常俊）に書いて与えた「愚見集」の中に、次の文がある。

「武士は武勇一つにて忠節も事済《ことす》むように思へども、昔より武勇一篇《いっぺん》の家は運がつづかぬ故、上下ともに滅亡するなり。然れば、運のつよきようには何とするぞと云ふに、慈悲に極《き》まるなり。慈悲心《じひしん》が即ち運をつづくるなり。されば武士は大勇気を表にして内心には大慈悲心を持つべきなり。其の時は武運つよく子孫も繁昌し家も連続する由。湛然和尚我等《たんねんおしょうわれら》若年の時折々仰せ聞かせされ候故、得心申し候。[25]」

［武士は武勇一つあれば忠節もそれで済むように思っているが、昔より武勇一辺倒の御家は運が続かぬために、主も臣もともに滅亡してしまうものだ。そうであれば、運を強いものにするにはどうするかというと、慈悲が最も重要だということになる。すなわち慈悲心こそが運を続ける力である。それゆえ、武士は、外面には大勇気を、内面には大慈悲心をもつべきである。そういう時は武運が強く、子孫も繁昌し御家も存続する、とのこと。湛然和尚がわれらの若い時にしばしば話して聞かされたので、得心したものである。］

常朝は、もし領国ないし藩において武勇一点張りで慈悲・寛容の薄い支配がおこなわれるならば、その御家は遅かれ早かれ運から見放されるだろう、と見ている。じっさい慈悲なき支配は、主従関係を崩し、民衆の反抗を生み、往々にして御家存続を危殆に陥れる。彼は、そうした過ちを犯した諸国の事例から、歴史的教訓を得ている。為政者による慈悲・仁愛の統治こそが、かえって武運長久・子孫繁栄を促すのであり、ゆえに国家存続の基礎に据えられなければならない、との認識がある。

もちろん、上記の文の最後に記されているように、彼にこのことを気づかせたのは、若いころから影響を受けていた高伝寺第十一代住職の湛然《たんねん》和尚の言である。日ごろから湛然は、「勇気」と「慈悲」の重要性および両者の相互関係について、卓越した見識を周囲に語っていた。

「湛然和尚平生《へいぜい》の示《しめ》しに、出家は慈悲を表にして内には飽くまで勇気を貯《たくわ》へざれば、仏道を成就する事成らざるものなり。武士は勇気を表にして、内心には腹の破るる程大慈悲を持たざれば、家業《かぎょう》立たざるものなり。これに依つて、出家は武士に伴ひて勇気を求め、武士は出家に便《たよ》りて慈悲を求むるものなり。」（聞書六・一八）[26]

［湛然和尚は、ふだんから次のように諭しておられた。出家は、慈悲心を外に表わし内にはあくまで勇気を蓄えていなければ、仏道を成就することはできない。武士は、勇気を外に表わし、内面では腹が破れるほどの大慈悲心を持たなければ、

侍の本分を仕遂げることはできない。だから、出家は武士にならって勇気を求め、武士は出家を見ならって慈悲を求めるものなのだ。」

出家の慈悲と武士の勇気との結合のうちに、より詳しくは、武士から学んだ勇気を内面に湛えつつあまねく慈悲心をほどこす出家と、出家から得られた大慈悲を内側に秘めてあくまで大勇気のうちに生きる武士のうちに、高き人格性の理想が捉えられたのである。

封建社会に特有の上下身分関係は、固定的な差別と不平等の源泉ではあったが、その耐えがたい格差を、為政者や支配層による上からの慈悲・仁愛が、かなりの程度緩和する役割をはたしえた。体制維持のため意図的政治的に実行された、という面が皆無とはいえないが、弱者・貧者にたいする憐憫の情という人間的本性からなされた、というのも半面の真実であったろう。まちがいなく仏教的価値観はそれに寄与したのである。

五　慈悲は「高上の賢智」か

ところで、『葉隠』の中に頻出する山本常朝の「慈悲」論を、誰よりも高く評価している日本思想史家小池喜明の議論を、ここで取り上げて検討しておこう。

小池は、「常朝の「慈悲」観とその強調が仏教的出自を有し、直接的には湛然の決定的な思想的影響による」ということを是認したうえで、しかしこの慈悲が仏教的理念の単なる焼き直しでもありえず、慈悲をめぐる常朝自身の思想的苦闘の結果、「「慈悲」はもはや仏教的理念ではなく、「奉公人」道の中核理念となる。」と主張している。なぜなら、「泰平の治世の「奉公人」にとっては、常住不断の死の覚悟により自分を捨て去り、「何事も君父の御為、又は諸人の為、子孫の為」と考える「大慈悲」こそが「大気」なりと位置づけ了せたときはじめて、彼の内部にわだかまっていた戦国武士流の倫理的残滓は一掃され、「死ぬこと」が治世即応的に「奉公」の方向に浄化され一元化されるという論理構成になる」と小池は考えるからである。

かくて「この「慈悲」こそが「道理」や「義」のはるか高位に位し、確固たる「公」的視座から一切を俯瞰する「高上の賢智」にほかならない。（中略）藩主を含む一藩の構成人員のすべてがこの元徳「慈悲」を介して「公」（「御国家」）の一字《いちう》のもとに包摂されることになる。「奉公人」道の完成である。」と、小池は結論づけている。[27]

まことに巧みな修辞と言い回しで、『葉隠』における「慈悲」観念が明快に位置づけされ、「慈悲」の価値・意義が称えられる。他の解釈書には見られない「慈悲」に関する斬新でユニークな論述である。

結論を先に言えば、私は、小池のこの議論に半ば賛成、半ば反対である。

常朝における「慈悲」観が、湛然からの影響を受けつつ形成された仏教的理念ではあるが、それにとどまらず、主従間の確たる紐帯や御家の存続のために不可欠な徳目であったことはまちがいない。常朝が慈悲の社会的政治的意義を洞察し、没我的な献身・忠誠の武士道（小池の言う「奉公人道」）における枢要な徳として宣揚しつづけたことに、小池が注目したのは正当であった。戦国武士流の武勇礼賛の倫理を、死の覚悟を包容する「慈悲」倫理へと浄化し、泰平時に求められる奉公人道のうちへと昇華・融合させた、という趣旨の指摘もほぼ肯定することができる。[28]

たしかに常朝が「慈悲」に高い道徳的価値を与えていることは、小池の言う通りである。だが、私の思うに、小池は常朝の「慈悲」論をあまりに過大評価しすぎている。慈悲を元徳とみなし、藩内の全構成員をそれによって一藩のうちに包摂しようとしている、と彼は言うが、常朝自身は慈悲をそれほど数々の徳の頂点に位置すると考えていたわけではない。「愚見集」には、「奉公根本」のタイトルの下に、「忠孝」「武勇」「慈悲」「智恵」の四つが順に挙げられている。(29)元徳というなら、この四つの徳目が元徳に値するのであり、慈悲だけが元徳なのではない。慈悲と並んで、忠孝・武勇・智恵の三種も、藩という「公」の構成原理であり、戦国期においても泰平期においても、国家存続にとって不可欠の枢要的徳目であった。

また、慈悲は、道理や義よりはるか高位にあり、公的視座からすべてを俯瞰する「高上の賢智」だ、という小池の主張も、妥当性を欠いている。

たしかに、常朝は、「道理の外に理あり」と語った藩祖直茂の言を受けとめて、それが慈悲のことだと是認している。(聞書一・一七九)しかし、慈悲が義より上にある道だとか、「高上の賢智」だとか断定しているわけではない。

この内容にかかわる箇所を引用してみよう。

「不義を嫌うて義を立つる事成り難きものなり。然れども、義を立つるを至極《しごく》と思ひ、一向に義を立つる所に却つて誤《あやまり》多きものなり。義より上に道はあるなり。これを見つくる事成りがたし。高上《こうじょう》の賢智《けんち》なり。これより見るときは、義などは細《ほそ》きものなり。我が身に覚えたる時ならでは、知れざるものなり。但し我こそ見つくべき事成らずとも、この道に到り様《よう》はあるなり。人に談合《だんごう》なり。たとへ道に至らぬ人にても、脇《わき》から人の上は見ゆるものなり。碁に脇目八目と云ふが如し。念々知非《ねんねんちひ》と云ふも、談合に極《きま》るなり。話を聞き覚え、書物を見覚ゆるも、我が分別を捨て、古人の分別に付く為なり。」(聞書一・四四)(30)

［不義を嫌って義を通すことは難しいものだ。しかし、義を通すことを最上のことと思い、ひたすらに義を通そうとすると、かえって誤りが多いものだ。義より上に道があるものである。これを洞察することが難しい。それこそ最も高い叡智というものである。その立場より見れば、義などは些細なものだ。自分自身で悟得したときでなければ、分からないものであろう。しかし、自分自身で洞察することができなくても、この道に到達する方法はある。それは人との話し合いである。たとえこの道に到達していない人であっても、脇からは他人のことがよく分かるものである。囲碁で「岡目八目」と

言われているのと同じことだ。一瞬一瞬自分の非を知るということも、話し合いがそのための最上の方法なのである。他人からいろいろ話を聞いて覚え、書物を読んで覚えたりするのも、自分だけの分別を捨て、古人のすぐれた分別にならうためである。」

ここではまず、自分が確信する正義・大義を掲げて突き進もうとする態度にたいして、鋭い警鐘の言辞が投げかけられている。義の絶対化への疑義・反省がモチーフになっているといっていい。まさに多くの誤りは、「義」という名のもとでの個人的思慮・分別ないし個人的信念の絶対化、に起因している。では、こうした狭隘な義の見地に陥らぬために、すなわち「義より上にある道」を見出すためにどうすればよいか。常朝は、「談合」を、すなわち周囲の人々との話し合い・協議を、提案するのである。

談合をつうじて得られるもの、それは、個人的視座ではとらえられなかった他者からの視点、多様で多面的な視点であり、さらには熟慮をふまえた総合的包括的見地である。加えて、他者の経験・教訓の聴取、すぐれた書物の読解も、豊かな分別の形成に資するであろう。これこそ常朝が希求した「高上の賢智」である。丁寧に読みこめば、文脈上どうみても、小池が言うような「慈悲」ではない。

いざというときに武士は後れをとってはならぬと教示するさいには、無分別を強調するのが常朝の流儀であった。だが、家職の遂行、奉公への献身にあっては、かなり高い程度の合理的な分別を要求してもいるのである。談合や読書を介して得られる合理的で大局的な見解、つまり「高上の賢智」の称揚は、慈悲心のような人間的情感だけに傾斜していない彼の理知的性格をよく表わしている、とみるべきである。

先に「愚見集」の中の「奉公根本」として、忠孝・武勇・慈悲・智恵の四つを挙げたが、談合をつうじて獲得される「高上の賢智」は、まさに元徳の一つである「智恵」にこそ属するものであろう。当の「智恵」の項目には、

「見へ来《きた》らぬ向きの事をも見通し、五十年百年後迄も考へ知るは智恵也」「常に古老の人の物語を聞くが何よりも智恵に成る也」「一大事の事は一存にて埒《らち》を明けねばならず、常式《じょうしき》の事は巧者《こうしゃ》の衆に問尋《とい》ね談合するに極《きわ》まりたり」「隙《ひま》の有る時は書物を見るが智恵のます事也、書物も見様《みよう》有る物也」などの文がある。(31)

その主旨は、本文中に引用した聞書一・四四とまったく同じであり、当該聞書の記述をより論理的に展開し深化させた内容になっている。私がいう、談合や読書をつうじて達成される多面的な見地、熟慮をへた総合的見地こそ「高上の賢智」と呼ばれるのにふさわしい。(32)

小池がことのほか「慈悲」だけをもちあげて「義より上の道」や「高上の賢智」と等置しようとするのは、葉隠武士道をひたすら奉公人道の方向へと導こうとする強い意図からきているのではあるまいか。慈悲を奉公人道の至上目的たる国家安泰の必須要件として位置づけんがために、情的な慈悲観念に、理知的な性格をも含むあまりに過大な長所と過度な要求を担わせてしまった、と私には思われる。

六　葉隠武士道と佐賀仏道

これまで、『葉隠』における仏教的価値観の浸潤、山本常朝の人生観に見られる仏教思想の片鱗を、主に取り上げ論じてきた。端的にいえば、武士道と仏教とのいわば「親和性」や「同調性」の面についてであった。だが、これは半面にすぎない。武士道と仏道との緊張関係、葛藤・相反の面も、『葉隠』ないし常朝の思想の著しい特色なのである。

新渡戸稲造の『武士道』の中に、「運命に任すという平等なる感覚、不可避に対する静かなる服従、危険災禍に直面してのストイック的なる沈着、生を賤しみ死を親しむ心、仏教は武士道に対してこれらを寄与した。(33)」という文がある。

武士道が「死の覚悟」を根幹にすえ、仏教の運命的世界観を謙虚かつ冷静に受けとめている様子が伝わってくる。おそらく武士道一般に対する仏教の影響については、おおよそ新渡戸の評価が妥当すると思われる。だが、『葉隠』における武士道と仏教との関係は、それほど単純ではない。両者の間には、火花を散らし合う厳しさが漂っている。それを如実に示す箇所が、先に引用した湛然和尚の談話（いわゆる「平生の示し」）の後半部分である。

「まづ武士は武具を持つに依つて、それを力にしてなりとも、敵陣に駆け入らるるなり。出家は珠数《じゅず》一連《れん》にて鑓《やり》・長刀《なぎなた》の中に駆け入る事、柔和《にゅうわ》・慈悲心ばかりにて何として成るべきや。大勇気なくして駆け入らるべからず。その証拠には、大法事《だいほうじ》の時、焼香をする和尚などが、ふるはるるなり。勇気なき故なり。よみがへる死人を蹴倒《けたお》し、地獄の衆生《しゅじょう》を引き上ぐる事、皆勇気の業《わざ》なり。然るに、近代の出家皆あらぬ事を取り持ち、殊勝《しゅしょう》柔和になりたがり、道を成就する者なし。剰《あまつさ》へ武士に仏道をすすめ、すくたれ者に仕《し》なす事、残念の事どもなり。年若き侍などの仏道を聞くは、以ての外の僻事《ひがごと》なり。仔細《しさい》は物が二つになる故なり。一方《いっぽう》向《む》きにてなければ、益《やく》にたたぬものなり。隠居閑居《かんきょ》の老人などは、遊び仕事に仏法を聞くもよし。武士たる者は、忠と孝とを片荷《かたに》にし、勇気と慈悲とを片荷にして、二六時中、肩の割り入るほど荷《にな》うてさへ居れば、侍は立つなり。」（聞書六・一八）[34]

［まず武士は、武具を持っているから、それを力にして敵陣の中へ駆け入ることができる。出家は、数珠一連をもって槍・長刀の群れの中へ駆け入るしかないが、柔和・慈悲心だけでどうにかなるであろうか。大勇気がなければ駆け入ることはできない。その証拠には、大きな法事の時、焼香をする和尚などが、震えたりしている。勇気がないからだ。迷い出た死人を蹴倒し、地獄から衆生を救い上げること、これはみな勇気のなせる業である。ところが、近ごろの出家者はみな、別のことに関わり、神妙で柔和な態度をとりたがり、真の道を成就する者はいない。そればかりか、武士に仏道を勧め、臆病者にしてしまっており、まことに残念なことである。歳の若い侍などが仏道を聞くのは、もってのほかの誤りである。

その理由は大事な物が二つに分かれてしまうからである。一方だけに向かっていなければ、役に立たないのだ。隠居または閑居している老人などは、遊びのつもりで仏法を聞くのもいいだろう。だが武士たる者は、忠と孝を片方の荷物として、勇気と慈悲をもう片方の荷物として、四六時中、自分の肩にめり込むほど背負ってさえいれば、侍の本分が立つものなのである。」

高伝寺住持の湛然は、武士にも出家にも大勇気と大慈悲の二つを求め、勇気を低下させ衰微させる仏道を徹底的に非難した。勇気を育まない柔和な出家に対する批判は、まことに手厳しい。とりわけ年若き武士が仏道に心奪われることを許容しない。仏道の師が、慈悲中心の仏法を嫌悪し排斥している。彼が普及をめざすのは、若い侍を「すくたれ者」（臆病者・卑怯者）にしない仏教である。

このように、勇気を高める仏道、より正確には、忠と孝、勇気と慈悲の一体的な具備と実行に貢献する仏道、まさに「武士道的な仏道」を高唱するのである。

常朝の受戒の師であり高伝寺住持でもあった了為《りょうい》和尚も、湛然と同じ精神をもって、藩内の武士たちを教化し鼓舞している。まぎれもなく佐賀仏道の伝統の継承者であった。

「了為和尚咄《はなし》に、今時の出家、引つ込みて鼻の先を守りて居るを能事《よきこと》と思ひて、皆うんねまりて居るなり。益体《やくたい》なし。迯尻《にげじり》腰ぬけと云ふものなり。（中略）昔の侍は、寝蓙《ねござ》の上にて死ぬる事を無念がり、戦場にて死にたしとのみ嘆きしなり。出家もこの心を持たねば成就する事ならず。人中《ひとなか》をよけて引つ込みたがるは臆病なり。引つ込みて何事をするかと思へば、悪念《あくねん》ばかりなり。たとへ引つ込みてよき事をするとも、宗風《しゅうふう》を振ひ起して道をひらく事は成るべからずとなり。」（聞書十・一四八）(35)

「了為和尚は次のように話された。今どきの出家は、世間から身を引いて手許のことだけに関わるのをよいことだと思って、みなじっと座り込んでいる。らちもないことだ。逃げ尻・腰抜けというものである。(中略)昔の侍は、寝ござの上で死ぬことを無念がり、戦場で死にたいとばかり訴えたものだ。出家もこの心を持たねば、道を成就することはできない。人中を避けて引っ込みたがるのは、臆病者である。引っ込んで何ごとをするかと思えば、悪い考えばかりである。たとえ引っ込んでよいことをするとしても、宗風を振い興して道を開くことなどできはしない、と。」

ここでも、消極的で柔弱な出家への批判が繰り返される。戦場で死ぬことを恐れない戦士的武士と同じような気概と覚悟を、出家にも要求するのである。鍋島家の菩提寺である高伝寺は、曹洞宗の禅寺であり、湛然を受け継ぐ住持の了為も、自分の教えが武士に受け容れられ、武士を鼓舞することをきわめて重視していた。厳しい世俗の中に身をおき、世俗と格闘し世俗に役立つ出家の必要を説いた。単に隠棲して「うんねまりて居る」出家は、彼にとって唾棄すべき存在であった。

了為和尚が果敢な武士道精神の持ち主であったことを示す逸話がある。

水戸黄門光圀が、家老何某の陰謀の企てを見破り、能興行を催した夜、当の家老を自分の膝元に呼び寄せ、彼の悪事に関する書付を読み上げた上で、その場で手打ちにしてしまった。そして、側の者に遺体の始末を命じた後、光圀は平然と能見物をつづけた、という話を了為和尚が周囲の者たちに語った。それをうけて、次のような会話が紹介されている。

「或る僧、「さてさてきつい事をめされ候」と申され候時、和尚、「何がきつい事なるべし、我も安く致すべし。」となり。」(聞書十・一四七)[36]

[ある僧が「さてさてきついことを為されたものですね」と語ったとき、和尚は「なにがきついものか。私であっても、

たやすくやってのけるだろう。」と言われた。」

了為が家臣の陰謀に対する武断的処置を無条件に肯定し、忠義倫理の遵守を全うしようとする僧侶であったことが知られる。一般の武士に匹敵する、いやそれ以上に、戦士的武士特有の武士道精神を堅持し継承する「曲者」的仏道者であったのである。

こうした武断主義の遂行を承認する僧侶は、了為が曹洞宗の禅僧であったことと無関係ではない。浄土宗や浄土真宗の僧侶であったなら、これほどの武力肯定には躊躇するであろう。当時の禅宗が、いかに武士階級に寄り添った宗教であり、武士の価値観を強く下支えする教えであったかを、よく示す逸話でもある。

武士道的仏道者であった湛然や了為の影響を受けていた常朝が、彼らの考えの延長上で、柔和かつ隠遁的な出家を非難しつづけたことは不思議ではない。尤も、泰平期に求められる新たな勇気（主君への滅私奉公）に即して語られていることは看過できない。よく引用される有名な次の文は、その証である。

「愚見集に書き付け候ごとく、奉公の至極《しごく》は家老の座に直《なお》り、御意見申し上ぐる事に候。（中略）たまたま私慾の立身を好みて、追従仕廻《ついしょうしまわ》る者はあれども、これは小慾にて終《つい》に家老には望みかけ得ず。少し魂の入《い》りたる者は、利慾を離るると思ひて踏み込みて奉公せず、徒然草・撰集抄などを楽しみ候。兼好《けんこう》・西行《さいぎょう》などは、腰ぬけ・すくたれ者なり。武士業《ぶしわざ》がならぬ故、抜《ぬ》け風《ふう》をこしらへたるものなり。今にも出家極老《ごくろう》の衆は学びても然るべく候。侍たる者は名利《みょうり》の真中《さんなか》、地獄の真中に駈け入りても、主君の御用に立つべきとなり。」（聞書二・一三九）(37)

［「愚見集」に書き記したように、奉公の最高の姿は、家老の職に就いて、主君に意見を申し上げることである。（中略）たまたま私欲から立身をのぞみ、上に追従してまわる者はいるが、これは小欲にすぎず、家老にまでなる望みを成就する

こともできない。少々高い魂をもった者は、利欲から離れようとして熱心には奉公をせず、『徒然草』や『撰集抄』などを読んで楽しんでいる。兼好や西行などの世捨て人は、腰抜けで臆病者なのだ。武士の真の働きができないがゆえに、逃げ腰の態度をとっているのである。出家した者や甚だしい年寄りたちは、彼らから学ぶのも悪くはなかろう。しかし、真の侍たる者は、名誉と利害のただ中にあっても、地獄の真ん中にあっても、生命を賭してそこに飛び込み、主君のお役に立とうとしなければならない、と。」

吉田兼好や西行を腰抜け・臆病者と非難する根拠は、もちろん彼らが武士に求められる戦場での闘いを避けているからではない。常朝は彼らに戦士的武士に特有の武断的行為を要求してはいない。常朝自身、泰平期での文官的武士であるから、了為が賞賛した武断主義のいちずな遂行は、特殊な事態を除けば、不可能に近いことを理解している。だが、前にも述べたように、戦場での闘いにも劣らないほどの困難な、長期にわたる城勤めないし家職の遂行に専念するか否か。この種の苦行から兼好や西行が逃避していることをもって、腰抜け・臆病者だと非難するのである。

安易な仏道への傾斜、共鳴は、武士道精神を麻痺させ、武士道そのものを衰微させる、との強烈な懸念を常朝が抱いていたことが知られよう。戦時には生死を賭けた武闘に、平時には家職の没我的遂行に、大勇気をもって専心しつづけることが武士道の要諦であるが、仏道はこれをいささかも揺るがしてはならないのであった。仏道と武士道とが二つに分かれぬようにすること、もっと直截にいえば、武士道の本質を分裂させぬこと、常朝は終生そのことに最大の注意を払いつづけたのである。

註

（1）『葉隠（上）』（岩波文庫）三四頁

(2)『葉隠（中）』七〇頁
(3)『葉隠（中）』七三頁
(4)『葉隠（中）』七四頁
(5)『葉隠（上）』一七五頁、『葉隠（上）』二〇〇頁
(6)『葉隠（中）』八〇頁　なお、「御不快」とは、重篤な病を意味している。綱茂は重病に陥って、約一月半後に死去した。
(7)『葉隠（上）』一九四頁
(8)『葉隠（下）』五四頁
(9)家永三郎は、『葉隠』にあるこの言を「江戸時代の武士の思想から宗教的心情がしめ出されたことを物語る例」として引用している（『日本道徳思想史』一五四頁）が、正しいとはいえない。鍋島茂賢は、直茂・勝茂と同時代の人物であり、戦国期の武士気質を濃厚に身につけていた武将であった。家永の記述は、これが茂賢の言であることを示しておらず、しかも江戸時代の武士の非宗教性を物語るものとして紹介している点、ひじょうに不適切である。
(10)『葉隠（上）』一一四頁
(11)『葉隠（上）』六二頁
(12)『葉隠（下）』一三〇頁
(13)この箇所の記述は、田代陣基が蒐集した話であるから、常朝より筆録者陣基の思想の表出とみた方がよいと思われる。
(14)『葉隠（上）』一五七頁
(15)家永三郎は「前代（鎌倉・室町時代）の武士は、神仏に敬虔な信仰を捧げたが、宗教に関する態度において、この時代（江戸時代）の武士のそれは全く対蹠的なるものがある。」（『日本道徳思想史』一五三頁）と述べ、両者の特徴の違いを際立たせている。しかし、本文で指摘したように、江戸期の佐賀藩では、御家安泰を祈願する神仏への敬虔な信仰は前代よりいっそう強まっており、宗教的心情が前代より弱体化しているとはいえない。また、神仏から距離をとろうとする戦国期武士の態度を見れば、単純な敬神と評することもできない。宗教に対する武士の態度に関し、鎌倉・室町期と江戸期との間にどういう特徴の差異があったか、については、単純化・類型化に走らず、より綿密な社会的文化的究明が必要であろう。
(16)『葉隠（上）』一〇五頁
(17)『葉隠（上）』一〇二頁
(18)『葉隠（上）』一二一頁

(19)『葉隠（上）』一三〇—一三一頁
(20)『佐賀県近世史料　第八編　第一巻』（佐賀県立図書館 編集・発行）九四一—九四九頁を参照。なお、当「覚書」は漢文体になっているが、ここでは理解しやすくするために書き下し文に直した。
(21)前掲『佐賀県近世史料　第八編　第一巻』八七七—九〇七頁を参照。
(22)『葉隠（上）』八〇頁
(23)『葉隠（上）』一二七頁
(24)『葉隠（上）』一三一頁　なお、岩波文庫版では「慈悲門に据《すわ》り込みて」とあるが、「括《くく》り込みて」の方がずっとよいと考えられるので、私の判断で訂正した。
(25)前掲『佐賀県近世史料　第八編　第一巻』八六五頁
(26)『葉隠（中）』九二頁
(27)小池喜明『葉隠　武士と「奉公」』（講談社学術文庫、一九九九年）三八八—三九〇頁を参照。
(28)『葉隠』における「奉公人道」の解明には、教えられる点も多いが、小池の「奉公人道への一元化」説には、私は強い疑義を抱いている。これについては、第九章五の（6）以下で論じておいた。
(29)前掲『佐賀県近世史料　第八編　第一巻』八五三—八六七頁を参照。
(30)『葉隠（上）』四〇頁
(31)前掲『佐賀県近世史料　第八編　第一巻』八六六—八六七頁を参照。
(32)民政上の施策や訴訟の判決などにおいて、談合や熟慮の末に、慈悲にもとづく寛容・寛大な結論が出されることはありうる。「高上の賢智」の一つとして「慈悲」が、正確には「慈悲深い措置」が、採用される場合である。しかし、これは談合による集合的な叡智の一結果であって、集合的叡智＝慈悲を意味しないことは明らかであろう。
(33)前掲新渡戸稲造『武士道』（岩波文庫）三二頁
(34)『葉隠（中）』九二—九三頁
(35)『葉隠（下）』一六一頁
(36)『葉隠（下）』一六一頁
(37)『葉隠（上）』一四三—一四四頁

第五章　鈴木正三の思想と『葉隠』

『葉隠』の中には、多くの先人や同時代者の思想・価値観が流れ込んでいる。それらのうちで、かなり重要だが、あまり注目されていない人物の一人に、鈴木正三《しょうさん》がいる。鈴木正三が山本常朝に与えた影響について二、三の研究者が論究しているが(1)、その全体の詳細は、まだまだ十分に明らかになっているとはいえない。葉隠武士道の源泉や深層を理解するためには、鈴木正三の思想を的確にとらえ、常朝にたいするその影響を吟味しておくことが不可欠なように思う。

鈴木正三は、三河生まれの武士で、徳川方に属し、二二歳（数え年）のとき関ケ原の戦いに、三六歳・三七歳のとき大阪冬の陣・夏の陣に参戦した。大阪番を勤めたり、江戸で将軍秀忠に仕えたりしたが、元和六（一六二〇）年突如四二歳で出家して、その後七七歳で死去するまで、敬虔かつ禁欲的な仏道生活を貫いた。五四歳のとき三河の山中村に石平山恩真寺を建立し、島原の乱の後には、六十歳代で天草に出かけ、諸寺建立に尽力し、仏教の普及・定着に努めてもいる(2)。

正三の主な著作には、『驢鞍橋』「盲安杖」「万民徳用」「麓草分」「二人比丘尼」「念仏草紙」「破吉利支丹」『反故集』などがある(3)。ただし厳密にいうと、最も大部の書である代表作『驢鞍橋』は、弟子恵中が生前の正三の言説を編纂した拾遺集であり、同じく重要な書である『反故集』も、正三の肉筆をもとにして集められた（恵中の編と推測される）拾遺集である。とはいえ、その両者を含むどの作品も、きわめて熱烈な仏道修行者・仏道探求者として生涯を全うした、鈴木正三という傑物の知的情的な言動の結晶といいうるものになっている。

『葉隠』の中で、正三または『驢鞍橋』に言及した記述および語句が出ているのは、四ヶ所ほどにすぎない。しかし、われわれが上記の正三の著作を読み込んで、再度『葉隠』を読み直してみると、常朝の思想ないし価値観の中に正三の言説・主張がいかに広く深く影響しているかに、改めて気づかされる。以下、常朝および『葉隠』の思想的倫理的土台となっている正三の思想を指摘しつつ、正三と『葉隠』との内的関連を解き明かすことにしたい。その後、常朝の考えとは共通しない（つまり常朝が取り入れなかった）正三独自の思想についても、明らかにしてみよう。

一　「死の覚悟」をめぐる主張 ——「死に習い」と「死に狂い」

そもそも仏教は、人間の死、自己の死に向き合い、死の意味を問い、死に伴う恐怖や苦悩を克服しようとする宗教である。死に始まり、死に終わる、と言ってよいほど、死は究極の一大事である。正三も、死と対峙し、死苦からの脱却を追い求めつづけた求道者であった。彼の著作では、死にたいする覚悟を意味する「死に習い」の言葉が頻繁に登場する。

ある遁世者から修行の用心を問われて、正三は次のように答えている。

「万事を打ち置きて、ただ死に習わるべし。常に死習って死の隙《ひま》を明《あ》け、誠に死する時、驚かぬようにすべし。人を度《ど》し、理を分くる時こそ智恵は入れ、我が成仏の為には、何も知りたるは怨《あだ》なり。ただ土に成りて、念仏を

以て死習《しになら》わるべし。」と。（『驢鞍橋』（上）一〇）[4]

［すべてのことを捨て置いて、まず一途に死を習うべきである。つねに死を習い、死のうちに自由の境地を得て、じっさいに自分が死ぬ時、驚き怖れぬようにしなければならない。苦海にある人々を救い、道理を明らかにする時には智恵が必要だが、自らが成仏するためには、いろいろ知っていることは無意味である。まさに死んで地中にいる気になって、ひたすら念仏をつづけ死に習いをすべきである。］

かならず訪れる死を前もって覚悟しておくこと、臨終にさいして驚愕せず、余裕をもって受容できること、正三は、それを「死の隙を明ける」と呼んでいる。そうした態度は、知識や知恵からは生まれない。「土になりきり」死んだ気で念仏することによって、その境地が得られる、とみるのである。「死に習い」とは、いつ死んでもいい、いつでも死を受容できる、という肝のすわった泰然自若たる「死の覚悟」だ、といってよい。

とはいえ、一般には、この死に習いは、死後の来世での幸福のためのものだと考えられやすい。正三は、これを一喝する。それは次の文に明らかである。

「死して後の成仏を求めずとも、ただ今活《い》きており、自由に死ぬ事を仕習えと也。今時の人、これを知らず、死して後、仏に成らんとばかり願ひて、今死習《しになら》う事をせずと也。」（『驢鞍橋』（中）三八）[5]

［死んだあとの成仏を求めるのではなく、人はまさに今生きているのであるから、今世で自由に死ぬことを習っておけ、と。いまどきの人々は、これを知らず、死んだあとに仏になろうとばかり願っていて、いま死を習おうとしていない、と。］

正三に言わせれば、現世で死に習いをせず、成仏できなければ、来世でも成仏は期待できない。現世での念仏や修行が、成否を分ける勝負の鍵なのである。現世での煩悩にまみれた生活、怠惰な生活は成仏を保証しない。日常の中で成仏していく姿勢をこそ正三は重視した。庶民に向けて呼びかけられた有名な「平生往生」の説も、それを裏付けている。

「平生臨終なれば、臨終も又、平生なりと教へ給ふ也。ただ常に往生の心を用ひ給ふべし。……いつも臨終の心にて、南無阿弥陀仏ととなへ給はば、かならず、臨終の時、又平生の心なるべし。是れを平生往生《へいぜいおうじょう》とは申すなり。」（「念仏草紙」（下）[6]）

［平生での臨終こそが重要であれば、臨終もまた日常で生じることを教えておられる。いつでも往生する心を用いなさるがよい。……つねに死に臨む心をもって、南無阿弥陀仏と唱えなさるならば、必ず、臨終の時でも、平生の心となるであろう。これが「平生往生」と言われるものである。］

死はいつでも不意に人間の日常に入り込んでくる。それはたった一度でしかないが、その生起は絶対的である。だからこそ、日常においてたえず死を意識し、死と対峙すること、じっさいの死に直面したとき驚愕せず、しっかり受容できること、そのように対応するために座禅や念仏を通して「死の覚悟」を醸成しておくこと、これが「平生往生」であり、「死に習い」であるだろう。『葉隠』でいわれる「常住死に身」や「死に狂い」とほとんど同じ精神であり生活態度であるが、常朝のいう「常住死に身」「死に狂い」が前者から大きな刺激を受け、豊富な滋養を引き継いでいることがわかる。

尤も、常朝の「常住死に身」や「死に狂い」は、暴力的な戦闘行為と結びついた武士の現実的直情的な「死の覚悟」を土台としているから、正三のいう「平生往生」「死に習い」の観念的な「死の覚悟」とは違う、という反論もありえよう。しかし、正三自身も、生死を分ける危機状況にあって、ただちに発動できない「死の覚悟」を無価値だと考えている。戦闘においてもただちに現実的な力となる「死に習い」（およびそれを支える「平生往生」観）を強調し要請するのである。

常朝がかかげる「常住死に身」「死に狂い」も、戦時・平時を問わない武士の根本姿勢でなければならなかった。その意味では、平生の観念的な「死の覚悟」は、いまだ非現実ではあっても、現実的な臨終や往生の、そしてまた危機的局面における死の選択の絶対不可欠な条件なのであり、そう考えている点では、常朝と正三との間に基本的な差異はない。

平生の「死の覚悟」を強調する正三の中核思想の背後には、実は、第四章の六で取り上げた湛然や了為と同じような、仏道と武士道とを一体化させようという根本姿勢がある。正三の諸著作の中でくり返される、仏法には「勇猛堅固な心」が必要である、あるいは、仏道修行は戦場における闘いと本質的に異なるものではない、という主張がそれをよく表わしている。

「近年仏法に勇猛堅固《ゆうみょうけんご》の大威勢あるといふ事を唱え失へり。ただ柔和に成り、殊勝に成り、無欲に成り、人能《よ》くはなれども、怨霊《おんりょう》と成る様《よう》の機《き》を修し出す人無し、何れも勇猛心を修し出し、仏法の怨霊と成るべしと也。」（『驢鞍橋』（上）一）(7)

［近年、仏法には勇猛堅固の大威勢が必要だということを唱道しなくなっている。単に柔和になり、神妙になり、無欲になり、良き人になってはいるが、怨霊となるほどの凄い気を身につけた人はいない。だれもが修行で勇猛心を身につけ、仏法を守りきる怨霊とならなければならぬ、と。］

「或いは大火中に飛び入りて、火中の心を守るべし。或いは千騎万騎の敵の中へかけ入りて、大将の頭を取るべき心を用ふべし。捨身《しゃしん》堅固ならずして、出離《しゅつり》の道を修する事、全く叶ふべからず。」（「麓草分」一〇）(8)

［ある時は大火の中に飛び入り、火中で死ぬぐらいの心をもつべきである。ある時は膨大な群れの敵陣のうちに駆け入って、大将の首をとってやろうというほどの勇気を発揮すべきである。捨て身の堅固な心をもたないでは、悟りへの道を修得することは、まったく不可能なのである。］

右記の引用文によれば、仏道じたいが武士道の勇猛果敢な戦闘精神を受け容れ、自らそれを具現しなければならない。勇猛心をもちつづけての仏道修行こそが、悟りないし成仏のための必須条件である。武士道と仏道を「二つに分ける」ことはきびしく戒められる。出家も戦場での死を望む侍の心を持たねば、仏道を成就することはできぬ、と断言した前章の了為和尚と同様の心構えが語られている。鈴木正三は、曹洞宗の禅僧として、武士を鼓舞し、武士の精神的支柱となる教説をいかに熱心に構築しようとしたかが、よくわかる。同時に、それを可能にするためにも、出家や僧侶たちにたいして、武士道的仏道の修行、勇猛心の血肉化をきびしく求めたということも。

勇猛心の獲得を重視する武士道的仏道は、当然、日常の修行（とくに座禅のあり方）のうちにも、特別な厳しさを要求した。「果たし眼座禅」の提唱であり、勧めである。

「我が上には、さも見えまいが、我と機を著《つけ》て見れば、奥牙《おくば》を咬合《かみ》せ、眼をすえて、きっと睨《にら》み著《つけ》て居る機に成りて常住有る也。……是れ（＝奥牙と前歯との間の歯）をきっと食《くい》合せ、眼をすえ、じりじりと睨み付て居る機也。ここを以て果《は》たし眼《まなこ》座禅と云ふ也。」（『驢鞍橋』（下）一〇九）(9)

［外見上私はそう見えぬかもしれないが、注意して私を見れば、奥歯を噛み合わせ、眼をすえ、キッと睨みつけている気合をたえずもちつづけているのだ。……歯と歯をがっちり組み合わせ、眼をすえ、前方をじりじりと睨みつけている心意気である。それゆえこれを「果たし眼座禅」と言うのである。］

「一日去る武士に示して曰く、侍の役儀なる間、果たし眼座禅を仕習わるべし。（中略）果し眼座禅に用ひ習ひて、慥《たし》かに禅定《ぜんじょう》の機を知る也。」（『驢鞍橋』（上）一二九）[10]

［ある日、師は、さる武士に次のように言われた。侍としての役目を務めている間は、果たし眼座禅を修行し会得すべきである。（中略）果たし眼座禅を修得してこそ、確実に禅定（禅における瞑想の極致）の気合を知りうるのである、と。］

この「果たし眼座禅」は「鬨《とき》の声《こえ》座禅」とも呼び替えられている。座禅だからといって、正三は、静寂な場での消極的で退嬰的な姿勢を是認し勧めているのではなかった。銃弾が飛び交い、鑓先がはげしく付き合わされる戦場でこそ発揮されるような勇気と覚悟を育成するための、たえず気合にあふれた座禅なのである。侍の役に立つ座禅、戦いの中で役立つ座禅がひたすら求められた。それは当然、緊張感あふれる、臨場感を伴った修行でなければならなかった。仏像にあっては、金剛心の権化たる仁王像のうちに見出される闘争的な表情や姿態が理想となっている。だから、正三の仏法はもっぱら武士に適合的であることを、彼自身隠そうとはしなかった。

「我れ平生果し眼に成り、八幡《はちまん》と云ふてねじ回し、じりじりと懸《かか》る機に成りておる也。我が法はげにと出家には移り難かるべし。ただ武士に移るべき也。……我が法はらつは仏法と也。」（『驢鞍橋』（上）九七）[11]

［私は日常的に果たし眼になり、南無八幡と唱えて気持ちをねじり廻し、じりじりと睨みつけような気合をもって座禅している。まことに私の仏法はふつうの出家には伝わりがたいであろう。ただ武士にのみ伝わるものである。……私の法は乱波（無頼者）[12]仏法なのだ、と。］

以上のように、正三自身は、武士に勇気を与える仏教、武士道を精神的に支える仏道を希求しつづけたのであり、戦闘的仏道の形成と普及を自らの使命としていたのである。正三の思想と『葉隠』の記述とを照らし合わせてみれば、常朝の「常住死に身」・「死に狂い」精神は、まさに正三流の戦闘的仏道をその淵源の一つとしていたことが容易に推測されるだろう。

二　主君への滅私奉公、家職の没我的遂行をめぐって

鈴木正三は、戦国末期・江戸初期の武士であっただけでなく、その後半生は泰平の治政が始まった時代の僧侶であった。それゆえ、徳川幕藩体制の確立期において新たに武士に要求された、主君への奉公や家職の遂行についても、仏道の立場から、積極的な発言をおこなっている。

封建体制下での、家臣の主君にたいする無条件的な滅私奉公を推奨し強調する言辞は、彼の著作の各所に見られる。

「主君の恩にて身命《しんみょう》を助くる事をよく知りて、此身を主君の物になして仕《つか》へよ。即ち、我身の安楽なる所に至るべし。扨《さ》て、身命、主君の物なれば、何をか我がものとせんや。」(『盲安杖』[13])

[主君の恩寵によって自分の身命が助けられていることをよく認識し、この身は主君のものだと考えてご奉公をせよ。そうすれば、我が身も安楽の境地に至るであろう。ところで、身命が主君のものであれば、なにを我がものとなす必要があろうか。]

「此の身を主君になげうつ心と云ふは、万事我が物と思ふ故に万事が苦しみ也、此の身は主君の物也、となげうちて使えば安楽なるべし。強く眼を着けて、十二時中なげうち習ふべき也。」(『驢鞍橋』(中)八六[14])

[この身を主君に抛つ心について言えば、すべてのものを我がものと思うがゆえにすべてが苦しみとなる。この身は主君

のものだ、と放擲する態度で心を用いれば、安楽の境地を得るであろう。ここに強く眼をつけて、四六時中抛つ心で習いつづけるべきである。」

我が身は主君のものだ、という認識、無条件に我が身を主君になげうつ心、という境地、これが正三流奉公論の基軸にある。儒教的な主従道徳であれば、ここまでは要求しないであろう。五倫の第一に位置する「主君への忠義」は、たしかに主君への絶対的な忠誠を意味するが、それは動機や行為の倫理であって、我が身じたいを主君のものと考えよ、とまでは言わない。よい悪いは別にして、正三のいう献身は、身体的人格的な隷従の承認・推奨にほかならない。[15]ここに、仏教的な無私・無欲の精神が強烈に表われており、その無私・無欲の主従関係への適用および徹底化が示されている。

『葉隠』で常朝があるべき主従関係、家臣の理想的な奉公について述べる時、正三と共通する志向や精神が流れていることがわかる。養子権之丞（常俊）への忠告の中にはこうある。

「奉公する時分、身上《しんじょう》の事などは何とも思はざりしなり。素《もと》より主人のものなれば、大事がり惜しむべき様《よう》無き事なり。我等生世《しょうぜ》の中に、奉公方《かた》にて浪人切腹して見すれば本望至極なり。奉公人の打留めはこの二箇状に極《きわま》りたるものなり。」（聞書二・一一〇）[16]

［私が奉公していた時分は、自分の身上のことはなんとも思わなかった。もとより自分の身上は主人のものであるから、それを大事がったり惜しんだりすることもなかった。私がこの世で生きている間、（お前が）奉公の上で浪人・切腹してみせてくれれば、それがこのうえもなく本望だ。奉公人の最期は、この二ヶ条に極まるものである。[17]］

ここで使われている「身上」という言葉は、一般的には地位身分や俸禄、土地や家屋を意味するものであろう。

主君から授けられたものであるから、本来それらは主君のものだ、という認識が常朝にはある。だが、「奉公人として浪人・切腹こそ本望至極」という言明は、身分や資産にまったく価値をおかず、必要とあらば、いつでも自分の身体を主君に捧げてかまわない、という主旨であり、「わが所有物」だけでなく「わが身」をも放擲する覚悟の表明である。この身は主君のものだ、という正三流の（主君にたいする）身体的・人格的隷従観と同一とはいえないものの、かなりその域に近づいている主張であることはまちがいない。

外部からどう言われようと、主君のことを思いつづけ、嘆きつづければよい、という態度にこそ、常朝は最高の価値を見出していた。だから、「忠の義のと言ふ、立ち上りたる理屈が返すがえすいやなり」（聞書一・一九六）という本音が示すように、理屈っぽい儒教的な忠義倫理より、ひたすら直情的没我的な奉公実践を優先させようとした。正三が仏教の無私精神から導入した主君への忠誠観が、たしかに常朝にも継承されているのである。

泰平期の文官的武士にとって最重要となる「家職の遂行」についてはどうか。

正三は、武士が安易に出家して、奉公の道から逸脱することを嫌悪し、しばしば痛烈に批判した。たとえば、ある旗本の若侍が、正三のもとにやって来て剃髪・出家の許しを乞うたとき、彼は次のように答えている。

「師聞て曰く、我元《もと》より家職を捨て、法を求むる事嫌《いや》也。殊に侍のおっ切るなどは、かじけた心也。修行の為には奉公に過ぎたる事なし、出家しては却って地獄を作らるべし。奉公則修行なりと、再三示し給ふ。（中略）身を捨ると云ふは、執着を離るる事也。着《ぢゃく》の機だに離《はなる》れば、身は有りても碍《さまたげ》なし。……身を捨るならば、何ぞ今の奉公を勤めざる。いやな事を作《な》すこそ身を捨るなれ。殊に修行と云ふは、強き心をもって修する事なる間、出家よりは侍よき也。」（『驢鞍橋』（下）一三）[18]

[若侍の話を聞いて正三師は次のように言われた。私は本来、家職を捨てて仏法を求める態度が嫌いである。ことに侍が

自分の身分を捨て去ってしまうのは、弱気で卑怯な心だと思う。修行のためには、奉公に過ぎるものはなく、出家すればかえって地獄を作り出すことになろう。奉公はそのまま修行なのだ、と再三お諭しになった。（中略）（仏教でいう）身を捨てるというのは、欲望への執着を離れることである。執着しようとする気持ちさえ捨てれば、身体があっても障碍にはならない。……身を捨てるならば、どうして今の奉公を務めないでおられようか。嫌なことを為すことこそ身を捨てることだ。ことに修行というのは、強固な心を堅持しつつ修することであるから、出家よりは侍の方がはるかによいのである。」

武士に求められる奉公を真摯に徹底的にはたすことが真の仏道修行だ、という立場を、正三は最後まで崩さない。くり返し執拗に出家を願い出るその若い侍に対して、正三は、自分の出家時のこと、長年の修行のことを回顧しながら詳細に語り、しだいに得心させ、最後には、若侍に出家を思いとどまらせたことが、わかりやすく記されている。

これは、世俗生活の中での積極的な家職遂行を武士に求めた逸話だが、それは武士にかぎったことではなかった。どんな職業に従事する人間にとっても、家職の遂行はそのまま仏道修行を意味した。

「何《いず》れの道の輩《ともがら》も、正直に其の道を守り、家職をだに勤め居たらば、どこに有りても、天然と食分断つべからず。諸人是れを知らず、家職を忘れて、非分に衣食を求むる間、天命に叶わず。」（『驢鞍橋』（下）七三）[19]

［どんな道にある人間も、正直に自分固有の道を守り、家職さえ真剣に勤めつづけておれば、どこにあっても、自然と自分の食べる分が断たれることはない。一般の人は、このことを認識せず、家職勤めを忘れて、自らの身分に不適切な衣食を求めるがゆえに、天命に適合しないのである。］

武士にとっては、「奉公則修行」、武士をふくむ四民にとっても「家職則修行」が、正三のかかげる原則であった。正三によれば、仏道修行は、出家者に特有の閉じられた空間においてではなく、世俗の中で、日々の生活の中で、そして各々の職業の中で、おこなわれなければならない。それゆえ、農民にとっては、農業が仏行であり、職人・商人にとっては、それぞれの家業・職業が仏行である。

それぞれの家職の遂行をつうじて自分に与えられた使命を誠実にはたすことが、天命に叶うことだと強調された。こうして「何の事業も皆仏行なり」［世間の事業はすべて仏行である］（「万民徳用」）[20]と、世のあらゆる職業実践が肯定され正当化されたのである。正三のこの主張が、近世における職業倫理確立に寄与した一理論として注目されているのも故なしとしない[21]。

このように、出家の道を選ばず、世俗で自らの家職に専念すること、ことに武士にあっては、主君への滅私奉公を貫くことが、仏教の観点からも是認され称揚された。正三のこの考え方は、武士の家職遂行を重視しつづけた常朝の人生観に深く浸潤している。前章でも取り上げた兼好や西行への批判、すなわち武士業がならぬゆえに隠遁する「すくたれ者」に対する嫌悪を、常朝が繰り返し表明したことをみてもよくわかるだろう。

とはいえ、常朝に影響を与えた正三の「何の事業も皆仏行なり」という「家職遂行＝仏行」論の背景には、江戸期に入って儒学が興隆し始め、排仏思想が高まりつつある世情があったことを看過することはできない。林家を中心とした儒学（とくに朱子学）の側からの仏教批判が無視できぬほどのものとなっていたのである。儒学派の仏教批判は主に、倫理主義的な見地からする、仏教の反倫理性や世俗超越的志向への批判、政治経済上の政策論の立場つまり「経世論」からの批判であった[22]。

徳川政権の確立期にあって、儒学者が唱道し、かつ幕藩体制下でも重んじられた五倫五常の基本道徳を仏教も否定することは許されなかったし、仏教が出家や隠棲者のような超俗的存在の生活にのみ有効であって社会的にはなんら寄与しない、という否定的評価に仏教側も必死に反論せざるをえなかった。
それゆえ、仏法は五倫の精神とは矛盾せず、むしろ本質的に同一であるとか、仏教の教えは、世俗の人々にとって有意義かつ不可欠なものだ、との見解を積極的に打ち出していく必要があった。正三は言う。

「仏法と云ふは、我を捨て、無差別《むしゃべつ》の心に至り、上《かみ》四恩を報じ、下《しも》一切衆生を度《ど》す、是れを五倫に欠けたりと云《いわ》んや。亦一切衆生《いっさいしゅじょう》一子の如しとも説き給えり。儒道には、やうやう五倫を至極とすと見えたり。」と。（『驢鞍橋』（中）八七）[23]

［仏法というものは、我執を捨て去り、自分と他人とを差別しない心にいたり、上には天地・師・国王・父母の恩に報い、下にはすべての人々を救うことを志すのであるから、どうしてこれを五倫の道に欠けていると言うのであろうか。さらに仏法は、すべての人々を一子のように慈しむとも説いておられる。儒教の道は、せいぜい五倫を最高だと評価しているように思われる。］

仏法は五倫の道とけっして背反せず、むしろその精神を支持し高めるものだ、というのがここでの主張である。と同時に、一切衆生への分け隔てのない慈悲を謳う、仏教の「無差別」の教えは、階層性をもとにした五倫肯定の儒教倫理を凌駕するもの、との自負さえ読みとることができる。もちろん、正三自身、封建的身分制度の中で生き抜いてきた武士（そして後には僧侶）であったから、毫も忠孝倫理を否定しているわけではない。しかし、仏教の慈悲・慈愛精神のもつ卓越性への信頼が深かったことは、特記されてよいと思われる。

正三による仏法擁護の他面として、「仏法即世法」ないし「仏世一枚」の説を挙げることができる。仏教は世俗から遊離しておらず、世俗の法や道理と同じ精神を共有し、大いに世間の役に立つという主張である。

「武士問うて曰く、仏法世法、車の両輪のごとしと云へり。然りと雖も仏法なくとも、世間に事闕《ことか》くべからず、何ぞ車の両輪に譬《たと》へたるや。答へて曰く、仏法世法二つにあらず、仏語に、世間に入得《にっとく》すれば、出世余《あまり》なしと云へり、仏法も世法も、理を正し、義を行ひて、正直の道を用るの外なし。」（『万民徳用』[24]）

［ある武士が正三師に次のように質問した。「仏法と世法とは車の両輪のようなものだ、と言われています。しかしながら、仏法がなくても世間ではとくに事欠きません。どうして車の両輪に譬えているのですか。」と。師はこう答えられた。「仏法と世法とは二つのものではない。仏教の言葉に、世間に入って専心勤めれば、仏法は完全に実現する、というのがある。仏法も世法も、筋道を正し、義を実践して、正しき素直の道を踏みおこなう以外のことではないのだ。」と。］

「世法《せほう》即《すなわち》仏法也。若《も》し世法を以て成仏するの道理を用いずんば、一切仏意を知らざる人也。仏世一枚の段に之れある也。」「仏宝《ぶっぽう》、法宝《ほうぼう》、僧宝《そうぼう》、是れを三宝《さんぼう》となづく。然る間、仏法の宝、即国土万民の宝とならずんば、三宝の名も偽り也。」（『反故集』（上）[25]）

［世法はそのまま仏法である。もし世法によって成仏を達するという道理を用いないのであれば、まったく仏陀の本意を知らない人である。仏法と世法とは一体だというあり方がこれなのである。］［仏宝、法宝、僧宝、これらは三宝と名づけられている。しかしながら、とくに仏法の宝がそのまま日本国万民の宝とならなければ、三宝の名も偽りなのである。］

世間の道理を意味する「世法」とは別に仏法があるのではない、仏法の主旨・目的は世間の中で実現され貫かれなければならない、これが正三の変わらぬ信念であった。世俗の真っただ中で、衆生が成仏できる道を指し示すことができるかどうか、を彼は真摯に模索しつづけている。「世法即仏法」説は、その問いへの解答であり、そうした探求の結果である。

加えて、太平の世にあって、現世利益的な風潮も強くなりつつあった。世俗での職業や仕事の重視の傾向も無視できなくなっている。彼の説は、庶民が安んじて勤労に従事することを可能にした。仏教的見地から思想的に庶民の生活と活動を支えたのである。

もちろん正三の心中には、当時勢いを増しつつあった儒学者の側からの仏教批判に応える、あるいはそれを回避する意図もあったであろう。だがそれ以上に、仏教による自己救済と衆生済度をかかげて奮闘した正三自身の庶民教化がいかに熱烈であり、時代即応的であったかを、よく示すものともなっている。

以上の正三の思想を、山本常朝はどの程度受け入れているであろうか。

その受容・継承は、すべてにわたっているわけではなく、かなり限定的なものにとどまっている。「何の事業も皆仏行なり」「世法即仏法」という説は、常朝においては、士農工商すべてに通用する主張としてではなく、もっぱら武士階層の奉公にのみ移し変えられている。武士道のあるべき姿を希求する常朝にとっては当然のことであるが、武士以外の三民の職業的意味については、彼の視野の中に入ってはいない。とはいえ、武士における家職遂行の重要性への着目は、正三の精神をまっすぐに受け継いだものといいうる。

仏道と武士道との関係についていえば、正三では、本質的に武士道的仏教が称揚され、「鬨の声」座禅に象徴されるように、両者の融合・一体化の傾向が著しい。常朝は、その基本精神を肯定しつつも、武士道と仏教との相克・離反の面にも気づいており、武士による安易な仏教への帰依を非難する。若き侍が仏教に傾くことによって、「ものごとが二つ（武士道的見地と仏道的見地）に分かれる」ことに強い危機感を抱いたからである。

一方で、高伝寺住持であった湛然や了為らの戦闘的ともいいうる仏教に深い敬意を表しているが、他方で、常朝は、軟弱かつ非自律的になりつつあった当時の出家や僧侶には多くを期待していない、というのが真実であった。

三　「利根知」の否定、「分別と無分別」の評価をめぐって

私がすでに第二章の一で明らかにしたように、山本常朝という人物は、徹底した主君への忠義を履行するにあたって、「理好き」（理屈好み）の態度をとことん嫌った。それはさらに、武士を理屈好みにする学問への不信や批判としても表われている。この背景には、当時強まりつつあった儒教的士道論にたいする嫌悪・反発があったことを見逃してはならないであろう。こうした常朝の理屈嫌いや学問不信の価値観の中に、正三からの強い影響も浸透していた、と推測される。

『葉隠』の中に流れこんだ正三の理屈批判、それと同類の「利根知」否定の内容を見てみよう。

「今時の仏法者、理窟に落ちて是《ぜ》と思ふ、諸人も是れを貴《たっと》き事に思って、此の人を貴ぶ也。誠に理窟ほど用に立たぬものなし。却《かえっ》て大きなる怨《あだ》となるもの也。」（『驢鞍橋』（上）四〇[26]）

［いまどきの仏法者は、理屈にばかり陥ってその理屈を正しいと考え、庶民もそれが貴いことだと思い、当の仏法者を尊敬している。じつに理屈ほど役に立たぬものはない。後にはかえって大きな徒《あだ》となるものだ。］

「総じて仏道には利根知《りこんち》を嫌ひて、ただ頓機《とんき》を法器とす。殊に禅法は、執着《しゅうぢゃく》を捨つる一つ也と云ふは、平生切端《きれは》を用ひる事也。生死《しょうじ》を守ると云ふも切端一つ也。」（『驢鞍橋』（上）四七[27]）

［全体として、仏道は利根知（巧みな理屈をもとにした知識）を嫌って、ただ頓機（瞬時の切迫した気合）を法器（仏法が受け入れる器）とみなしている。ことに禅宗の仏法では、諸欲への執着を捨て去ることが一大事だと言われているが、それは、日常でも切迫した心を用いることを言うのである。生死を守るというのも、この切迫した心一つを意味するので

ある。」

正三は仏道の探求者であるから、もとより彼の理屈好み批判は、修行より言葉・論理を重視する出家や僧侶に向けられている。仏教においてどんなに言葉が重要であっても、座禅や念仏の実践にまさるものではありえない。平生の不断の修行体験によってのみ、出離・成仏が可能となる。当時の仏法者が体験より言葉・論理へと走ることに、彼は我慢ならなかったのである。

常朝は、この正三の理屈好み批判、利根知否定を、武士の生活と行為の中へと転化している。彼は、出家したとはいえ、終生、たえず武士のあるべき生き方・ふるまい方への忠告を忘れない。理屈好みや利根知が武士の本分にもとり、かつ武士道の本質を歪めるもの、という見地から、あくまで武士道精神の擁護者として尽力しつづけようとしたのである。尤も、すでに指摘したように、彼のいう武士道の真髄は、儒教的な士道に比べれば、はるかに主情主義的であり、戦闘的な性格のものであった。ちょうど正三の仏教が、主情主義的で戦闘的であったのと同じように。

理屈嫌いの正三が、当時の学問や学者に対しても強い嫌悪感を率直に表明したことは不思議でない。

「学文計《がくもんばか》りして、機を減らさずとも、心の強《つよ》ふ成る位ひを仕習ふべし。どの賢人は何とし、此の聖人は何と有りと、人の上を取て、我が鼻に上《あげ》たりとも、何の用にも立つべからず。結句《けっく》是れを以て、人を賤《いやし》みて居るもの也。誠に今迄、学《がく》して好《よ》き人を一人も見ず、学した程の者は皆悪しき也。」（『驢鞍橋』（下）八五[28]）

［学問ばかりをして、修行に必要な気合を減じることなく、心が強くなるあり方を仕習うべきである。あの賢人は何を行ない、この聖人はどうであるなどと、他人から得た知識でもって得意げに鼻にかけたとしても、なんの用にも立つはずが

ない。けっきょく、そうした知識をもって、他人を見下しているだけなのだ。まことにこれまで、学問をして善い人間になった者は一人もおらず、学問をしたという程の者はみな悪い人間となっている。」

ここでの学文（学問）は、引用文の後続の記述にも出てくるが、主として儒学をさしている。儒学に通じても、仏道修行には役に立たない、というのが、正三の信念であった。もとより、正三は、生涯一度も、徹底して儒学の講読・研究に従事した経験はない。儒学探求の経験がないことは、彼自身のコンプレックスでもあったように思われる。「我はもとより学文の成らぬ性《しょう》也。さりながら、夫れが今は好《よ》きに成った也。学文に器用ならば、是れほど燃えし上げまじ。」（『驢鞍橋』（下）五五）[29]［私はもともと学問を成就するような性分ではない。しかしながら、それが今ではよかったと思うのだ。器用に学問を行なう人間であれば、仏道の探求にこれほど燃え上がることはなかったであろう。］という自己弁明の言葉からも、それがうかがい知られる。

学問、とくに儒学に対する正三の基本姿勢は、同じく常朝にも現われている。以前にも引用した次の記述、「学問はよき事なれども、多分失出来《しついでく》るものなり。……大方《おおかた》見解が高くなり、理好きになるなり。」（聞書一・七二）は、宗竜寺の江南和尚の教えに共感して記した文であるが、そのまま常朝の学問観の基調をなしている。理論・分析よりも実践躬行を重んじた佐賀仏道の伝統をつうじて、常朝がこれを継承しているとはいえ、正三の学問観が強い影響を与えたことは否定できないように思われる。

だがここで、疑問が生じる。理屈や知識を重視せず、いわば体験にたよる態度は、理知的な思慮・分別を遠ざけてしまうことになるのではないか、と。

じっさい、正三にも常朝にも、「無分別」を勧め、強調する言辞が多い。前にも見たように、常朝には無分別の突撃型武士道を礼賛する傾向が強かった。有名な一文、「武道に於て分別出来れば、はやおくるるなり。忠も孝も入らず、武士道においては死狂ひなり。」（聞書一・一一四）の中の、死に狂い精神を支える無分別の志向を、常朝は生涯捨て去ることはなかった。また、正三にも、仏教的見地から、さかんに無分別の境地を肯定する主張が少なくない。

「何事を作《な》さんと思ふとも、思ひ立つと、其のまま分別なしに作《な》したるが好《よ》き也。後になどと思ふは悪し。……万事是《か》くの如く無分別に仕習えば、殊の外《ほか》心の軽く成るもの也。」（『驢鞍橋』（下）六八[30]）

［なにごとかをし遂げようと思うなら、思い立ったとき、すぐ分別なしに行動するのが良いのである。後でやろうと思うのはよくない。……すべてこのように無分別にし遂げようとすれば、ことのほか軽快に実現するものである。］

「切るる心なく、種々分別に渉《わた》りて何として死せば、此の苦を免れんや、角《か》として死せば、心安く死なれんやなど思ふ故に、いよいよ死なれざる也。ただ、無分別に切るる心を用ひるべしと也。」（『反故集』（下[31]））

［切れる心（いつ死んでもよいという心意気）をもたず、さまざまに分別を働かせて、どのようにして死ねばこの苦しみを免れるだろうかとか、こうして死ねば心安らかに死なれるだろうとか、いろいろ思いめぐらすゆえに、ますます死ぬことができなくなるのだ。ただひたすらに、無分別に切れる心を用いるべきである、と。］

重大事に直面して、なんらかの行動を求められるとき、常朝も正三も、瞬時の無分別の決断が不可欠なることを主張している。その決断は、現実の死を前にして、それを恐れない態度、必要とあらばそれを受けとめようとする態度によってこそ可能であるだろう。それゆえ、武士道における「死に狂い」と、仏道における「切れる心」とは、ほとんど同一のものとみなしてよいように思われる。ここでは、分別はきっぱり退けられ、しきりに無分別が称えられる。

ところが、その側面に目を奪われて、両者が理知的な判断や生活態度をまったく否定していると捉えるなら、それは大きな誤解となる。

正三は、世間の人々、とくに一般の武士向けに、仏法の意義をやさしく説いた「盲安杖」の中で、いくどか「分別」に言及し、悪しき分別・愚かな分別を批判している。

「世に人多しといへども、をのれを知る人稀《まれ》なるべし。……我執《がしゅう》つよくして、人をあはれむ心なく、好む方《かた》に貪著《とんぢゃく》し、嫌ふ方にうとく、一度《たび》は悦び一度は愁ひ、分別、猥《みだ》りにして物にさからひ、適々《たまたま》道を聞ては、人をはかる定木《じょうぎ》となし、身の上を忘れては、余所《よそ》をはかるもいかであたらんや。」（「盲安杖」[32]）

［世の中には多くの人がいるが、自己自身を知っている人はごくわずかであろう。……自分への執着が強く、他人を憐れむ心がなく、自分の気に入った方に固執し、嫌いな方には関心をよせず、ある時には喜び、またある時には憂い、彼らの分別はつねに乱れて事象の本質に逆らい、たまたま人倫の道を聞いても、他人を測るための尺度と考えているが、このように自分の身の上のことは忘れて、他の人々を評価することは、どうして正しいことがあろうか。］

「愚《おろか》の人は忠孝をつとむるに似《に》て、こころざしさだまらず。仁義をまなびて誠なし。……分別をろかにして、たたしからざる故に、猥《みだ》りに心うごきて、世にそむく事多し。」（「盲安杖」[33]）

［愚かな人間は、忠孝を務めるときと同様に、志としての目標が定まっていない。仁や義を学んでも、誠実さを身につけていない。……彼らの分別は、愚かであり正しくないゆえに、濫りに心が動揺して、世間に背くことも多い。］

右の文には、我執の強い人、愚かな人が、十分な分別をもたない、あるいは分別を正しく行使できない、との厳しい批判が示されているが、見方を変えれば、分別一般の非難ではなく、むしろ人々は正しい分別、賢い分別を身につけるべきだ、という提唱であろう。自分に固執せず、自分の非を知り、分別を正しく行使すれば、仏法や人倫の道と合致することを期待しうる、というのである。

だが、分別そのものを否定しているわけではないが、正三にあっては、「分別」論は、主に世俗における、一般世人にとっての適切な行為の土台として考えられている。仏道修行の真っただ中では、必ずしも分別は重視されておらず、むしろ「分別の外」や「無分別」がさかんに強調される。

「仏法と云ふは、分別を以て、身を収むる様《よう》の事に非ず。跡《あと》を思はず、後《のち》を分別せず、只今の一念を空しく過さず、清浄に用ひる事也。」（『驢鞍橋』（上）一二四）[34]

［仏法というのは、分別によって自分を陶冶することではない。結果を思わず、今後のことを考慮せず、まさに今ある心を空しく使わず、清く純粋に用いることなのである。］

「修行者は、心を以て廻《まわ》らず、無分別に用ひたが能《よ》き也。」（『驢鞍橋』（中）一六）[35]

［修行者は、あれこれ心をめぐらすことなく、無分別に用いるのがよいのである。］

仏道修行にとっては、思慮分別は目標達成の大きな障害である。分別は言葉や論理のうちを徘徊して、座禅や念仏への専心という体験の域に達することも、体験を超えることもできない。分別は世人に必要だが、出家には無分別こそ不可欠だ、というのが正三の根本的態度であった。この区別の意識は、常朝にも引き継がれている。

常朝が「無分別」の武士道を基本としながら、同時に、献身的奉公の中でのすぐれた「分別」の大切さをくり返し説いていたことは、すでに第三章の三（三）の中でも、明らかにした。

改めてその主張を想起してみよう。

「時代の風俗、主君の好嫌《すききらい》をも合点《がてん》なく、無分別に奉公に乗気《のりき》などさし候はば、御用にも立たず、身を亡ぼし候事これあるべく候。」（聞書二・八(36)）

［その時代の習慣・風紀や主君の好き嫌いを理解せず、分別なくただ精力的に奉公しようとするならば、殿のご用には立たず、我が身を滅ぼしてしまうこともあるものだ。］

文官的武士にとって、城勤めや主君の側奉公での賢い分別の発揮は、奉公の成否、いや自己の生命・将来の成否の鍵なのであった。それだけに、分別はたえず磨かれ、高められなければならない。そのための最も有効な手段としてかかげられたのが、「談合」であった。すなわち、個人的な狭い経験や知識を超え出て、多角的で総合的な分別を可能にする方法である。

「眞の智慧にかなひがたき時は、智慧ある人に談合《だんごう》するがよし。その人は、我が上にてこれなき故、私なく有体《ありてい》の智慧にて了簡《りょうけん》する時、道に叶ふものなり。」（聞書一・五(37)）

［真の知恵に達しえていないときは、知恵のある人に相談するのがよい。その人は、自分に関係のないことだから、私心なく曇りのない英知で考えるので、その意見は道理にかなったものとなる。］

「私の情識を捨て、古人の金言を頼み、人に談合する時は、はずれなく悪事あるべからず。」（聞書一・六(38)）

［私的な感情や知識を捨て、古人の金言を尊重し、他人と相談して事をすすめるときには、誤りもせず悪事もなさないはずである。］

先人の豊かな経験、先輩・同輩との談合、これらをもとにして得られた賢明なる分別が、前章でも触れた「高上の賢智」と呼ばれるのに値する。[39] 泰平期の武士が身につけるべきものとして、常朝が終生期待しつづけたものであった。

私の思うに、常朝は、ごく割り切って言えば、戦士的武士には無分別を、文官的武士には分別を求めていた。容易に察することができようが、しばしば生死の境に直面した戦士的武士には、どうしても瞬間的な決断と勇気が必要であったし、長期間にわたる行政的奉公に従事する文官的武士には、理知的な判断と持続的な衡平感覚が必要であったからである。

正三が、修行者には無分別を、世人には分別を要求したのと同じように、常朝は、無分別と分別を、戦士的武士と文官的武士のそれぞれに配当したのである。仏道と武士道との違いはあれ、常朝が正三の「分別・無分別」の思想を共感的に受容し、時代に即して彼なりに鋳直したことがわかるであろう。

だが最後に、こうした単純化・類型化は、両者の思想的な継承関係を浮かびあがらせる点で、大いに有効ではあるが、それなりに問題を生じさせることをも、あえて指摘しておかなければならない。

その一つは、仏教における無分別と武士道における無分別との質的な相違をあいまいにしてしまう危険性である。仏教でいう無分別は、分別に対置される性格のものというより、分別を超えた境地にあるもの、という性格が強い。知的論理的な判断ではなく、体験的直観的な悟得なるものであろう。そして、出離・成仏という目的の貴重な第一歩なのである。武士道でいう無分別はこの種の性格が皆無だとはいえないにせよ、あくまで瞬時的決断を本質とし、その結果の如何を問わないものであって、仏道のそれと同質・同一とはいえない。

もう一つは、常朝の「武士道における無分別」の勧めは、たしかに戦士的武士を典型的な対象としたものであったが、厳密にいえば、武士一般に妥当するものであり、戦士的武士だけに限定できない、という性格をもっていたという点である。

文官的武士といえども、恥辱をうけたときには、ただちに、まさに分別なしに決起すべきであったし、刃傷や暴力的諍いにさいして、即座に死を恐れぬ行動を選択すべきであったからである。そのかぎりで、常朝は、戦士的武士と文官的武士とを強いて区別してはいなかったことに注意すべきであろう。文官的武士にも戦士的武士の精神の堅持と発揮を求めたのである。

四　正三の独自思想 —— 常朝に継承されなかった諸側面

これまで、正三から常朝に継承された主な思想を中心に取り上げてきた。「死の覚悟」、「主君への滅私奉公」、「家職の没我的遂行」、「仏法則世法」、「利根知の否定」、「分別と無分別」など、多岐にわたっていることを確認した。常朝が受け継がなかった正三の重要思想も、もちろん少なくない。両者の生きた時代も、生活環境や人生行路も異なっていたから、それは当然であった。次に、常朝の中に流れ込んではいない考え方や発想に焦点を当ててみよう。それらを明らかにすることは、正三の独自性をより的確に理解することにもなり、翻って常朝の思想的特色をいっそう明らかにすることにもなるはずである。

(一)「心身不浄観」の是非について

鈴木正三の独自思想の第一に挙げられるものとして、「心身(とくに身体)不浄観」がある。激越といってよいほどの彼の仏道修行の源泉には、煩悩にまみれ汚れきった人間の心身(とくに身体)を悪者ないし仇敵とみなす、この考え方が横たわっている。

「この身、元より有るにあらず。始めは一滴にして、次第に大きに成り、人間の体と成り、元来《がんらい》是れ悪業煩悩《あくごうぼんのう》のかたまりにて、不浄《ふじょう》なる物なり。目汁鼻汁《めしるはなしる》大小便、一つとして清き事なし。……深く此の道理を信じて、此の腐《くさ》れ肉《にく》に惑わさるべからず。此の身を思ふ念をさへ離るれば安楽なるべし。」（『驢鞍橋』（上）七八[40]）

［我が身はもとから存在したわけではない。初めは小さな滴であり、それがしだいに大きくなり、人間の身体となる。そもそもこれは悪業煩悩（悪い結果を招く行為、心身を悩ます邪念）の塊であって、穢れたものなのである。涙・鼻水・大小便など、一つも清いものはない。……煩悩こそ苦の元だという、この道理を深く信じて、人身という腐った肉体に惑わされてはならない。この身を可愛いと思う心から離れるならば、安楽の境地にいたるであろう。］

「先ず此の身、痛く痒く熱く寒く、四苦八苦[41]満ち満ち、不浄は積《つみ》て湛《たた》えたり。扨《さ》て心中には八万四千の悪業煩悩の苦しみ有り。ヤレヤレいやな躰哉《からだかな》。あな悪《にく》の心め哉と、此の身心《しんじん》を合手《あいて》にして、キッと睨《にら》み付《つけ》て守るべし。……必ず此の糞袋《くそぶくろ》を合手にして、キッと張合《はりあ》って守るべし。是《か》くの如く作《なし》てこそ、仁王《におう》の機と云ふ事をも知り、実《じつ》も薄く成り、心も次第に自由に成るべし。」（『驢鞍橋』（下）一〇四[42]）

［まずなんといってもこの身体は、痛さ・痒さ・熱さ・寒さを感じ、多くのはげしい苦痛に満ちており、さまざまな穢れが積もって溢れている。しかも、心中にはかぎりなく多くの悪業煩悩の苦しみがある。やれやれ嫌な体かな、ああ憎き心かなと、この身心を相手にして、キッと睨みつけて自分の心を守るべきである。……必ずこの糞袋（＝身体）を敵とみなし、キッと対峙して、自己を守るべきである。このようにしてこそ、仁王の金剛心というものを知り、この世の実在への固執も減少し、心もしだいに自由となるであろう。］

人間の心身が帯びている不浄性への指摘および批判はすさまじい。正三によると、心身は欲望のかたまりであり、悪業へと導く原基であり、あらゆる苦悩の源泉だからである。とりわけ、身体は、清浄なる部分をいっさいもたぬものとして、「糞袋」「臭皮袋《しゅうひたい》」「腐れ肉」「蠕袋《うじぶくろ》」などの言葉に言い換えられ、軽蔑・悪罵・忌避の対象となっている。

煩悩からの脱却を重視する仏教において、人間の諸欲望、欲望の生成源としての身体が否定的に評価されるのは、たしかに一般的な傾向ではあろう。しかし、右記のような正三に見られる激しい身体非難は、仏教者の中でも群を抜いていると言ってよいのではあるまいか。

その理由の一つとして、彼の仏道の戦闘的性格が挙げられるであろう。

正三のいう仏道修行は、武士に役立つ、武士に勇気を与えるものでなければならなかった。とくに、戦場でも死を恐れず敵陣へと大胆に斬り込んでいけるだけの勇猛心を、平生から養うことを目的としていた。そのための座禅が、すでに見た「果たし眼座禅」であり「鬨の声座禅」であった。戦場においては敵方の軍勢や大将こそが、打倒すべき目標となる。

だが、修行にあっては、何が敵となるであろうか。正三は、それを悪業煩悩の基たるおのが心身に転換したのである。本来の自己を守るために、自己の本性を歪める煩悩源としての心身に闘いを挑むことを彼は提唱した。こうして、仏道修行も、戦場での武士の戦闘と同様に、長期の激しい戦闘だと解されることとなったのである。

理由のもう一つは、死の受容、「死の覚悟」と関わっている。

前にも述べたように、仏教は死を一大事と考える、いわば「死の哲学」である。死の受容は、最大かつ最高の課題であった。正三もそれをよく認識していて、どうすれば苦悩なしに死を受け容れることができるかを探求し、かつ弟子たちに教え諭している。彼の解答は、悪業煩悩の元凶たる心身から離れることができる故に、死をけっして悲しむ必要がない、というものであった。

次のような記述がある。一九歳の僧侶があまりに早すぎる臨終を迎えたとき、正三は彼にこう語ったのである。

「いつ迄生きても、何の替《かわ》る事なし、苦体《くたい》の腐れ物を、一日なりとも早く打ち捨る好《よ》き事也。……誰と云ふても、いつ迄御生き有りても、何の変《かわり》も有るまじ。先ず片時《かたとき》なりとも、早く此の腐れ物を打ち捨る事、扨《さ》ても好《よ》き事也。我も頓《やが》て行くぞと有りければ、其の僧正念《しょうねん》にして往生す。」（『驢鞍橋』（下）一二一）[43]

［何歳まで生きても、なんの変わることはない。苦しみの元である身体を一日でも早く打ち捨てるのは、良いことなのだ。……人間だれでも、いつまで生きながらえても、何も変わることはない。まず、すぐにでも早く、この腐った身体を打ち捨てることほど良いことはない。私も急いであの世に往くぞ、と（正三師が）言われたので、その若き僧は正気に戻ってこの世を去った。］

死ぬことによってはじめて腐れ物たる身体を捨てることができる、死は穢れや苦しみのない往生・成仏の必須の条件だ、という論理がここにある。逆からいえば、死を安心して受け入れる上で、身体は唾棄すべき最悪の不純物だという理解がいかに重要であるかを、あらためて知ることができるであろう。

しかし山本常朝の思想には、正三流の「心身不浄観」は見られない。たしかに彼が、経済的文化的に華美・富貴になりつつあった時代風潮を批判して、しばしば節欲的な生活態度の必要を説いている箇所にわれわれは出会う。[44]だが、さまざまな欲求に翻弄されず、むしろ主体的な欲求制御に努めるべきだというのがその主旨であり、人間の欲望にたいする否定や軽視、つまり仏教的な禁欲主義は、必ずしも常朝の是認するところではなかった。

また、常朝には、長期間にわたる粘り強い奉公や家職遂行のために、自分の身体や健康への配慮を重んじる「身養生《みようじょう》」の思想があり、[45]心身（とくに身体）蔑視に与《くみ》するような価値観はなかった。

仏道修行をつうじて煩悩を克服し成仏を達成しようとした正三と、出家生活を送りつつも御家奉公・家職遂行での武士道精神の堅持を訴えつづけた常朝との違いが、人間の欲望や身体の見方・捉え方の違いと連動している。後輩や子孫にたいする己が信条の提示・説諭という仕方で、弱いながらも世間との関係をたもちつづけた常朝は、正三のような徹底した仏教的価値観の中にではなく、五倫五常を中軸とする世俗的な儒教倫理の枠内にいた、という捉え方が正しいであろう。(46)

(二) 追腹批判と輪廻思想

さて、常朝に受け継がれなかった正三の独自思想として、私は第二に、「追腹《おいばら》批判」と、その論拠としての「輪廻《りんね》思想」を挙げたいと思う。

山本常朝が主君鍋島光茂死去の後、当時すでに殉死禁止令が出ていたために、念願の追腹を諦めて出家・隠棲の道を歩んだことは、第一章の中ですでに紹介した。常朝にとって、殉死は主従間の深い情誼的紐帯の結果であるとともに、その紐帯強化の手段であり原動力でもあった。「追腹御停止になりてより、殿の御味方する御家中なきなり」(聞書一・一一三)という感慨には、主従関係の弱体化にたいする深刻な懸念、追腹停止措置にたいする強い疑義・不満がこめられている。時代の趨勢のゆえに、もはや殉死禁止令の撤回は不可能であろうと考えているとしても、なお追腹という行為への共感・憧憬の念が常朝のうちに強かったことを感じさせる。

ところが、鈴木正三という人物は、まったく反対の立場をとっていたのである。彼の主要著作『驢鞍橋』でも『反故集』でも、かなり激しい追腹批判が展開されている。

「今生《こんじょう》にても、主と一処にある者、賢にして主の用に立つ者あり、亦《また》愚にして主人の怨《あだ》と成る者あり。其の上死しては、自由に一処に往くと思ふや。主は主、下人は下人、親は親、子は子、己己《おのおの》が業《ごう》次第に、善処《ぜんしょ》えも悪趣《あくしゅ》えも往く也。」(『驢鞍橋』(中)七二)(47)

［この世にあっても、主君の傍で仕える者のうち、賢明にして主君の用に立つ者もあれば、愚かなゆえに主君にたいして

害となる者もある。その上死んだあと、自由に主君と一緒にあの世に行けると思っているのであろうか。主君は主君、臣下は臣下、親は親、子は子、各々が自分の現世での行いに従って、極楽へも地獄へも行くのである。」

切腹をして亡き主君の後を追う者は、後世で主君と共にあることを疑わない。しかし正三によれば、それは各人の現世での業次第なのであって、行先が極楽か地獄かはまったく定かではないのである。追腹を切る侍の主観的願望、換言すればその夢想性にたいする辛辣な見方が表明されている。

さらに正三では、仏教に特有の「輪廻思想」を根拠とした追腹批判が、一大特色となっていることを見ておこう。

「今時《いまどき》の出家、すべを知らざる故に、追腹を切らする事、非義《ひぎ》の至りなり。笑止千万なる事、是れに過ぎたる事なし。（中略）少し理のある出家ならば云ふ筈《はず》也。若《も》し引導《いんどう》を頼み来たるとも、追腹あればまかり成らぬ、其の故は、引導と申すは輪廻を免《まぬが》るるように弔《とむら》ふ事也。然るにさようの輪廻好《ず》きの人を弔ふ事、ふっとならぬと云ひ切る筈《はず》也。」（『驢鞍橋』（下）九三）(48)

［いまどきの僧侶は、すべき方法を知らないために、侍に追腹を認めてしまっているが、これは不義の極みである。笑止千万なること、これにすぎたものはない。（中略）少し道理のわかる僧侶であれば、こう言うであろう。もし（法語による）死後への導きを頼みに来たとしても、追腹を望む場合、決して切腹してはならぬ、なぜなら、死後への導きは、輪廻（迷いの世界での生死のくり返し）を免れるようにと弔うことだからだ。だが、そのような輪廻好みの人間を弔うことはできない、ときっぱり言うはずだからである。］

「……追腹を切て、後世《ごせ》の供を作《な》すと云ふ事は、未来永劫《えいごう》、輪廻の業《ごう》を授け奉りて、世々《せせ》生々《しょうじょう》、主君の枷鎖《くびかせ》と作《な》るの仕業《しわざ》也。大《おおい》なる不忠に非ずや。（中略）……主人を地獄に引落して、永く苦を掛け奉り、成仏の種《たね》を断つ事、大《おおい》なる重罪に非ずや。」（『反故集』（上））[49]

［亡き主君を追って切腹し、後世で主君のお供をしようというのは、未来永遠に輪廻の業苦を主君に授けたてまつることとなり、幾世かぎりなく主君の首枷《くびかせ》となる所業である。重大な不忠ではあるまいか。（中略）……主君を地獄に引きずり落とし、末永く苦しみをおかけし、成仏の基を断ち切ってしまうこと、これは甚だしい重罪ではあるまいか。］

追腹という行為ではけっして成仏できない、すなわち生まれ変わりつつ迷いの世界を流転する「輪廻」を永久に脱却できない、と正三は考える。それだけではない。家臣本人のみではなく、主君の出離・成仏の妨げとなり、主君の永遠の輪廻をも促進してしまう、と。だから、仏教の僧侶は、死者の輪廻に手を貸すような追腹行為を敢然と拒否すべきだ、というのである。

輪廻思想を手がかりに、殉死ないし追腹行為を批判するこの種の主張が、当時正三以外の人物から公にされていたかどうか、私は寡聞にして知らない。彼の批判の正否には議論がありえようが、おそらく、仏教者からする、かなりユニークな主張であったように思われる[50]。

殉死禁止令は、一六六一（寛文元）年には佐賀藩から、一六六三（寛文三）年には幕府から発せられたが、その主旨には、前代の主君に仕えた優秀な家臣が数多く生命を断つことによって、藩であれ幕府であれ、一時的に組織上行政上の弱体化を招いてしまうことをぜひ避けたい、という合理的な判断があったと考えられる。殉死を原則的には認めるべきではない、と考えた近世士道論の泰斗山鹿素行の論も、その点に帰着するものであった[51]。

だが、おそらくそれ以上に、人格的情誼的な主従関係から、藩（ないし国家）重視の契約的主従関係への移行をはかる上で、殉死の禁止は、時代が要請する必要な措置だったと考えられる。能力・資質・器量にすぐれた多数の家臣、およびタテ的に秩序づけられた家臣団あってこそ、藩体制の存続・安泰を望むことができる。歴史学で言われるところの「近世的家産官僚制」国家の形成・確立が急がれる時代だったからである。

正三の追腹批判をとりあげたこの箇所で、最後に、触れておきたい問題がある。それは、当時、殉死ないし追腹という武士の自死行為にたいして、一般にどんな評価が下されていたか、という点に関してである。もっと直截に言えば、主君の死にさいして、まったく純粋に、家臣による主君への慕情・哀悼の念から、そうした行為が選ばれたのかどうか、である。

実はひじょうに興味深いことに、先ほど引用した『反故集』の文の前に、次のような記述があることを紹介したい。

「さる処にて、人数多《あまた》集り、種々の儀を語りける折節《おりふし》、一人云ひけるは、当代、主君の死期《しご》に、追腹を切る業《わざ》あり、是れ道《どう》なりや非道《ひどう》なりや。時に一人答て云ふ、今時追腹を切る人の心に、凡《およ》そ三つの科《しな》あり。一つには、主君の重恩を蒙《こうむ》り、是れを報ずべき様《よう》なし、せめて二世《ふたせ》の忠孝を作《なさ》んと云ひて切る人も有り。二つには、名聞《みょうもん》甚しきが故に、何事にも我を立て、誉《ほまれ》を顕《あらわ》し、後の世に名を残《のこさ》ん事を思って切る人も有り。三つには、自ら思ひ寄らずといへども、世人の口辺《くへん》を恐れて、悲みながら切る人も有り。誰《たれ》か是れ等《ら》を道とせんや、勝《すぐ》れたる不忠非道の作略《さりゃく》也。」（『反故集』（上）(52)）

［ある所で大勢の人が集まり、いろいろ議論をしていた折に、一人が次のことを言った。今日、主君の死去にさいして追腹を切る者がいる。これは正道であろうか、それとも非道であろうか、と。そのとき、他の一人が次のように答えて言った。いまどき追腹を切る侍の心には、三つの種類がある。その一つとして、生前の主君から重恩を受けたものの、これに報いるすべがなく、せめて現世・来世を通じ忠孝を務めようと言って切腹する人もいる。二つ目として、自分の名声がす

こぶる高いがゆえに、どんなことにも自分を押し立て、名誉を顕示し、後世に我が名を残そうと考えて切腹する人もいる。三つ目には、自身では追い腹を考えていなかったが、世人の評判を恐れて、悲しみながら切腹する人もいる。誰がこれらを正しい道と考えようか。甚だしく不忠非道の小賢しい考えである、と。」

追腹を実行する理由として、一つには、主君への恩返しのための行為、つまり「報恩」の論理、二つには、自分の名声を後世に残す行為、つまり「名誉」の論理、三つには、世間の評判を気にしての不本意な行為、つまり「世評」の論理、等々が挙げられている。

殉死禁止令が公布される以前でも、主君の死後に追腹を切る家臣たちの行為の大半が、こうした報恩・名誉・世評の論理にもとづいていたこと、しかも当時の武士社会でも一般にそのように受けとられていたことを、明瞭にうかがわせる記述である。主君への一途な慕情・哀惜から発した私心なき追腹がなかったとは言い切れないが、それはごく一部であり、むしろ後世に自分の誇るべき高名を残したい、周囲からの評判に傷つけられたくない、という本音が圧倒的にまかり通っていた、とみるべきであろう。

第一の「報恩」の論理は、一見、第二、第三の論理よりやや説得的なように感じられるが、それとて、正三に言わせれば、本人の主観的な思いとは異なって、後々の御国や治政のことに責任をとらず、客観的には少しも御恩に報いる結果となっていない。こうして三つの追腹の論理は、「不忠非道の作略」と一括され、ことごとく非難の対象となった。そしてまた、正当性をもたないこうした論理の上に立つ追腹行為そのものが、拒絶されたのである。

次の第六章で改めて取り上げることになろうが、侍による殉死や追腹の行為のうちに、主従関係の純粋性や主従道徳の崇高性を捉え、無批判的に称賛する議論が多いなかで、正三の著作の中には、武士の本音が赤裸々に紹介され、その本音にもとづいた議論が展開されていることに、もっと注目が集まってもよいのではないか、と私には思われる。

(三) 神仏同体説、国家による仏法再興の構想

鈴木正三は、仏教による衆生済度をかかげる熱烈な仏道者であったから、当時の日本の複雑な宗教事情にも深い関心を寄せていた。民衆の中に浸潤していた神道への信仰と、自分が影響力を広めようと努めていた仏教信仰との関係は、当然彼にとっても重要な問題にならざるをえない。この点で正三がとった態度は、伝統的な「本地垂迹説」(仏・菩薩が衆生を救うために姿を変えてこの世に出現したのが、わが日本の神である、との説)の立場である。

「神をさへ、信じ奉らぬ程の無道心《むどうしん》の人ならん、仏の道に入る事、叶ふべからず。さる程に、神といひ仏といふは、水と波とのかはり也。本地一躰《ほんじいったい》にておはします。まづ、日本の御あるじ、天照太神《あまてらすおおみかみ》を始め奉り、熊野の権現《ごんげん》も、本地あみだにておはします。」(「念仏草紙」(上)(53))

[日本の神々さえ信仰せぬほどの道心なき人であるなら、仏道を成就することは叶うはずがない。そのように神と仏とは、(本体である)水と(その姿である)波との関係と同じである。神仏は一体なのである。まず、日本の主神である天照大神を始めとして、熊野権現も、その本体は阿弥陀如来でいらっしゃるのである。]

この記述を読めば、正三が日本の神々への信仰心を尊重し、神道と仏教との融合に心を砕いていたことがわかる。尤も、本地垂迹説は、仏が本地(＝本源)であり、神はその垂迹(＝仮の姿をとった現われ)だという見解であるから、仏教的立場からする神仏同一説にほかならない。後に国学が隆盛となるにしたがって、この本地垂迹説も神道の純粋性を毀損するものとして反駁の対象となっていったことには、注意が必要であろう。

ともあれ、正三がこうした神仏融和を説いた背景には、わが国固有の八百万《やおよろず》の神々にたいする一般庶民の根強い土着的信仰をうけいれる必要がある、と感じていたからにちがいない。また、徳川幕藩体制期において大きな障害なしに仏教を普及したいという宗教的政治的意図があったのではないか、とも考えられる。こういう立場から、日

本は神国であることが容認かつ強調され、それを否定する一向宗にたいして、きびしい非難の言も発せられた。

「一向宗の如きは、破りはせねども、かまわぬと云ふ間、神社は尽《ことごと》く廃壊《はいえ》する也。若《も》し日本一州、皆《みな》一向宗に成りたらば、神社は皆断《た》ゆべし。夫《そ》れ日本は神国也、神を断じて何と国を保《たもた》んやと也。」（『驢鞍橋』（中）[54]）

［一向宗の教えなるものは、神道を破壊するわけではないが、棄てかまわぬというのであるから、神社をことごとく廃墟にするものである。もし日本全国すべて一向宗になってしまえば、神社はみな絶え果てるであろう。まさに日本は神国であり、神を絶やしてどうやって国を保つことができようか、と。］

この文面から、正三の、日本の神々および神社への崇敬の念がひじょうに深いものであったことは否定できぬように思われる。正三の「日本＝神国」論は、たしかに掛け値なしに彼自身の真情から発するもの、と受けとることもできるだろう。だが、彼が生涯をかけて訴えつづけた「国家による仏法再興」論を目にする時、彼の「仏教第一主義」の堅固さ・強烈さを思わないではいられない。やはり仏教は神道に優越するのである。

太平の世になったとはいえ、正三からみれば、仏教諸宗が入り乱れ、正法が衰退し、邪法が支配する末法の世の中に変わりない。正法建立のためには、国家の力を待つほかないというのが、正三の考えであった。

「今時《いまどき》正法滅する故に、三宝《さんぼう》の光失《しっ》して、国土世界無明《むみょう》の闇となる、扨《さ》て扨て笑止千万なる事哉。何とぞ御下知《ごげち》を以て、正法を立て、国土を明かならしめんと思ふ也。今時は、直《じき》に達磨の出世《しゅっせ》有りても正法立ち難し。末世《まっせ》にては国王の御下知なくては、正法立たざる気を考えて、仏も仏法を国王大臣に付属すと申し置かれたり。然るに付属と申し置かれたる処を捨て置かれ、仏法ばかり、御政道に預《あずか》らざる事、迷惑の至り也。是非とも正法建立の御下知仰ぎ奉ると、御訴訟申し上げんとの念願ばかり也。」（『驢鞍橋』（中）[55]）

［いまの時代、正法が消滅しているために、仏法僧の三宝の威光が失われ、日本国土全体が無明の闇となっているが、これこそ笑止千万なことではないか。どうか幕府の命令をもって正法を立て直し、国土に光明をもたらしてほしいと思うのである。いまどきは、ただちに達磨のような傑僧が世に出ても正法を立てることは難しい。末法の世では、国王の命令がなければ、正法が立たない気風であることを考えて、仏陀も仏法は国王や大臣に所属すべきと申しおかれたのである。ところが、この申しおかれたことが放置され、仏法だけを御政道が取り上げないことは、まったく迷惑至極である。ぜひとも正法建立の命令を出していただくようにと、お上に訴え申し上げたいという念願で一杯なのである。］

晩年の正三は、幕府が正法建立の命令を下すことを期待しつづけ、また自分の願いをお上に申し上げる機会を虎視眈々とうかがってはいたが、結局実現させえなかった。その切なる思いと無念さを、彼は死ぬ直前まで弟子たちにくり返し語っている。彼のこうした思想と行動をどう評価するかは、識者によって意見の分かれるところであろう。

その中でも、家永三郎の鈴木正三批判はことに手厳しい。「幕府権力の統制下で仏教興隆を企てたりしているところに正三の精神があらわれているのであって、このような卑屈な態度から一切の世俗的なものの否定を媒介とする真正の仏教哲学は建設せらるべくもない」と。(56) 鎌倉時代の新仏教が、主として民衆の宗教として出発し、封建的身分制度にたいしてあるいは積極的あるいは消極的な否認の姿勢をとったことと比較すれば、とくに江戸期の仏教は、総じて武士の政治的権力の下に圧伏され、いい意味での出家の精神を失ったと言われるように、たしかに体制にたいする無批判性・同調性を特徴としている。正三の、国家による正法再興の構想は、その典型と言われてもしかたがない面がある。

とはいえ、正三の構想は、仏教による衆生済度という念願が彼の心中でいかに大きかったか、を表わすものであった。宗教諸派が入り乱れ、しかも大半の僧侶の仏道修行が弱体化・形骸化していた時代風潮の中で、衆生済度が名ばかりになっている現実への彼の危機感がきわめて強かったことを示している。

さらに言えば、国家命令への強い期待は、徳川政権への彼の信頼の深さの表現でもある。彼自身が徳川方の麾下として戦国末期を闘い抜いた武士であったし、元和偃武以降の天下泰平を実現した徳川幕府であればこそ、泰平期にふさわしい仏教政策を履行してくれる、との思いがあったからであろう。このように徳川家への物理的精神的な近さが彼の言動を特徴づけている。この近さがなければ、正三も幕府の下知など望まなかったであろう。

さて最後に、こうした宗教をめぐる鈴木正三の思想や言動に関して、山本常朝がどの程度受容し継承したかに触れておくことにしよう。

常朝が、毎朝なすべき行為として、主君、親、氏神、守り仏への礼拝を勧めていたことはすでに述べた。敬神と仏教信仰は、たしかに武士の責務であった。しかし、本地垂迹説を自覚的に唱えた正三のように、神道と仏道との融合を理論的に模索し合理化する作業は、常朝には微塵も見られない。仏神に言及した時にも、「主をさへ大切に仕り候はば、親も悦び、佛神も納受あるべく候」(聞書一・三一)[57]と語っているように、主君への没我的献身が最優先される。彼は、出家の身にはなったが、正三のような仏道探求者・仏道修行者ではなかった。あくまで主従道徳を中核にすえた武士道論者にとどまっている。

まして、仏道探求の末、正法を国家的規模で再興しようという正三流の野心的構想など、常朝にはまったく無縁であった。仏教による衆生済度は、終生彼の目的にならなかったし[58]、徳川幕府の近くで多少の影響力を行使しえた正三と違って、中央政権から遠く離れた九州の佐賀という地で一生を送った地方武士にとって、そんな野望の実現は、たとえ企てたとしても、絵に描いた餅でしかなかったからである。

第四章の一でも述べたように、佐賀藩では、歴代の藩主による神仏への尊崇の念が強く、藩からする神社・仏閣への物的精神的支援も顕著であった。常朝の神仏に対する態度は、こうした藩主の態度や藩の宗教施策にも影響されて、穏当な敬虔的性格を有するものであったが、とくにそれを超えるほど熱烈なものではなかった。

『葉隠』口述時に、奉公人の心得や嗜みについて書かれた「草庵雑談覚書」の中には、「沙門は崇敬すべし、女童には憐憫を加うる事」「天の照覧鏡の如し、因果は報ひて遁れなき事」「仏神に信心すべし、君父に毎朝礼する事」[59]などの、宗教に関わる教訓的提案がいくつかある。一応、僧侶への崇敬、因果応報の受容、仏神への信心などの必要性が語られているが、仏神への特別な専心を唱え、勧めているわけではない。武士身分と家職遂行に妨げとならない範囲での仏神信仰にとどまっている。常朝にとっては、一にも二にも、武士道であった。さらに言えば、武士道の主従道徳への転化・昇華であった。

「武士道一つにて、他に求むることあるべからず。……然るに、儒道仏道を聞きて武士道などと云ふは、道に叶はぬところなり。」（聞書一・一四〇）[60]「この主従の契より外には、何もいらぬことなり。釈迦、孔子、天照大神の御出現にて御勧めにても、ぎすともすることにてなし。」（聞書二・六四）[61]と、常朝は自信をもって断言した。仏・儒・神の諸教の価値観や教義にわずらわされず、こう言い切れたのは、天下の趨勢や大事変にあまり動じなくてすむ地方武士だったからでもある。

往々にして地方人に見られる視野および精神の狭さを免れなかったとしても、山本常朝という人物は、自身の価値観からみて不純なあるいは末梢的なもの（例えば、名声、富貴、学問、芸能など、そして時には宗教）を切り捨てることによって、逆にそれだけ純粋無雑な主従道徳の意義を浮かび上がらせ、その中で徹底的に生き抜くことができたのである。

註

（1）　最も精力的に論述している本として、鈴木文孝『近世武士道論』（以文社、一九九一年）を挙げることができる。小池喜明『葉

隠 武士と「奉公」』（講談社学術文庫）にも若干の言及がある。

（2） 徳川幕府による国内統治に信頼と崇敬の念を抱いていた正三は、キリシタンにたいして厳しい批判と敵意をもっていた。彼が天草で諸寺建立に奔走したのは、弟重成の要請があったにせよ、キリスト教を一掃すべきだという彼自身の強い政治的宗教的意図にもとづいていたことにも注意が必要であろう。

（3）『驢鞍橋』と『反故集』は、内容的にも分量的にも、他の冊子的文書より本格的な仏教書の体裁を具えており、ここでは他と一応区別して書物扱いをした。

（4） 鈴木鉄心編『鈴木正三道人全集』（山喜房仏書林、一九八八年）〔以下、『正三全集』と略記する〕一四一頁

（5）『正三全集』二〇〇頁

（6）『正三全集』一二三頁

（7）『正三全集』一三八頁

（8）『正三全集』八四頁　なお、「麓草分」という書名は、「仏道修行に趣く人は、浅きより深きに入り、麓《ふもと》の草《くさ》を分《わ》けて頂上に上るべし」（『全集』七四頁）という主旨から、「ろくそうぶん」ではなく、「ふもとくさわけ」と読むのが妥当だと思われる。

（9）『正三全集』二七二頁

（10）『正三全集』一七七頁

（11）『正三全集』一六八頁

（12）「らつは」は、「らっぱ（乱波）」と解するのが妥当だと思われる。それは、あらくれ者、無頼漢を意味する。金属楽器である「ラッパ（喇叭）」と解することは、時代的文化的に不適切であろう。

（13）『正三全集』五〇頁

（14）『正三全集』二二八頁

（15） ここで「隷従」と述べたが、外部の客観的な眼差しからの理解であって、家臣自身にとっては主君に対する不承不承の隷属ではなく、意志的主体的な服従であったことに注意が必要である。これについては、本書の第三章三の（三）を参照。

（16）『葉隠（上）』（岩波文庫）一二八頁

（17）「身上」は、奈良本辰也訳では、「自分の家」と訳されているが、家や俸禄だけでなく、家臣の身体をも意味すると捉える見方もある。相良亨訳では、「自分の身」と解されている。

（18）『正三全集』二三八―二三九頁

(19)『正三全集』二六〇―二六一頁
(20)『正三全集』七〇頁
(21)尤も、正三の思想には後の註（50）で述べるように前世業因論があり、各分野で遂行すべき家職は前世での行いの必然的結果である、という説と結びついていた。それゆえ、一方で、正三がすべての職分に職業倫理的意味を付与したことに画期的な精神史的意味を認めつつも、他方「正三の職分観は、四民の家職のそれぞれに仏教的な職業倫理的意味を付与することによって、かえって身分制度を擁護する方向に展開した。」という鈴木文孝の主張は、当を得たものだと思われる。（鈴木文孝『近世武士道論』一四四頁）
(22)このあたりの事情・経緯については、柏原裕泉「近世の排仏思想」「護法思想と庶民教化」、藤井学「近世仏教の特色」などの論稿が参考になる。（日本思想大系五七「近世仏教の思想」（岩波書店、一九七三年）所収）
(23)『正三全集』二三〇頁。なお補足すると、正三は「盲安杖」の中で、「四恩」として天地の恩・師の恩・国王の恩・父母の恩を挙げている。周知のように、仏教書によっては、父母・国王・衆生・三宝への四恩、母・父・如来・説法の法師への四恩を挙げるなど、諸説ある。
(24)『正三全集』六四頁
(25)『正三全集』三〇三頁
(26)『正三全集』一五〇頁
(27)『正三全集』一五二頁
(28)『正三全集』二六五頁
(29)『正三全集』二五四頁
(30)『正三全集』二五八頁
(31)『正三全集』三一五頁
(32)『正三全集』五一頁
(33)『正三全集』五五―五六頁
(34)『正三全集』一七五頁
(35)『正三全集』一九四頁
(36)『葉隠（上）』九三頁

(37)『葉隠（上）』二四頁
(38)『葉隠（上）』二四―二五頁
(39) 局部にとらわれない全体的総合的な見方の大切さを主張するにあたって、正三も常朝も、囲碁を引き合いに出している点が興味深い。（「盲安杖」『正三全集』五七頁／『葉隠』（聞書一・四四）参照）常朝が正三から影響を受けていることを推測させる具体例でもある。
(40)『正三全集』一六二―一六三頁
(41)「四苦八苦」は、元来、生・老・病・死と、愛別離苦・怨憎会苦・求不得苦・五陰盛苦とを合わせたものであるが、ここでは、非常な苦しみが数多いことを意味している。
(42)『正三全集』二七〇頁
(43)『正三全集』二七四頁
(44) 第三章二の中の、「(三) 自律にともなう立居ふるまい、あるべき風貌」の箇所を参照のこと。
(45) これについては、この点に着目した三島由紀夫の葉隠論を検討した箇所で、あらためて言及している。第六章二の（三）を参照のこと。
(46) 正三の熱烈な仏道修行は、心身不浄観を出発点として悪業煩悩の脱却へと向かったが、前にも（第二章の五で）触れた、プロテスタンティズムにおけるカルヴァンの「欲望および身体＝原罪」論と共通する点が多い。カルヴァンの場合、原罪からの救いは、神の絶対的恩寵に頼るしかない。正三の場合には、座禅・念仏の修行と阿弥陀仏による衆生済度の本願に頼ることになる。ここで付言すれば、それにしても、正三の仏教思想の根幹をなしているこの心身不浄観は、人間の欲望や情念を極度に敵視することによって、今日の人権思想と大きな齟齬をきたす危険をはらんでいる。西洋近代の権利観は、人間の自然的欲求を肯定したうえで、その節度ある合理的な実現を謳うものであり、その本質からいって禁欲主義的な宗教とは対抗的な関係とならざるをえないからである。
(47)『正三全集』二二一頁
(48)『正三全集』二六七頁
(49)『正三全集』三〇四頁　なお、ここの文章は、多くの人による議論の中で出されたある者の主張として記述されているが、正三自身が、最後に「此の論、げにもと思ふが故に、是れを認む」と書いているので、正三本人の見解とみなしてもよい、と思われる。

(50)　本文では触れなかったが、輪廻思想と併せて、正三の仏教思想を特徴づけているものに「前世業因論」がある。今の世での貧困、病い、犯罪など、それらはすべて、前世での本人の悪行の報いだというのである（例えば『正三全集』五五頁（「盲安杖」）／一一四頁（「念仏草紙」）／二九七頁（『反故集』））。現世での不幸・悲惨を自分の罪だとして民衆一般に諦めさせる、為政者にとっては都合のいい、きわめて不条理な思想だが、正三自身、この考えをまったく疑っていない。

(51)　『山鹿語類』にこうある。「……君の男色の寵臣、その身を顧み、つとめて政道に輔佐たるべく国家に助あらん器は、留りて政を任じ身をこれにゆだねて、殉死のこといささかあるべからず。」（『山鹿語類』第二・巻第十三「殉死を弁ず」）［主君から男色の寵愛をうけた家臣は、自分の身を振り返り、政道の上で主君の補佐として国家に役立つ器量の者であれば、この世に生き残って治政を担い、自分の身を治政に委ねて、けっして殉死してはならないのである。］

なお、素行は、殉死に関して原則的な反対論者であったが、主君の寵愛を受けながら、日ごろ治政に貢献せず、利欲を追い求めている侍については、殉死を認めた方がよい、という殉死の部分的容認論を述べている。

(52)　『正三全集』三〇三―三〇四頁

(53)　『正三全集』一一二頁　なお、本地垂迹説によれば、天照大神の本地は大日如来であり、熊野権現の本地は阿弥陀如来ということになる。

(54)　『正三全集』二〇九頁

(55)　『正三全集』一三三頁

(56)　家永三郎『日本道徳思想史』（岩波書店）一五六頁

(57)　『葉隠（上）』三四頁

(58)　もちろん、「衆生済度」という目的は掲げなかったにせよ、仏教の中核をなしている「衆生への慈悲」の精神は、常朝にもまちがいなく共有され受け継がれており、葉隠思想の中軸の一つともなっていることを忘れないようにしよう。

(59)　『佐賀県近世史料』第八編第一巻 九四五―九四七頁を参照。

(60)　『葉隠（上）』七二頁

(61)　『葉隠（上）』一一四頁

第六章　『葉隠』の歴史的倫理的評価について（その一）

はじめに

『葉隠』という書物は、今なお甚だしい毀誉褒貶の渦中におかれている。歴史的にも思想的にも評価の定まっていない「問題の書」だといっていい。

第二次世界大戦前および大戦中、それが情熱的かつ厳かに「死の覚悟」を説く聖典としてもてはやされたのは、好戦的な軍国主義の時代思潮の中で当然といえば当然であった。「名誉ある死」に最高の価値をおいた「戦陣訓」は、葉隠精神の発現の精華であり頂点であろう。だが敗戦後、一挙に高まった超国家主義批判や軍国主義批判の社会的雰囲気の中で、急変して、この書が武士道思想とともに、生命軽視と封建的・軍国的イデオロギーの象徴として排撃の対象になったのも、不思議ではなかった。

戦後の日本社会が二、三十年を経てやや落ち着いてくると（もちろん、国内外の情勢はそのつど戦争と平和の危機と無縁ではなかったが）、武士道思想についても、『葉隠』についても、それらはかなり理性的な分析や客観的な研究の対象となり、歴史的な視点や思想的な立場をふまえた肯定的評価と批判・否定の主張が公にされるようになった。

本章以降で、私は、ここ数十年の間に公表された『葉隠』に関する注目すべき主な論文や本をとりあげ、それらの主張の趣旨や特質を明らかにしようと思う。肯定的評価、批判的評価、分析的評価などの範疇を用いて、ある程度の類型化を試み、それらの評価が妥当であるかどうか、欠けているものは何か、公正な評価のためにはどういう視点が必要か、などについて、私の考えを述べることにしよう。

一　大隈重信と葉隠武士道

(一)「奇異なる書」という評価

さて、現代の研究者や思想家の葉隠評価に入る前に、少し迂回することになるが、幕末期に『葉隠』および葉隠武士道がある識者によってどのように受けとられていたか、を見ておこう。それは葉隠評価の一つの視座を提示しており、現代のさまざまな葉隠論の妥当性を論じる上で、貴重な示唆を与えてくれると思うからである。

大隈重信は、幕末から明治・大正期にかけて活躍した佐賀藩出身の政治家であるが、その大隈が後年口述したものを筆記して成った『大隈伯昔日譚』(1)という本がある。

この本の中で、大隈は、当時の佐賀藩における藩校弘道館での教育の実態や、佐賀藩教というべき葉隠武士道に対して、かなり辛辣な批評をしている。以下はまず、弘道館での教授の保守性・画一性についての批判である。

「(弘道館での—種村補記) その教授法は、先づ四書五経の素読を為さしめ、次に会読を為さしむるものにして、その学派は専ら頑固窮屈なる朱子学を奉ぜしめ、いたく他の学派を擯斥《ひんせき》したり。(中略) 偶々《たまたま》、高材逸足《いっそく》の士あるとも、此の方途《ほうと》を践《ふ》まざればその驥足《きそく》を伸ばすあたわざるが故に、一藩の人物をことごとく同一の模型に入れ、為めに倜党《てきとう》不羈《ふき》の気象を亡失せしめたり。(2)」

「弘道館での教授法は、まず四書五経の素読（文字だけの読み上げ）をさせ、つぎに会読（二人以上による集団的読書）を行なわせるものであり、取り上げる学派としては、もっぱら頑固で窮屈な朱子学を信奉させ、強く他の学派を排斥するものであった。（中略）たまたま才知が高くて優秀な人士があっても、こうした教育方法を実践しなければその才能を伸ばすことができぬようになっていたために、佐賀という一藩内の人物すべてを同一の鋳型に組み入れ、それゆえ器量が大きく独立性の高い気質を失わせてしまったのである。」

すでに長崎で蘭学を学び、学問・思想が時代の変化に対応しなければならないことに気づいていた大隈には、藩内で営々とつづけられていた、保守的な儒学教育の非実践性や教条主義が、我慢ならなかったにちがいない。これでは、鋳型にはまった人士を育成できたとしても、時代を切り拓く進取の精神の持ち主は出現するはずがない、との嘆きがここには現われている。

これに加えて、葉隠武士道の伝統が藩内に広く深く浸潤している実情に、彼はつよい危機感を抱いていた。

「（藩の学制がもたらしていた—種村補記）その窮屈に加味するに、佐賀藩特有の国是ともいふべき一種の武士道を以てしたり。いはゆる一種の武士道とは、今より凡そ二百年前に作られたる、実に奇異なるものにして、而してその武士道は一巻の書に綴り成したるものにして、その書名を『葉蔭』（葉がくれ）と称す。その要旨は、武士なるものは、惟一《ただいっ》死《し》を以て佐賀藩の為めに尽くすべしといふにあり。天地の広き、藩士の多きも、佐賀藩より、貴《き》かつ重《じゅう》なるものあらざるが如くに教へたるものなり。此の奇異なる書は一藩の士の悉《ことごと》く遵奉せざるべからざるものとして、実に神聖侵すべからざる経典なりき。(3)」

「藩の学制がもたらしていた窮屈さとともに、佐賀藩特有の国是ともいうべき一種の武士道が窮屈さを加えていた。いわゆる一種の武士道とは、今より約二百年前に作られた、実に奇異なるものであって、その武士道は一巻の書物にまとめ上げられて、書名を『葉陰』と称するものである。その要旨は、武士という存在はただひたすら自己の死をもって佐賀藩のために尽くすべきだ、ということにある。どれほど天地が広かろうと、どれほど藩士が多かろうと、佐賀藩より貴くて重要なものはありえないかのごとく教えた書物である。この奇異なる書は、一藩の武士がことごとく遵奉しなければならぬものとして扱われ、実に、神聖にして不可侵の経典となったのである。」

大隈は、『葉隠』の真髄を「死をもって藩のために尽くすべきである」と「佐賀藩より貴く重いものはない」という命題に凝縮されるとみており、当時の彼の価値観からして総括的に「奇異なる書」だと断定するのである。山本常朝は、厳密にいえば、藩への忠誠を臣下の死だけによって評価したわけではないが、日常的な「死の覚悟」や「死に狂い」精神を強調し、主君に対する死に狂い的な奉公、死を恐れぬ藩への忠誠、を説いたという意味では、大隈による前者の要約をおおよそ妥当とみることができる。

また常朝は、池上英子のいう「鍋島ナショナリズム」の思想風土に立脚し、それ以外の諸国・諸藩の政治や文化の動向にはなんら関心を向けず、鍋島家および佐賀藩の存続と安泰のみを希求しつづけた、という点では、大隈の後者の指摘もまったく正しいのである。

朱子学と『葉隠』を後ろ盾にして自己形成した葉隠侍たちが、いかに伝統墨守の悪弊に染まり、佐賀藩政の改革にとって障害であったかを、大隈はつぎのように記している。

「翻ってさらに佐賀藩当時の形勢を察するに、かの窮屈なる朱子学と、奇妙なる経典とに依りて養成せられたる『葉蔭』的武士なほその権威を逞《たくまし》ふし、因循姑息《いんじゅんこそく》の弊風深く上下を浸漬《しんし》せしかは、ただに余等《よら》同志の士が主張する新智識新思想を採用するあたわざるのみならず、却てこれを排斥非難するもの滔々《とうとう》として皆然《しか》りき。（4）」

［ひるがえってさらに、佐賀藩内の当時の社会情勢を考察してみれば、かの窮屈な朱子学と奇妙な経典によって育成された葉隠的武士たちが、なおいっそうその権威を強めており、因循姑息の悪しき気風がいかに深く上層下層に浸潤していたか、それは、ただ我ら開明派の同志たちが主張していた新知識・新思想を藩が採用することができなかっただけではなく、かえってこれらを排斥し非難する動きが滔々として起こったことでわかるのである。］

ペリー来航以降急激に高まった、西欧列強による日本への外交的軍事的圧力に強烈な危機意識を抱くとともに、国際的な感覚をもっていた開明派の大隈は、彼我の力関係を無視して外国人排斥を唱える佐賀藩内部の過激な攘夷派の言動を、つねづね苦々しく思っていた。その攘夷派の言動の源泉には葉隠思想に根づいた武士道があり、そしてその書の中核には、上述したように、死に最高の価値を認める献身的奉公、母国（佐賀藩）中心主義・地域至上主義があった。こういう状況下で、彼が『葉隠』を「奇異なる書」「奇妙なる経典」と呼び、葉隠武士道を批判・決別の対象としたのも十分な理由があった、と言うべきであろう。

強固な死への覚悟と意志的な献身道徳によって、武士層に独特の主体性を確保させたことは承認されてよいが、その葉隠武士道が近代化の黎明期においてはかなり厄介な障害物であったことを、大隈の回想記は率直に説き明かしている。幕末期から明治期への移行過程で、なお葉隠武士道を純粋なかたちで保持し、その理念を実現しようとすることは、大隈の批判的評価に従えば、歴史上での愚行であり逆流であった。

（二）伝統的権威と葉隠主義

ところで、「奇異なる書」と呼んだこの大隈の評価を取り上げて、なお『葉隠』を擁護する立場から、日本思想史家の古川哲史はこう書いている。

「大隈侯の右の言は、精神史家の立場から発せられたものではなかった。侯はただ、明治維新の前夜に於ける新知識・新思想へのやみがたき渇望が、伝統的権威の下にむやみに圧伏さるる状況を眼前に見、身にも親しく体験し、ために佐賀藩が新日本建設事業に於て華々しい役割を演じ得まいとするのを慨するの余り、葉隠主義を伝統的権威に一挙に重ねてしまっただけであった。なるほど葉隠主義は伝統的権威の多くの要素となっていたかも知れない。しかしそれは『葉隠』そのものの与り知るところではなかった。[5]」

『葉隠』の口述者である山本常朝は、十九世紀以降に生きていたわけではないから、『葉隠』が幕末から明治への過渡期に後代の者によってどのように受容され活用されたかは、たしかに著者本人の与り知らぬところであろう。受容・活用の責任は、もちろん基本的には継承者にある。だが、新時代にむけて特定の書物が肯定的な役割を演ずるのか、むしろ否定的な役割を演ずるのか、を客観的に判定しようとするとき、継承者だけでなく、それ以上に当の書物そのものの基本的な性格・特質がどうであるかが、きわめて大きな比重を占めるはずである。

一方で、大隈重信が葉隠主義を伝統的権威に重ねてしまったことに、古川は不満を述べ、他方、当時の現実にあって葉隠主義が伝統的権威の多くの要素となっていたことを、古川は一定程度承認しているが、そうした時代遅れの伝統的権威は『葉隠』の本質と無縁ではなく、この書の主旨に深く根ざしていた、というべきであろう。『葉隠』の与り知らぬところだ、と論外視してしまうのではなく、むしろ『葉隠』のもつ固有の限界や欠陥と結びつけて理解することが必要ではあるまいか。『葉隠』の中に、含蓄のある死生観や卓抜な人生知があるとしても、歴史的な制約を顧慮せずに、近代的な社会の形成期にそれらを無条件に妥当させようとする行為や努力は、基本的には時代錯誤である。

時勢をかえりみず、葉隠的原則を金科玉条のごとく奉じて行動するならば、取り返しのつかぬ重大な過ちに陥ってしまう典型的な事例を、『大隈伯昔日譚』の中に読み取ることができる。それを紹介してみよう。

大老井伊直弼による開国策と安政の大獄、およびその反動としての桜田門外の変という激動の時代にあって、幕末の佐賀藩でも開国派と攘夷派との対立がはげしく、藩内は大いに揺れ動いていた。この時期、佐賀の支藩にあたる蓮池藩の書生某が、長崎の外国人居留地で外国人と紛争をひき起こす、という事件があった。某は幕府の役人によって拘留され、その後藩当局に引き取られたが、この事件をめぐって、書生某の行為に対する批判が藩内で巻き起こったのである。大隈によれば、外国人に対して危害を加える意図があったわけでもないこの書生の些細な不法行為は、せいぜい違警罪による処罰ですむべきところだったが、予想外に人心を刺激して、藩内部の一大問題となってしまった(6)。大隈はつづけて言う。

「なかんずく同志中の攘夷家は、之を天下の大事なるがごとくに言ひふらし、いはゆる武士道に由て某《なにがし》の所行を律し、「彼は何んぞ外人を殺さざるや、双刀を腰に帯《たい》しながら斯《か》く無上の恥辱を受く、我が武士道を汚したり、必らず、死に処せざるべからず」と極論して少しも仮《ゆる》さざりし。（中略）……藩庁にてもやむを得ずその論に従ひ、遂に某を死罪に処するに至りき(7)。」

［とりわけ同志のうちの攘夷派武士たちは、この事件を天下の一大事であるかのごとく騒ぎたて、いわゆる武士道にもとづいて某の所業を吟味・処置することを主張し、「彼はどうして外人を殺さなかったのか、腰に大小の刀を具えながらこの上ない恥辱を受けるとは、われらの武士道を汚したのだ、必ず彼を死刑に処さなければならぬ」と極論を述べてまったく許そうとはしなかった。（中略）……藩当局も、やむをえずその論に従って、ついに某を死罪に処してしまったのである。］

当該の若侍は、恥辱を受けながら刀を抜かず、喧嘩相手の外国人を切って捨てなかったがゆえに武士道を汚した、と攘夷派に非難された。そして、その声に押されて藩当局は某を切腹させてしまったのである。前にも触れたが、

『葉隠』の一節には、「何某《なにがし》、喧嘩打返《うちかえ》しせぬ故恥になりたり。打返しの仕様は踏みかけて切り殺さるる迄なり。これにて恥にならざるなり。（中略）恥をかかぬ仕様は別なり。死ぬまでなり。その場に叶はず打返しなり。」（聞書一・五五）(8) という有名な言葉がある。

攘夷派の武士たちは、まさに『葉隠』のこの精神をきわめて律儀に受けついでおり、その純粋一途の決断と行動に至高の価値をおいている。彼らは、侮辱されたら即座に打ち返し（報復）をせねばならぬ、という葉隠武士道の体現者であった。若侍の某は、受けた恥をただちに雪がなかった。すなわち武士道原則を遵守しなかったがゆえに、攘夷派は彼が責任をとって死ぬべきだと考え、それこそ正義であり正義の回復だとみなしたのである。

その若侍の死のあと、不条理な事態はなおつづく。

「彼ら（攘夷派―種村補記）は私《わたくし》に蓮池に赴き、その有司を扇動し、蓮池は帝国のため、武士道のために、かの外国人に対し、その藩の書生某横死《おうし》の復讐を為さざるべからずと論じたり。(9)」

［攘夷派の侍たちは、公的な許可なしに勝手に蓮池藩に出かけ、その地の役人を扇動し、蓮池藩は帝国のため、武士道のため、喧嘩相手の外国人に対して、藩の書生某の非業の死への復讐を遂行しなければならぬ、と叫んだのであった。］

そもそも藩内世論を高揚させて書生某を強いて死に至らしめたのは攘夷派であったのに、その死の原因を外国人に帰して、彼らは武力による復讐を企てた。この辺りの経緯については大隈も呆れて「何たる奇怪の論ぞ」と口述している。佐賀の攘夷派と蓮池の有志たちは、脱藩を決意し、武器・弾薬を準備し、長崎の居留地の襲撃や外国人・幕府役人の殺傷を計画したのである。

ところが、その一隊が長崎に出発した後、藩当局に知れるところとなり、同志たちはすべて捕縛・拘留された。藩の役人たちは、藩法に照らして、主唱者や扇動者を死罪または流刑に処すべきだ、として厳刑を求めた。しかし最終的には、賢君といわれた藩主鍋島直正（号は閑叟）は、少壮の者による血気にはやった行動であり、咎めるには及ばぬ、との態度で、すこぶる寛大な措置を講じて事態を収拾したのであった。

（三）葉隠武士道と近代

大隈重信は、「武士道はもと害悪ある教《おしえ》とは言はず。然れども、彼らが頑狭の心より、之を極端に解釈し、遂には斯かる不合理の断定を為して、毫《ごう》も怪《あや》しまざりしのみならず、却って正当なる道理と信ぜられしなり。(10)」「武士道は本来害悪のある教えとはいえない。しかし、彼らの頑固で偏狭な精神によってそれを極端に解釈し、ついにはこのような不合理な断定を行なって、少しも疑問に思わないだけではなく、かえって正当な道理だと信じるにいたっているのである。」という言葉のもとに、葉隠武士道そのものを一定程度擁護しつつ、葉隠精神の極端化、それにもとづく不合理な断定の面に目をむけ、その限りで強く嫌悪し批判している。

だが、この箇所だけを取り上げて、彼の言葉の主意を、『葉隠』そのものになんら問題はなく、この書の極端な解釈こそが問題である、と理解するのは正しくないであろう。なぜなら、この文の前に、大隈は、攘夷派の武士たちを総括的に評して、「彼らは久しく一種感情的の武士道中に生息したり。(11)」と述べているからである。

葉隠的伝統にたつ武士道の本性は、なんといっても「感情的な武士道」であった。常朝が述べる「忠の義のと言ふ、立ち上りたる理屈が返すがえすいやなり」（聞書一・一九六(12)）という「理（屈）好き」批判が彼らの根底にあり、なにより理屈を超えた感情面での「無二無三の主君思い」精神が尊重され、連綿と受けつがれていた。しかも、すでに上述したように、大隈によれば、主君や藩への「死に狂いの奉公」を説く『葉隠』はやはり「奇異な書」であり、武士たちを極端へと走らせる独特の魅力と権威をもった厄介な書である。

日本の近代化にむけて、情念的行為ではなく合理的行為が、そして独善的断定ではなく公正な判断がつよく求められるとき、葉隠武士道はけっして有効な力を発揮できないこと、むしろ重大な阻害要因となりうることを、大隈は自らの痛切な体験を通して認識するに至ったのだ、と考えられる。

なるほど大隈重信の認識も一つの見方であり、彼の評価だけに依拠して葉隠武士道を全面否定することは避けなければならない。[13]しかし、『葉隠』の根本にある封建的主従倫理（しかも武士中心の倫理）を忘却してこの書を近代社会に適用することには、もっと慎重でなければならない。

二　肯定的評価の論者たち

（一）葉隠精神を「隠し奉公」と「殉死」のうちに捉える説（古川哲史）

（1）「死ぬ事」の意味

日本思想史家で東大の倫理学教授であった古川哲史は、『葉隠』に対する肯定的評価の第一人者であろう。彼の主著『葉隠の世界』は、この書のうちに含まれる多面的な側面を、山本常朝の心情に即して平明に解き明かしている研究的かつ啓蒙的な著作である。尤も、常朝の口述内容に共感し、それを内在的に把握しようという立場が主であって、『葉隠』に対する歴史的な分析や思想批判の視点をほとんど欠いている。

「死の覚悟」が本質的な課題であり主要な論点となった『葉隠』では、そもそも「死ぬ事」がどう捉えられているかについて、古川特有の整理と把握がなされているが、それは読む者にとってそれなりに参考になる。

第一に、「武士道といふは、死ぬ事と見付けたり」の説の重点は、古川によれば、ことの成就を度外視して動機の純粋性に徹するところにあるのであって、単に犬死にせよということを主張しているのではない。それほど激しく純粋な憧憬こそが『葉隠』の心なのであり、この「純粋になること」が「死ぬ事」の一つの意味である、と。

つぎには、「毎朝毎夕死ぬ」「常住死身でいる」などの語句が言表する、死を覚悟して事にあたること、責任を自己の死の危険において引きうけ仕事に没頭すること、換言すれば「全力で事にあたる」精神が、第二の意味である、と。

第三に、「武士の大括《おおくくり》の次第を申さば、先づ身命を主人に篤《とく》と奉《たてまつ》るが根元なり」とあるように、武士の大括りの次第とはすなわち武士道にほかならないのであるから、「死ぬ事」とは「身命を主人に篤と奉る」ことを意味する、と。(14)

こうした要約的な分析から、「死ぬ事」が「動機の純粋性に徹すること」「自己の死の危険において責任を引きうけること」「わが身命を主君に篤と奉ること」の三つを主たるその意味内容としていることが明らかにされる。

一般に倫理学の領域では、行為の倫理的評価にさいして行為者本人の動機を重視する「動機説」と、行為の結果とその影響を重視する「結果説」とが対立してきた。『葉隠』は、結果の成功・不成功、成果の善し悪しにはまったく頓着せず、死の覚悟の高さ・純粋さのみに価値をおく。「善なる意志」にもとづく動機説の代表的な哲学者であったイマヌエル・カントをも赤面させるほどの、「動機説」の極致ともいうべき論なのである。(15)

また武士は、（目的意識的）行為の前でも後でも死の意識と無関係ではない。その動機にあっては、おのが死を覚悟しつつ侍の道をふみ行ない、その結果にあっては、自らの行為に対する責任のとり方として自死を受け入れる。「自己の死の危険において責任を引き受ける」とはそういうことを意味していよう。

武士がおかれた封建的な主従関係という時代的制約――それは個々の侍にとって主観的にはいかんともしがたい枠組みである――のもと、その中で初発の動機の高さないし心情の純粋さが希求され、死と向き合いながら自己に与えられた責任を全うする、という緊張感あふれた武士の生活と行動の特質が古川によって把握されている。その限りで、彼の指摘には説得性がある。

以上の「死ぬ事」解釈の延長上で、古川が積極的に打ち出す葉隠思想の本質が、「隠し奉公」を中核とする献身主義であり、「殉死」の精神、およびそれへの共感である。

(2)「隠し奉公」と「殉死」の称揚

古川によれば、山本常朝こそ「献身」主義の権化であり、それが「隠し奉公」「陰徳」などの語彙によって代表的に打ち出されている。その中身は第一に、「奉公人の打留めは浪人か、切腹か」という覚悟に生きることであった。すなわち、たとえ冤罪であっても、浪人・切腹も奉公の一つとしてこれを甘受し、主人の過ちはひた隠しにする心がけに生きることを意味した。第二には、愛しい人への「忍ぶ恋」がその典型であるように、「一生言い出すこともなく、思い死にする心入れ」の態度で主君に仕えること、それゆえ「君臣の間と恋の心とが一致する」という理解こそ常朝の奉公観であり、それがまさしく「隠し奉公」の精神に他ならない。[16]

すでに私も指摘したように、主君からの温情や報酬と自らの忠誠とを引き替えにしない「隠し奉公」「隠れ奉公」はたしかに、『葉隠』の根本精神であった。現実の武士たちがほんとうにこの精神で人生を送りえたのかどうか、主君への忠誠を貫きえたのかどうか、については疑問の残るところだが、常朝が追求する理想がこの点にあったことはたしかである。

さらに、古川は、葉隠精神の真髄にあるものとして、くり返し「殉死」の肯定、およびその人間的意味を説きつづけたことに注目しよう。

古川は言う、「私はかつて「『葉隠』は追腹を切ろうとして切れなかった常朝の悲願が凝って成り出でた一巻の血涙の書であった」というような言い方で『葉隠』という武士道書の本質を表現しようとしたが、その考えは今も変わっていない。殉死のこころを無視していたのでは、『葉隠』がわかる筈がないとわたしは思うのである。」と。[17]

殉死という行為は、たしかに主君に対する家臣の忠誠心の高さを表現する。授与される所領・俸禄・所職などの実質的な報酬にとどまらず、主従間で示される主君からの信頼・温情・慰藉などの言動が、深い恩顧の念を家臣に生ぜしめ、追い腹を決意させる機縁となった。しかし、殉死が武家社会における義理的慣習の度合いを強めるに従って、主君への恩義を強く感じていたかどうかのバロメーターとして受けとめられ、おのが名誉の保持、子孫や家系の存続の視点から、殉死を選択する者もいたであろう、と推測される。

尤も、これには異論もある。古川は、「進歩的歴史家は、子孫が恵まれるためにいやいやながら腹を切ったという類の見方をしがちであるが、では殉死した人の家は果たして恵まれているか」と問うて、全国各地の殉死者の墓を訪ね、調査している。しかし、各地の殉死者の総数や墓の大小についての報告は出されているが、子孫が恵まれたかどうかの結論は、まったく不明瞭なままである（森鷗外の小説で有名になった阿部一族の墓については、「その殉死者の子孫が恵まれた事実は余り無かったようである」という、根拠の薄い自信を感じさせぬ結論が下されている[18]）。

殉死を決行した家臣たちの心情が、主君の御恩への純然たる忠誠心にもとづいていたのか、子孫の幸福や家の存続という世俗的な利害に由来していたのか、を古川の調査結果から汲みとることはそもそも不可能であろう。殉死を美化する研究者からは、殉死についての功利的な解釈は排除され、家臣の絶対的忠誠心をもとにした解釈が優先的に採択されることだろう。ここには研究者の価値観が知らずしらずのうちに投影され、事実に特有の意味づけがなされる。その意味で、過去の時代に生きた人間の信念や価値観にたいする解釈にはよほど慎重を期さねばならないことを、われわれは教えられる。

だからといって、葉隠思想の中軸に、まぎれもなく「殉死」精神があることは否定できない。常朝が、「追腹御停止になりてより、殿の御味方する御家中なきなり。」（聞書一・一二三）[19]と嘆き、自分の経験を振りかえり、主君から土地や金銀をもらわずとも「ただ御一言が忝《かたじけ》なくて腹を切る志は発《おこ》るものなり。」（聞書二・六三）[20]と断言している箇所に注目すれば、古川の指摘は妥当だと私も考える。この視点に立脚して『葉隠』を解釈し、常朝の信念を把握することは、たしかにその本質理解にとって不可欠であろう。

しかし、葉隠解釈としては許されるとしても、「殉死」精神を現代でどう受けとめ、社会の中にどう活かそうとするのであろうか。古川は、明治期以降、乃木将軍夫妻の殉死、広田弘毅元首相の妻の殉死などをとり上げており、殉死に類する覚悟の自害が現代でも起こっていることを紹介する。とはいえ、決然と死を選ぶ彼らの意志の崇高さ・美しさを浮かびあがらせることには成功しているが、殉死がなお現代においても意義や役割をもちうるのかどうかについて、なんら生産的な議論を展開していない。

殉死を肯定するにせよ、否定するにせよ、この種の議論では、人間生命の価値ないし尊厳についての省察がどうしても必要となるはずである。これが欠けているために、『葉隠』の現代的意味も問われることなく、まったく曖昧なまま放置されるのである。

(二)「狂と美」の思想を『葉隠』の真骨頂とみなす説(奈良本辰也)

(1)「死狂い」の中の「狂」

『葉隠』が語る一節一節が「狂」ともいうべき極端であることを認めながら、その「狂」こそ(それが生み出す「美」ないし「美学」とともに)時代を切り開く威力をもつことを承認し、それに深い共感を寄せた論者に、歴史学者の奈良本辰也がいる。

奈良本の理解では、常朝のいう「死狂《しにぐる》い」は、われわれが日常で使用する「死にもの狂い」よりはるかに強烈かつ極端なものである。なぜなら、「死にもの狂い」の死は比喩にとどまるのだが、「死狂い」は、いつ死んでもよいという絶対の覚悟と受容に立つ強靱な意志的行動だからである。

だから、彼は、「武士道とは死ぬことと見つけたり」という言葉を、単なる逆説とか反語とかいうようには解さない。むしろ「戦国的な武士の実存主義」だとみなし、そこに表現される「狂」は、「戦国武士すなわち主体性に生きる男の復権」に他ならないと捉えるのである。(21)

さらに、「いつ死んでもよいという覚悟に立っているときには、その死がかえって生に転化する」のであり、「死を常住に思うことによって、かえって死が遠のくという現実が生まれてくるのだ」、と奈良本は言う。すなわち、「死の覚悟」を徹底することが「死から生への転化」を促し、生そのものの充実を招来させる、という逆説に注目するのである。(22)

尤も、この逆説的事態が正しいとしても、それについて起こりやすい誤解に注意しておくことが必要であろう。結果として「死から生への転化」や「生の充実」が生じたとしても、そのことは行為する者にとって当初の意図でも目的でもなかった。もし充実した生を望むために死を覚悟するのであれば、それは本来の死の覚悟を放擲することであり、死の覚悟を無意味化することである。あるべきは「死の覚悟」だけであり、「死から生への転化」や「生の充実」は、当事者の期待の外で偶発的に生じてくるものであろう。

私がこれを強調するのは、正統的な武士道との違いを明瞭にするためでもある。大道寺友山の『武道初心集』には、すでに言及したように、「死を常に心にあつる（＝当てる）」という「死の覚悟」こそが武士の本意の第一であると強調されているが、それにつづいてこう言われている。

「死をさへ常に心にあて候へば、忠孝の二つの道にも相叶《あいかな》ひ、万《よろず》の悪事災難をも遁《のが》れ、其身《そのみ》無病息災にして、寿命長久に、剰《あまつさ》へ其《その》人柄までもよろしく罷成《まかりなり》、其徳おほき事に候。」と。(23)

［自分の死を意識し死をいつも心に当ててさえおれば、忠義・孝行の二つの道にも合致し、あらゆる悪事や災難をも免れ、身体は無病息災を維持し、寿命は長久となり、その上に人柄までも善良となり、多くの人徳をえることになるものだ。］

ここには、おのれの一生が短くはかないものであることを日常不断に意識し、その強固な自覚の下で行為することが、道徳的にも、身体的にも、精神的にも個々人を好ましい状態に導くものだ、との主張がある。「死の覚悟」という動機は、良好で健全な結果の招来と一体のものとして理解されている。もちろん、よき結果を得るために死を覚悟せよ、とまで述べているわけではないが、死の覚悟は必ずよき結果を生む、という確信が表明されており、よき結果の強調が死の覚悟の正しさ・崇高さを支える論理となっている。

だが他方、『葉隠』においては、動機と結果は切断されている。結果的に生じるかもしれない「死が遠のくという現実」は、武士にとってあくまでも本来の意図や期待の範囲外にある。行為した結果の成否や善し悪しを問わない葉隠武士道にあっては、「死の覚悟」とそれにもとづく決断が、行為の最初で最後なのである。起こりうる誤解にたいするこうした釈明を補うのであれば、奈良本の説明は首肯できるものと私は考える。

(2) 死を想定した「美」

「常住死に身」の覚悟に由来する武士の日常には、独特の緊張感と行動様式が要請されることになる。そこから一種の「美」ないし美意識が生まれる。奈良本は、「日常座臥に死を決して生きること」は「その一瞬に死んでもよいという決意」を意味し、それに連動して日ごろからの心がけが必要となり、「まず自らの死を辱めないこと」という態度になる、と言う。

死に直面しても名誉を大事にする、具体的には「見苦しくない死にざま」をするためには、「平素から化粧をするくらいの心がけ」が求められる。[24] 戦闘者である武士が化粧に意を用いるとは、傍からは意外なように思われるが、それは、軟弱な心情、虚飾を好む感性からではない。死せる自分を想定するがゆえに、自分の死顔に恥を受けぬようするために、であった。

こうした日常の美意識や美的生活が、範囲を広げて当人の行動の美学となり、さらには甲冑を美々しく飾り、所有する刀槍を美術品にまで仕上げていったのであろう、と奈良本はみている。[25]

尤も、常朝にとっての美は、武士にふさわしい風貌に限られていた。嗜み深さを感じさせる風体の美である。具体的にいえば、足や手の爪、頸や顔を清潔に保つこと、必要に応じて紅粉や香を使うこと、髪や衣服を外見上よく整えておくこと、等々であった。「……武具衣装等目《め》に立ち候様《よう》に仕《つかまつ》るは手薄《てうす》く見え、強みこれなく、人の見すかし申すものとなり。」（聞書七・五）[26]［武具や衣装などを華やかで目立つようにすることは、薄っぺらに見え、強みを感じさせず、人々に侮られ見すかされるものだ、と。］と言うごとく、派手な甲冑や刀槍などの武具、豪華な衣装を所持し見せびらかすことには、彼はきわめて批判的であった。

身体も衣装も、内面的な「閑かな強み」の表現でなければならない。強壮・質朴こそが肝要であって、他者にけっして軽薄な印象を与えてはならなかった。このように明確な限度があったが、それにしても常朝には常朝なりの鋭い「美」意識、武士がもつべき風貌や様式の美的観念があったことを、われわれは認めざるをえない。

（3）現代における「狂」の意義とは

以上のように、死の覚悟を根幹とした「狂」と、日常的な死の意識とむすびついた「美」が、『葉隠』の中で中心的な思想をなしていた、という奈良本の解釈は、たしかにおおむね受容することができる。だが、問題なのは、今日この「狂」をどう受けとめるか、である。

奈良本自身も「『葉隠』を、そのままの言葉で現在に生かそうと思えば、それはたいへんなことになる。三百年も前の言葉が今日の時代にそのままますべて通用するわけはないであろう。[27]」と述べ、時代状況を無視して『葉隠』の中の言葉を恣意的に選択したり適用したりすることを戒めている。そして、この書の端々に拘泥せず、その全体を流れているものを把握せよ、と言い、画一化・人間類型化を強いている現代にあって、それを打ち破るエネルギーの大切さを教えるこの書を「個人の復権の書」として読むべきだ、と結論するのである。[28]

葉隠的武士道は、たしかに、当時支配的になりつつあった儒教的士道論の理性的な教義と対立する無秩序・不条理志向の性格をもっていた。狂気をはらんだ戦国武士道の秩序打破のエネルギーを賛美し、それをひき継いでいる。

江戸期に入って、文官的武士であった常朝はなお戦国武士たちの「狂」を憧憬し、それに共感を示しつづけた。固定された封建的身分制的秩序のもとで、戦士的武士がもっていた主体性・自律性の意味を問いつづけたといってよい。

しかし、今日、爛熟した後期資本主義的体制のもとで、秩序打破のエネルギーが重要であることは否定できないとしても、いったいどういう理念で、どういう方向をめざして「狂」的エネルギーを発揮するか、が最も肝心なことであろう。時代を切り開く「狂気」か、時代を逆戻りさせる「狂気」か、を問うことが不可欠である。

時代認識・歴史認識を欠いた「狂」はまことに危険きわまりない。「狂」の発揮によって当の個人の復権がはかられたにしても、誤った時代認識にもとづく「狂」的個人のおかげで、どれほど多くの周囲の人間たちが権利侵害や不幸にみまわれることだろう。「狂」という強烈な情念は、それを活かすためにも、時代を洞察しうる社会科学的理性に裏打ちされねばならない。

個人の復権のために「狂」の再興を、という奈良本の呼びかけは、たしかに魅惑的である。共鳴する若者もいるにちがいない。現代社会における生き難さを実感し、秩序の抑圧性に不満を抱いている者にはなおさらである。しかし、ひとたび立ち上がり自らのエネルギーを発揮しようとする段になって、本人は、何を目的とし、何を壊し、何を作り上げるのか（そしてそもそも自分には何が求められているのか）を知らなければ、結局茫然自失するか挫折するしかないであろう。奈良本は、「狂」のすばらしさを強調するが、「狂」の向かう先や行く末については何も語っていない。彼の主張は、現実的には無展望であり、客観的には無責任である。

（三）『葉隠』のうちに「死の選択による自由の実現」を捉える説（三島由紀夫）

（1）死の選択とギリギリの意志自由

上述した「狂」と「美」を『葉隠』の真髄とみなした奈良本説の延長上で、山本常朝の死を覚悟した激しい情念を讃え、人間の自由意思や自由の行為についての文学者的解釈と表現を公にしたのが、作家の三島由紀夫であった。以下の文は、他の識者には見られない三島らしい『葉隠』評を示している。

「『葉隠』は太平の世相に対して、死という劇薬の調合を試みたものであった。……山本常朝の着目は、その劇薬の中に人間の精神を病いから いやすところの、有効な薬効を見出したことである。おそるべき人生知にあふれたこの著者は、人間が生だけによって生きるものではないことを知っていた。人間にとって自由というものが、いかに逆説的なものであるかも知っていた。[29]」

常朝はたしかに、戦国武士には日常であった「死」と「死の覚悟」を想起かつ覚醒させ、それをもって太平の世に警鐘を鳴らしたのであるが、三島は、死ないし死の覚悟を人間精神の病いを治癒し救済する不可欠の劇薬だとみている。この場合の「病い」とは何であろうか。

明らかに身体的・生理的な病気のことではない。死をタブー視し、安穏な日常生活を惰性的に送っている、弛緩した精神状態のことであろう。それゆえ、「病いからの癒し」とは、たえず自覚的に死と向き合うことによって、惰性と弛緩を脱却することにほかならない。三島は、そこに強固な意志にもとづく自由の生成を見ている。自由の行為は死の選択と結びつけてしか理解されない、というのが彼の根本思想である。三島は言う。

「人間の自由意思の極致に、死への自由意思を置くならば、常朝は自由意思とは何かということを問うたのであった。……常朝の言っている「死」とは、このような、選択可能な行為なのであり、どんなに強いられた状況であっても、死の選択によってその束縛を突破するときは、自由の行為となるのである。[30]」

歴史において個人は、とりわけ武士は、自身が生きる時代を選べない。戦国期には苛烈な戦闘を避けることができず、泰平期の治世にあっても、身分制的社会秩序の下で主君への奉公に献身しなければならない。いずれも個人を束縛する強いられた状況なのだが、その中でもおのが行為の選択が求められ、厳しい規制の範囲内で精いっぱいの自主・自律が発揮される。

三島はそのことを言っている。それが真の自由といえるのか、という疑問はたしかに提出できるだろう。だが、自分がおかれる場所や時間を自分で創出することができない以上、どんなに不自由な、そして非人間的な状況にあっても、最小限の自由行為が不可能であるとはいえない。限界状況の中でのギリギリの主体性であり、意志自由なのである。

(2) 葉隠精神と特攻隊員の精神

三島が『葉隠』の中にみとめた、死の自覚的選択にもとづく自由の行為、という主張は、どんな階級・階層でも、どのような歴史的時代でも通用する普遍性をもつとはいえないが、武士に求められた(換言すれば、半ば強いられた)自律確保の論理であることは承認されてよい、と私は考える。だが、三島は、葉隠精神を特攻隊員の精神へと敷衍し、その類縁性の強調へと突きすすむのである。

「神風特攻隊は、もっとも非人間的な攻撃方法といわれ、戦後、それによって死んだ青年たちは、長らく犬死の汚名をこうむっていた。しかし、国のために確実な死へ向かって身を投げかけたその青年たちの精神は、……日本の一つながりの伝統の中に置くときに、「葉隠」の明快な行動と死の理想に、もっとも完全に近づいている。[31]」

「「葉隠」にしろ、特攻隊にしろ、一方が選んだ死であり、一方が強いられた死だと、厳密にいう権利はだれにもないわけなのである。(32)」

戦時中、名誉ある死を賛美する葉隠精神の影響の下で、国のため、愛する者のために勇んで（時には苦悩を抑えて）死地に赴いた特攻隊員が少なくなかったことは、事実である。彼らの精神が、『葉隠』が謳歌する無二無三の行動と死の理想に近づいていたことも否定できない。そして、葉隠武士の死も、特攻隊員の死も、よく考えれば、強いられた苛酷な状況下での、最低限の選択的意志による自死であったろう。

しかし、特攻隊員の死は、なんといっても近代的戦争の時代にあって、日本軍部の非人間的な特攻作戦がなければ防止することのできた、最悪の悲劇的結果であった。葉隠精神と特攻隊員精神とを連結させて、双方の間に横たわる歴史段階の違い、生命的価値観の違いを無視することは、けっして許されるべきでない。

無謀な戦争政策を推し進めた支配層や軍部の責任をいっさい問わないで、特攻隊員の死の凛々しさ・美しさにだけ注意をむけるのは、むしろ国家的な暴力によって死を強いられた彼らに対する冒瀆であろう。限界状況の中で制約された個の自由意志を発揮した若き特攻隊員にのみ焦点を当てて、大状況において支配層がおこなった社会的自由の圧倒的な破壊を無視し免罪してしまうのが、三島由紀夫の論理なのである。

（3）『葉隠』の中の矛盾――不条理性と実用性、死の肯定と生の肯定

とはいえ、三島が『葉隠』の強烈な武士道精神だけに注目しそれを称賛したと理解するのは、公平を欠くことになるだろう。実は私には、彼の葉隠解釈が他の著作より面白くかつ刺激的に感じられる。なぜなら、常朝の主張の中に明瞭な矛盾・相克を読みとっているからである。たとえば、組織内での出世に関して、次のような文がある。

「若き内に立身して御用に立つは、のうぢなきものなり。発明《はつめい》の生れつきにても、器量熟せず、人も請《う》け取らぬ

なり。五十ばかりより、そろそろ仕上げたるがよきなり。その内は諸人《しょにん》の目に立身遅きと思ふ程なるが、のうぢあるなり。」(聞書一・一二七)[33]

［若いうちから立身して主君のお役にたっても、長続きはしないものだ。聡明な生まれつきでも、人柄・才能が成熟しておらず、他人からも信頼されぬからだ。五十歳ぐらいから、そろそろ頭角を現わしていくのがよい。それまでは周囲の人々の目に立身が遅いと思われるほどの方が、ちょうどよいのである。］

これに関して、三島はつぎのように言う。

「一刻も早く死ぬことをすすめるように見えながら、実際生活の分野において、「葉隠」は晩熟を重んじている。(中略)「葉隠」のおもしろいところは、世間ではまるで別の能力と考えられている、行動的能力と実務的才能とを、年齢の差によってそれぞれの時代の最高の能力として、同等に評価していることである。ここに「葉隠」という本の、ふしぎな、プラクティカルな性格があるといわねばならない。」と。[34]

生きるか死ぬかの危急の場合ではなく、時間的な長さのある実際的な社会生活では、実務的な才能が大切であり、才能の育成・錬磨、そのための晩熟が必要となる、という『葉隠』の主張のうちに、三島がプラクティカルな処世訓の表われを見たことに注目しておこう。

さらに「人を先に立て、争ふ心なく、礼儀を乱さず、へり下りて、我が為には悪しくても、人の為によき様にすれば、いつも初会《しょかい》の様にて、仲悪しくなることなし。」(聞書一・一六四)[35]［他人を先に立て、争う心なく、礼儀を乱さず、へり下って、自分のためには都合が悪くても、人のためになるようにしてやれば、いつも初めて会ったときのような心持で、仲が悪くなるようなことはない。］という言葉をとり上げて、三島はこう評価する。

「あれほどエネルギーを賛美し、あれほど行動の行き過ぎを認めた「葉隠」が、ここでは社会の秩序、その和の精神と謙譲の美徳をほめたたえている。（中略）常朝は、たまたまこのようなプラクティカルな教訓を与えるときには、じつに平然と矛盾をおかすのである。そこにまた「葉隠」という本のふしぎな魅力がある。[36]」

「死狂い」覚悟から生まれる攻撃的破壊的行為の肯定と真っ向から対立する、周囲の人々への配慮、他者との調和、礼儀と謙虚さなどの勧めが、ここでの主旨である。三島はだれもが否定しようのない矛盾を明快に指摘すると同時に、それをほとんど無批判的に「ふしぎな魅力」だと容認するにとどまっている。

三島によるもう一つの矛盾の指摘を挙げておこう。

「皆人気短《みなひときみじか》故に、大事をならず、仕損ずる事あり。いつ迄もいつ迄もとさへ思へば、しかも早く成るものなり。時節《じせつ》がふり来るものなり。（中略）時節相応に人の器量も下《さが》り行く事なれば、一精《いっせい》出し候はば、丁度御用に立つなり。十五年などは夢の間《ま》なり。身養生《みようじょう》さへして居れば、しまり本意を達し御用に立つ事なり。」（聞書二・一三〇）[37]

「世間の皆が気短になったので、大事なことをし損じている。いつまでかかってもいいとさえ思えば、意外に早く成しとげられるものだ。よい機会がおとずれるのである。（中略）時代に相応して、人々の器量も低下してきているので、一つ精を出して努力すれば、時に叶ってお役に立つものである。十五年ぐらいは夢の間のことだ。わが身の養生に努めてさえいれば、結局は念願をとげ、お役に立つものである。」

おのが半生を振り返りながら、かなり実用主義的な人生哲学を披瀝している常朝のこの主張に対して、三島は次のようにコメントしている。

「武士として役に立たぬことには一顧も払わなかった彼は、一方では、はかない世を心にとめながら、一方では、あくまでプラクティカルな実用的な哲学を鼓吹した。そこで彼は「身養生さへして居れば、終には本意を達し御用に立つ事なり。」という、もっとも非「葉隠」的な一句を語るのである。」と。[38]

身養生とは、自分の身体や健康にたいする日常的な配慮であり、その配慮をつうじて長生きを目ざすことである。身体への配慮や長生への志向は、どうみても「無二無三の死狂い」の葉隠精神とは対極にある。葉隠思想の中核を、自覚的に死を受容する哲学だと捉えるなら、「身養生」などという生命肯定の哲学は、『葉隠』そのものの自己否定に他ならない。その限りでは、三島も断ずるごとく、身養生に関する主張は最も非「葉隠」的というべきであろう。

(4)『葉隠』の矛盾を生みだす真の根拠

以上のように、『葉隠』の中には、この書を愛してやまない三島由紀夫が指摘せざるをえなかった明白な矛盾的言辞が、いたる所に見出されるのである。それは、換言すれば、常朝自身による葉隠武士道の本質否定の言葉といっていい。しかし、三島は、基本的にはこうした矛盾を指摘するだけである。「実際生活の分野において」とか、「プラクティカルな教訓を与えるときには」と述べて、矛盾や自己否定がおこなわれるさいの条件が簡単に触れられるにすぎない。その真の根拠が問われないために説得的な理由を明らかにすることができず、平然と犯される矛盾にたいして「ふしぎな魅力」という言葉でしか応じられないのである。

この問題についての私の結論を述べよう。

『葉隠』の中に噴き出ている諸矛盾は、この書の口述者である山本常朝のもつ、文官的武士の性格と戦士的武士の性格との矛盾・葛藤の表われである。より正確にいえば、太平の治世に生を送った常朝が、文官的武士として主君に奉公しつつも、なお戦乱期の戦士的武士の精神と生き方に共鳴し、それを幕藩体制期の封建的秩序内部で堅持しようとした苦悩と難渋の姿であった。

これまで『葉隠』の中で最も重視されてきたのは、常朝自身がくり返し説いた「死に狂い」の武士道精神や「死の覚悟」であったが、それに比べて泰平期における主君や藩への奉公、および武士の生き方については、多くの研究者にそれほど注目されてこなかった。三島の言うように、前者が最も「葉隠」的だと評されるなら、たしかに後者は最も非「葉隠」的だと評されることになるだろう。

だが、常朝自身は、自らの意に反して、太平の世でしか奉公に従事できなかった。戦乱期での奉公は、曲者（＝大胆不敵の者）が発揮する剛勇の行動、必死の覚悟にもとづく果敢な「死に狂い」精神のうちにこそ真価が求められた。それに対して泰平期の奉公は、「死に狂い」「死の覚悟」を前提としながら、厳しく新しい忠誠の形態、すなわち、秩序に服従し、長くて忍耐を要する、文官としての奉公の形態に、変容していくことを余儀なくされた。

三島が「プラクティカル」[39]とか「非葉隠的」だと受けとった、上記の「実務的才能」や「晩熟」、「和の精神」や「謙譲の美徳」、「身養生」などの観念・語彙は、まさに太平の世で生きつづけた官吏的武士に必要な資質・能力や生活態度を、みごとに表わしている。治世における武士は、藩政運営の高度な実務に長け政治的経験を積み上げる（それゆえ早熟ではなく、晩熟こそが価値をもつ）ことが必要であった。また、厳格な身分的秩序の中で、他者との和合や謙虚な言動を心がけねばならなかった。

さらに、自己の心身をたえず健常に保ち（＝身養生）、長い役職勤めを通じて主君や藩への忠誠をはたすべきであった。それは、戦国武士のうちに濃厚な「死の覚悟」を放棄したわけではないが、その覚悟を堅持しつつも、上級官吏として粘り強い長期の献身的奉公に従事した、常朝本人の偽らざる本音でもあった。

それゆえ、『葉隠』には、戦国期武士の価値観と治世期武士の価値観との両者が混在している、というのが真実なのである。それは、山本常朝という存在の両面の反映である。より正確には、文官的武士として生を送った常朝の実際の生き方と、戦士的武士への憧憬やその理念型とが、対立しつつ併存していたことの反映である。

だから、両者ともにまちがいなく『葉隠』の本質をなしている。「死に狂い」精神に発する攻撃型武士道だけを

『葉隠』の本質とみなし、実務的才能、和や謙譲、身養生などを肯定的に評価した主張を「非葉隠的」だと捉えるのは、基本的に誤りだというべきであろう。[40]

註

(1) この本の解題によれば、執筆者は斎藤新一郎と矢部新作、編集者は圓城寺清である。『大隈伯昔日譚』(東京大学出版会、明治二十八(一八九五)年発行、昭和五十六(一九八一)年覆刻)「解題」小西四郎執筆

(2) 右掲『大隈伯昔日譚』二頁

(3) 右掲書 三頁

(4) 右掲書 一一頁

(5) 『葉隠(上)』和辻哲郎・古川哲史校訂(岩波文庫)古川哲史記「はしがき」七頁

(6) 右掲『大隈伯昔日譚』五五―五六頁

(7) 右掲書 五六頁

(8) 『葉隠(上)』四五頁

(9) 右掲『大隈伯昔日譚』五七頁

(10) 右掲書 五七頁

(11) 右掲書 五七頁

(12) 『葉隠(上)』八七頁

(13) ここでは、大隈重信の主張に依拠して、葉隠的武士たちの時代錯誤性を論難したが、葉隠主義を含む攘夷派の武士たちが、名誉と誇りをかけて日本の独立の問題に正面から向き合い、一定の歴史的役割を演じたことも、看過すべきではなかろう。この点については、第八章、第九章で改めてとりあげる。

(14) 古川哲史『葉隠の世界』(思文閣出版)一六一―一六三頁

(15) 尤も、カントは実践的動機の純粋性(とくに私欲の否定)を重視する動機説の論者であったが、その道徳哲学は本質的に合理論であって、感情に立脚する哲学ではなかった。カント研究者にとっては常識だが、彼のいう善意志も、むしろ道徳法則を立法し遵守する理性的意志であったことに注意が必要である。

(16) 右掲『葉隠の世界』一九三頁、二〇八―二一〇頁参照。
(17) 右掲書　二七九―二八〇頁
(18) 右掲書　二八九―二九二頁
(19) 『葉隠（上）』六四頁
(20) 『葉隠（上）』一一四頁
(21) 奈良本辰也「美と狂の思想」（日本の名著『葉隠』解説、中央公論社）八―九頁、一四頁、三六頁参照。
(22) 右掲書　三七頁
(23) 大道寺友山『武道初心集』矢野一郎編（実業之日本社）一一頁
(24) 右掲「美と狂の思想」四〇頁参照。
(25) 右掲書　四一頁
(26) 『葉隠（中）』一五八頁
(27) 右掲「美と狂の思想」四七頁
(28) 右掲書　四七―四八頁参照。
(29) 三島由紀夫『葉隠入門』（新潮文庫）二二一―二二三頁
(30) 右掲書　四〇頁
(31) 右掲書　八五―八六頁
(32) 右掲書　八七頁
(33) 『葉隠（上）』六八頁
(34) 右掲『葉隠入門』六三頁
(35) 『葉隠（上）』七七頁
(36) 右掲『葉隠入門』六八―六九頁
(37) 『葉隠（上）』一四〇頁　なお、奈良本は、「身養生」を「わが身の修養」と訳しているが、適切とはいえない。「修養」は、学問を修め、人格や徳性を磨くことであり、「養生」は、主として身体を大切にし健康に配慮すること（それと関連して心の状態を平静に健全に保つこと）を意味している。養生という語を道学者的に理解しない方がよい。
(38) 右掲『葉隠入門』八三頁

(39)『葉隠』の中の多くの主張に見られる世俗的・実用的性格を、三島は一貫して「プラクティカル」(実践的・実際的)と呼んでいるが、より精確には「プラグマティック」(実用主義的)と言うべきであろう。

(40)とはいえ、上でとり上げ論じた古川哲史と奈良本辰也の解釈には、『葉隠』の矛盾、山本常朝の二重性格の指摘がきわめて不十分であったのに比べて、三島由紀夫の解釈は、矛盾と二重性格に気づき、それを明るみに出している点で、一歩も二歩も前進している。

第七章　『葉隠』の歴史的倫理的評価について（その二）

三　分析的共感的評価の論者たち

（一）『葉隠』に「献身道徳」の理想型を見る説（和辻哲郎）

第二次世界大戦の以前と戦時中、さらに大戦後、日本の倫理学および倫理思想の分野で指導的役割をはたしつづけた和辻哲郎は、『葉隠』をどう捉え、どう評価したであろうか。彼の主著である『日本倫理思想史』の中で、その論述や評価をたどってみると、必ずしも『葉隠』に多くのページをさいて詳細な検討を加えているわけではない。しかし、『葉隠』の中心的な思想を「主君への献身」と規定し、そこに流れる無上の「献身道徳」にこの書の真髄を見出していることが明らかになる。

『葉隠』を含む武士道一般に関する和辻の論述の著しい特色として挙げることができるのは、倫理思想や政治・文化の歴史に対する彼の鋭い分析的な眼ざしを反映して、平安末期から鎌倉・室町の時代、さらには江戸期へとつづく武士の生活と思想の推移が歴史的に把握され表現されていることである。したがって『葉隠』武士道の理解にさいしても、この書物だけが検討対象になっているわけではない。なにより『葉隠』の中に流れ込んでいる中世から近世までの武士思想や、室町期後半および戦国時代の武士思想が注目され、まずそれらの本質的特徴がいろいろな角度から明らかにされている。和辻の『葉隠』評価を正しく理解するためには、評価するわれわれ自身が、歴史的な視点を重視した分析的態度をとることが必要となる。

(1)『葉隠』武士道の源泉としての「坂東武者の習い」

武士階級が日本の歴史において登場した平安末期から鎌倉時代にかけて、「武士道」なる言葉はいまだ成立していなかった。多くの歴史家が指摘するように、それに類するものとしては、当時「武者の習い」「兵《つわもの》の道」などの言葉が用いられていた。和辻哲郎は、『保元物語』や『平家物語』『源平盛衰記』などの書物に即して、東国武士たちの直情的な主従道徳や人生観である「坂東武者の習い」に注目し、その純粋性を高く評価した。

坂東武者の習いにはどんな特徴があったか。

それは、まずなにより、自分が仕える直接の主君への私心なき献身であった。郎党である武士は、領主に対する絶対的忠誠を第一義とし、その上位の将軍に対する忠誠は二義的なものにとどまる。そしてまた、おのが命を賭する戦闘や人生の危機状況にあっては、主君への献身を優先することによって、家族への情を放棄し犠牲にすることも厭わなかった。すなわち、坂東武者の習いは、往々にして国家を後回しにし、家族を軽んじたのである。和辻は、この「国家なし、家族なし」の基本的態度のうちに、東国武士の主従道徳と自己犠牲的価値観の比類なき強固さを見ている。(1)

さらに、和辻は、その献身の道徳の中核に「利己主義の克服」や「無我の実現」を捉えた。それらこそ、平安朝時代に利己的享楽主義の生活に染まっていた貴族階級と比べて、新時代の武士階級のみが作り出すことのできた価値観だ、というのである。自らの生命や家族的愛情に価値をおいた貴族の生活実践に反して、武士は、それらへの執着を断ち切ることにおいて、かえって主君への献身のもつ絶対的な価値を浮かび上がらせたのである。享楽を欲する自我の没却をつうじて、武士は最も深い生の意義を見出すことができた。これが和辻の主張である[2]。はなはだ理想化された前期武家思想の把握であり評価であるが、坂東武者の習いが示している献身道徳の一面は、たしかに明快に捉えられている。

しかし、無我の実現を武者の習いの本質とみる和辻の議論は、さらに歩を進めて、いや当然の進行というべきだろうが、主君と家人との間の主従道徳を「恩賞と献身との取引」だとする解釈をきびしく斥ける方向にむかった。この「取引」論は、武士は生活・生存のために領地という恩賞を求め、恩賞の獲得のために身をささげて戦闘に従事する、つまり「利」のために主君に献身する、という主張である。だが、和辻に言わせれば、これは坂東武者がとった態度を説明できない、すなわち、領地によって支えられる生命ではなく、生命への執着を離れることによって得られる高次の生の実現、という彼らの態度を否定するものなのである[3]。

尤も、和辻もすべての軍記物のうちに純粋な献身道徳をみることには躊躇している。たとえば、『太平記』においては、「名」や「利」を目的とした武士の行動が顕著になっていることも認めている。それに対して『源平盛衰記』にあっては、はるかに純粋な献身道徳の事例が多いことに着目し、それらを証拠に、手段としての献身ではなく、まさに目的としての献身が、鎌倉武士の真相であったことを力説するのである[4]。

（2）「御恩と奉公」関係の理念と現実

前期武家社会において、御恩と奉公で結ばれた主従関係をどうみるべきか、については歴史家や思想史家の間でいろいろな見解がある。和辻哲郎は、武者の習いが示す主従道徳のうちに「手段としての献身」「名利の追求を含んだ奉公」が存在する、という解釈をつよく拒否した。だが、基本的に私利・私欲を否定する主君への献身だけに価値を置く、そうした彼の歴史解釈は、あまりに歴史上の諸事実から乖離しているというべきだろう。

和辻の献身道徳の美化論に対し、一貫して強い批判的意識をもっていた家永三郎が次のように結論していることに注目したい。

「学者往々にして主従道徳を主君に対する無条件の献身と解し「献身の道徳」と呼んだり、或は「一方的な忠誠観念」で「強制的」に結ばれた農奴関係の反映と規定したりするのを見るが、少なくとも思想の上では主従両方が双務的義務を負うと考えられていたことは明白である。そうでなければ、どうして家臣側から主君に向って遠慮なく恩賞の請求がなされたであろうか。[5]」と。

家永は、主従間では御恩と奉公との双務的関係が基本であったことを、さまざまな武家文書から解き明かしている。すなわち、家臣が奉公を提供しなければ、主君の側から厳しい制裁が科された一方、主君がしかるべき恩顧を与えない場合、家臣は強固に遠慮なく恩賞を求めつづけたのであり、その実例として数多くの軍忠状や申し文が上申されたこと、それらが日本各地で歴史的文書として残されたことを示している。[6]

和辻の議論は、武者の習いが示した純粋無雑の献身道徳に共感しそれを過大に評価するあまり、主従間に横たわっていた経済的利害関係を軽視したといわざるをえない。たしかに双務性を超越するほどの家臣による主君への献身や服従は存在したであろう。だが、真実は、経済的紐帯と双務的関係こそが主であり、双務性を超える主従道徳は副である、という点にあったように思われる。いや、「主と副」という対比はかならずしも正確ではない。むしろ、前者は歴史における現実態であり、後者は理念態である、という理解こそが必要であろう。

もちろん理念的な主従道徳は、時に応じて現実態に転化する。あるいは現実的な主従関係を主導し、変容させる。これを無視することは公平ではない。しかし、現実態としての双務的「御恩と奉公」関係を一方的献身に立つ理念的主従関係に取って代えることは、一種の歴史的欺瞞となるだろう。和辻の洞察は、理念過剰の道徳主義的解釈であった。今こそ彼の道徳的価値主導の歴史観を相対化する作業が不可欠である。

とはいえ、われわれにとって看過できないのは、和辻をかくも感動させた、坂東武者の習いのうちに醸成された

「献身道徳」が、のちに見るように、本書の研究対象である『葉隠』のうちに再現されたことであり、その意味で、武士道の前身たる「武者の習い」こそ『葉隠』精神の源流の一つであることが確認できるのである。

（３）戦国武士の武道と「死の覚悟」

「坂東武者の習い」とともに『葉隠』思想の土台を形づくっているもう一つの柱は、戦国時代の武道である。和辻は、戦国武士の道徳や理想を典型的に示している書物として、『甲陽軍鑑』（以下、『軍鑑』という）に最も注目している。『軍鑑』は、甲州で一時代を画した戦国武将武田信玄の言動や功績を中心にしつつ、さらに彼の家臣たちの活躍、経験や理想、他の諸大名の事績やその評価、等々を記述した書物として知られている。

鎌倉武士に見られた無条件的な主君への献身的態度から、領国を統治する者のあるべき姿へというように、武士の理想についての力点が移っていること、統治者の理想および統治がもとづく法の理想は、正直・慈悲・智慧などの人間的美徳でなければならないこと、等が和辻によって分析され強調されている。(7) 彼の論述の長所は、この時代においてもなお、統治者ないし統率者の人格的道徳性の影響力がいかに大きいかを、明瞭に浮かび上がらせていることにある。

『軍鑑』では、武田信玄を初めとする諸大名・諸武将が遂行したさまざまな戦闘の中身やその経緯と結果が振り返られ、その長所・短所が詳しく解明されているが、この書物の筆者がとくに注目するのは、闘いを指揮する大将の能力であり度量であった。

敗北を余儀なくされる大将の類型として、（一）ばかなる大将、あるいは鈍過ぎたる大将、（二）利根過ぎたる大将、（三）臆病なる大将、あるいは弱過ぎたる大将、（四）強過ぎたる大将、の類型化がおこなわれ、それぞれの大将の強みと弱みが分析されていることが、この書の特色となっている。(8) 主従間の献身道徳が軽視されているわけではないが、和辻の言うように、戦さの指導者ないし統率者の知力・人格性・決断力の高さがいちだんと評価の対象になっていることはまちがいない。

それにもまして、われわれの関心をひくのは、この『軍鑑』と『葉隠』との親和性の面である。この両者の底に確固として流れるものがある。その共通するものとは何か。

結論を先取りすれば、それは「果断なる雪辱」と「死の覚悟」であった。

『軍鑑』の中でしばしば注目されるエピソードがある。武田信玄が五十七ヶ条の式目を定めたさい、家臣がむやみに喧嘩をせぬようにと、無条件に喧嘩を両成敗とする旨を家老衆に言い渡した。これに対して、一老臣の内藤修理正《しゅりのかみ》が、次のような見解を述べて異を唱えた。喧嘩両成敗が定められれば、家来たちはそれに服従して「男道（ないし武道）のきっかけ」を回避する臆病者になってしまう、しかし恥をうけて堪忍するような侍はけっして主君や御家の御用には立たない、どうしても立ち上がらなければならぬ時に、切腹や追放を恐れず武力的反撃を決断し実行しなければ、武田家は柔弱になり衰退してしまうだろう、喧嘩をなくすには、両成敗ではなく、他人に無礼をはたらき憤怒をひき起こす「喧嘩好き」侍だけを処分することで十分ではないか、と。信玄は内藤のこの意見を尤もだ、と言ったという(9)。

侍は受けた不当な恥を甘受すべきではなく、ただちに雪辱せねばならない、という『軍鑑』における主張は、まちがいなく『葉隠』に継承されている。もはや言うまでもないであろうが、常朝が「喧嘩打返しをせぬ故恥になりたり。打返しの仕様は踏みかけて切り殺さるる迄なり。これにて恥にならざるなり。（中略）恥をかかぬ仕様は別なり。死ぬまでなり。」（聞書一・五五）(10)と言い切った、かの「即刻かつ果敢な雪辱」の精神である。和辻も、この喧嘩両成敗を否定する侍精神の中核に、武力的争闘において持ち場を死守する真の勇気の存在を認め、しかも結果のいかんにかかわらず、死ぬまで味方の城やおのが持ち場を守り抜くという、甲州武士の堅固な態度を見てとっている。死を見すえつつ発揮される「武道」ないし「男道」を高く評価して、和辻はこう結論づけた。「死の覚悟が男道や武道において中核的な意義を帯びてくるゆえんはそこにある。この点に着目すれば、武士道とは死ぬことであるという葉隠ふうの考えは、すでにここに存していると言わなくてはならない」と。[11]

たしかに、ここでの武道や男道は、いまだ江戸期の武士道ではない。それは、軍事的な戦闘や武力を伴う喧嘩のさいに侍がとるべき態度や方法であって、後者のように侍が戦時・平時を問わず自らの人生をつうじて則るべき、道徳性や価値観ではなかったからである。しかし、死を覚悟し、死に徹するという決然たる道徳的構えのうちに、武士道の土台がすでに形成されていた、とみなすことは誤りではない。和辻が戦国武士の「果断なる雪辱」とそれを支える「死の覚悟」をえぐり出し、葉隠武士道の原型ないし淵源とみなしたことは、正しかったのである。

（4）和辻による『葉隠』の評価とその一面性

以上のように、『葉隠』の中には、主従関係に見られる無条件の「献身道徳」を真髄とする坂東武者の習いと、武道・男道の精華としての果断なる雪辱行為のうちに表わされる「死の覚悟」とが流れ込んでおり、そのことを和辻の歴史的倫理的叙述から読み取ることができる。たしかにこの二つの源泉は、いわゆる葉隠精神の二大要素である。だが、和辻の『葉隠』の理解や評価は、おおよそこの指摘の範囲内にとどまって、それ以上の本質的な究明や多角的な評価へとすすんでいない。

『葉隠』に関する和辻の主な指摘は、ほぼ以下の内容に限られている。

常朝にとっての武士道は「主君への献身」であり、主従間の個人的な関係であって、理や義にもとづく儒教的な士道の考え方に常朝は反感をもっていたこと、遮二無二に突進する理屈嫌いの「死に狂い」精神を彼は武士の本領としたが、そういう考え方は当時の武士たちの間になお根強く残っていたこと、井原西鶴の小説の中でも、新しい士道思想との対比で葉隠的武士道が鮮やかに描かれているが、古い武者の習いの伝統をうけた武士道はすでに昔風

のものとして受けとめられていたこと、等々である。(12)

『葉隠』の中に、かなり純粋な(換言すれば直情的な)「主君への献身」道徳と、「死の覚悟」、「死に狂い」精神とがあることはまちがいない。とはいえ、和辻は、特定の時代に制約された価値観でありながら、それらをほとんど肯定的に取り上げ評価している。純粋さや崇高さを浮かび上がらせることが、叙述の主目的となっている。そこに批判的な眼差しはまったく存在しない。読む者は、日本倫理思想史の重要な一環たる対象と対峙して、そのような共感的な記述で終始してよいのか、という疑念をぬぐえないのである。

さらに私に言わせれば、彼の論述の最大の短所は、『葉隠』に見られる戦士的武士の要素と文官的武士の要素のうち、前者だけに着目し、後者をまったく度外視した議論をおこなっている、という点にある。三島由紀夫による評価のさいに触れたように、文官的武士として生きざるをえなかった常朝が、公務においても私生活においても、ときにはプラグマティックな処世観を抱いたり、実践したりした、という事実(三島はそれに気づいていた)は、和辻の目に入っていないのである。葉隠武士道における「献身道徳」と「死の覚悟」という純粋さだけの把握・評価では、『葉隠』の正当な全体像を構成しえず、この書の誤った歴史的評価に行きつくだけであろう。

(二)『葉隠』の内奥に潜む諸矛盾に共鳴する説(相良亨)

和辻哲郎の日本倫理思想史研究を受けつぎ、それを土台としながら、戦国武士や近世の武士の思想と対峙し、その内面的特性を深くえぐり出した思想史家に、相良亨がいる。相良による『葉隠』の思想の研究は、和辻の葉隠解釈をはるかに超える内容の豊富さと質の高さを示している。相良の葉隠理解が読む者にとって面白いのは、『葉隠』の中に種々の矛盾する見解や価値観があることを浮かび上がらせ、それらの根拠を説得的に呈示していることにあるからだ、と私は考えている。

（1）「主君への献身」と「死の覚悟」とを結合する解釈

すでに見たように、『葉隠』には「坂東武者の習い」からの伝統である「主君への献身」と、戦国侍の武道のうちに現出した「死の覚悟」の二つが流れ込んでいる。和辻にあっては二つの源泉として把握されたこの両者が、『葉隠』においてはごく自然に結合されているわけだが、その結合はいかにして可能だったのか、という疑問が生ずる。これにたいする相良の解答を私なりに要約すると、おおむね以下のようなものになる。

この両者が結合する根拠は、常朝が江戸時代という泰平期に文官的武士として奉公せざるをえなかった、という事実を離れては理解できない。戦場の奉公ではなく、泰平期における奉公、いわば畳の上の奉公のみが、彼に許されていたのである。戦闘の場ないし戦時であれば、つねに死と直面せねばならないのであるから、武士にとって「死の覚悟」はそれほど無理なこと、意外なことではない。しかし泰平期では、「死の覚悟」は容易なことではないし、当人が覚悟を云々したとしても、それはしばしば観念上のこと、主観的な思いにとどまりやすい。

常朝が泰平期でなお心底から「死の覚悟」を語り得たのは、彼が文官であり、なかんずく家老などの大身ではなく、「小身」の侍であったからである。小身者が主君への献身に生きるためには、「無理無体に奉公に好き、無二無三に主人を大切におもふ」態度をとるほかはない。諫言が可能ではない身分では、主君の近くで主君をつねに嘆き、私を捨てきって主君との一味同心に徹することだけが許される。[13] 平時の奉公として、死の覚悟をもちつつ、主君への献身の覚悟を説く、これが常朝の生きる道であった。

このように相良は、「主君への献身」と「死の覚悟」が結合される根拠を、常朝の文官的武士という性格と、主君の近くにいるお側役の身分とのうちに見出している。『葉隠』の中に「献身」と「死」の強調があるにしても、和辻のようにそれを指摘するだけでなく、小身の文官的武士だからこそ「死を覚悟しつつ奉公する」という態度になったことを解き明かしている。常朝がおかれた、時代的制約と特殊な身分・立場が、相良によって明確に把握されており、それが彼と和辻との違いであることが知られる。

相良は、さらに、『葉隠』が主君－家臣を情誼的に結合する関係として捉え、自己をその中におかれているものとみなしていることに注目した。主君へ献身することも、自己の死じたいに徹することも、この主従関係にはまり込んでこそ価値がある。情誼的な主従関係ではなく、主従関係に関する客観的な規範を立ててそれに則ることを求める儒教的な士道論は、常朝にとって納得のいくものではない。相良が「『葉隠』が忠の義のというあげつらいを否定して、ただ「死ぬ事」を説いたのもこの為である[14]」と強調したのは、武者の習いの伝統である人格的・情緒的な主従道徳への強い憧憬が、常朝の内面的心情に深く食い入っていたことに注目したからである。

人格的・情緒的な主従道徳はまた、「主従の契り」に絶対的な価値をおく考え方である。これにたいして、儒教的な士道論は、義や道理を重視するゆえに、主従の契りを絶対視しない傾向がある。理義に反した言動をする主君は尊敬されず、家臣は彼を見捨てて遠くへと去ることが認められる[15]。その意味で主従関係は相対的かつ流動的であることを免れない。葉隠的武士道と儒教的士道とのこうした本質的違いを冷静に指摘し、それに気づかせたことも、相良の功績であろう。

(2) 主従関係の枠内の武士と、それに包摂されない武士

『葉隠』の中には多くの矛盾があり、それらを的確に捉えているところに相良の葉隠論の長所がある、と言ったが、その第一は、主従関係の中に収まる武士の姿とそれから逸脱する武士の姿、という両面の指摘である。

「武士は主《しゅ》を思ふより外のことはなし」（聞書一・三一）[16]「萬事《ばんじ》を捨て、奉公三昧に極《きわ》まりたり」（聞書一・一九六）[17]「奉公人は、心一つにてすむことなり。（中略）常住《じょうじゅう》御恩の忝《かたじけ》なき事を骨髄に徹し、涙を流して大切に存じ奉るまでなり」（聞書二・六一）[18]など、常朝は、主従関係の枠内で献身的な奉公に徹すべき家臣のあり方を、再三再四訴えている。尤も、主従間のきわめて濃厚な人格的・情誼的性格が強調されていることは、類書に見られない『葉隠』の特徴ではあった。それにしても、ここでは主君への私心なき無条件的服従の勧めがきわだっている。徹底した主

君への服従、主従道徳の絶対化の側面である。しかし、この面の強調だけにとどまっていたのか。

相良は、『葉隠』には、他方で主従関係を超える、ときにはそれを否定する「一個の武士」としての決断なり行動があったことを明らかにしている。主従関係の枠をはみ出る武士の決断・行動を促したもの、それは「名」を求め、「恥」を受けぬ、という生き方である。

武士は、戦時においてまたは危機の事態において、敵味方をこえ、主従の場を離れて、なにより武功の名を求めたこと、生命に執着することを最大の恥とみなし、しかるべき時と場において「後れをとらず」決断し行為せんとしたこと、に相良は注目した。(19)「名」と「恥」を原理とする行動様式、集団や外的権威より自己を優先させる「個」の自覚が、まぎれもなく武士のうちに存していたことの発見である。

すでに第三章（武士の「自律」と「服従」）で、私は主君への服従とともに、また服従を通して、武士の自律が発揮されることを指摘した。相良もまた、その論点と深く連関するしかたで、主従関係の中で服従するだけの家臣には期待されえない「個としての」武士の自律的言動を明らかにしている。

「殿の一人被官《ひかん》は我なり、武勇は我一人なり。」（聞書二・六三）(20)「生々世々《しょうじょうせぜ》、御家中《ごかちゅう》に生れ出で、御家《おいえ》は我一人して抱《いだ》き留《と》め申す。」（聞書二・七八）(21)などの言葉を引き合いに出しながら、相良は、常朝が封建的主従関係のモラルを説くだけにはとどまらず、強烈な個の主張を押し出していることを指摘した。(22)主従道徳に包摂される服従的な武士の姿とそれに包摂されない独立的な武士の姿、相良が捉えたこの矛盾しあう武士の相貌と真価を、われわれも見逃してはならないであろう。(23)

（3）「分別」の否定と「無分別」の否定

『葉隠』は、主君にたいする献身的な奉公においても、危機的な場で後れをとらぬためにも、「無理無体」「無二無三」「遮二無二」の覚悟と決断を求める直情的な書である。しばしば常軌を逸した、無分別な言動が称賛されている。「わが身にかかりたる重きことは、一分の分別にて地盤をすえ、無二無三に踏み破りて、仕《し》てのかねば、埒《らち》明かぬものなり。……兎角《とかく》気違ひと極《き》めて、身を捨つるに片付くれば済むなり。」(聞書一・一九四)[24]などの言葉は、それをよく示すものだろう。たしかに表面的には、知的で冷静な分別の否定、無分別一辺倒の行動の勧めだけが『葉隠』の本質であるかのように見える。しかし、相良は、「兼ねての分別」「方法手だての思慮」が、たえず随所に強調されていることに注意を促している。分別の否定と肯定、という両義性こそが『葉隠』の本質なのである。

もちろん、この分別の否定と肯定とが単純にあい並び立っているわけではない。立ち上がるべき時には、直ちに分別なく行動する必要があるのであり、躊躇と臆病によって危機を回避してはならないのである。無分別な行動を肯定するにしても、それが大いなる意義をもつためにも、常日頃に醸成された思慮や分別が土台にならなければならない。

「兼ての分別が潜在的な知恵となって働くことを確信している」[25]からだ、と相良は言う。この兼ねての分別といざという時の無分別との深い関連を常朝がよく理解していた、と相良は見ている。この関連への理解があればこそ、兼ねての分別、方法手だての思慮分別を求める一方、具体的に事に当たる時には、これを「さらりと捨てる」ことを求めるのであった、というのが相良の解釈である。[26]

無分別と分別の肯定の思想は、より具体的な心構えのレベルでは、「大高慢の称揚」と「慢心の抑制」の勧めとしても強調される。

「大高慢《だいこうまん》にて、吾《われ》は日本無雙《むそう》の勇士と思はねば、武勇をあらはすことはなりがたし。」(聞書一・四七)[27]、「武士たる者は、武勇に大高慢をなし、死狂ひの覚悟が肝要なり。」(聞書二・三九)[28]など、『葉隠』には大高慢を賛美する言葉が多い。戦国侍の剛胆な言動に憧れ、泰平期にあっても、それを継承せねばならぬという常朝の信念がよく現われている。だが、それと併せて、あるいは別の箇所で、必ずといってよいほど驕りや慢心を否定する言葉が語られる。

つねづね自身をふりかえり、自らの非を知り、それを改めるという「知非便捨《ちひべんしゃ》」の人生観である。
相良は、大高慢とこの知非便捨の両面に注目し、大高慢が『葉隠』の個性を端的に示し、かつ『葉隠』を代表するものであったにしても、知非便捨、慢心の否定は、なお『葉隠』の抹殺しがたい一面であることを指摘した(29)。私もその指摘は正しいと考える。この二つの人生態度が矛盾したまま公然と語られ推奨されているのが、また『葉隠』の真実なのである。

とはいえ、慢心を抑え思慮分別を育成する日ごろの態度、分別を否定して大高慢の勇気を発揮する危機時の態度、この両者に折り合いをつけることがほんとうにできるのかどうか。

上述したように相良は、兼ねての分別、手だての思慮を求める一方、実践的に事に当たる時には、これを「さらりと捨てる」ことを求める、と言うが、はたしてそれは、言葉でいうほど簡単なことではあるまい。いや、日常的な思慮・分別の態度は、危機時にも影響するであろうし、戦時の大高慢は、平時の日常的態度となって現われもする。

根本的に矛盾する両態度の切り替えは、ほとんど不可能だったのではないか、と私は考える。『葉隠』の直情的・攻撃型武士道観が、喧嘩や刃傷沙汰のさいに、しばしば無分別な暴力の連鎖を引きおこした事実を、われわれは重く受けとめなければならない。

ただし、可能・不可能を超えて、この両態度の切り替えが求められたことはたしかであった。きわめて難しかったとしても、二つの異質な態度を併せもち、時に応じ必要に応じて使い分ける度量と意志力こそ、武士の理想であったとも言いうる。現実には不可能に近かったがゆえに、つねに理想的境地として希求されたのである。そして付言すれば、二つのこの態度は、戦士的武士と文官的武士との相違する人生観の写しであったことは言うまでもない。前者の価値観に心酔しながらも、なお文官的武士として献身的奉公の道を歩まざるをえなかった、山本常朝本人の人格的二面性の反映なのである。

（4）「死ぬ事」の両義性

『葉隠』冒頭の「武士道といふは、死ぬ事と見付けたり。」の文章に表現された「死ぬ事」のうちにも、相良は質的に異なる二つの「死」の様相を見抜いている。

一方には、この書の記述の中でくり返し表される、猪突猛進型の決意と行動の勧めがある。「忠も孝も入らず、武士道に於ては死狂ひなり。」（聞書一・一一四）[30]「我が身にかかりたる重きことは、一分の分別にて地盤をすえ、無二無三に踏み破りて、仕てのかねば、埒明かぬものなり。」（聞書一・一九四）[31]などの主張が典型であるように。つまり、不慮かつ緊急の場面で、武士は躊躇なく死に突入すべきだ、との訴えである。

だが他方には、日常生活における死の覚悟、長い奉公期間をつうじての死の覚悟の勧めがある。「常住討死《うちじに》の仕組に打ちはまり、篤《とく》と死身になり切って、奉公も勤め、武篇《ぶへん》も仕《つかまつ》り候はば、恥辱あるまじく……」（聞書一・六三）[32]「武道は毎朝毎夕死習ひ、彼《かれ》につけ是《これ》につけ、死にては見、死にては見して、切れ切れて置く一つなり。」（聞書二・四八）[33]などの言葉に代表されるように。つまり、一日一日、さらに一生涯、つねに「死に身」の覚悟で行動し生き抜くこと、一言でいえば、武士は「常住死に身」の精神をたえず堅持すべきことを訴えるのである。

前者は、現実の場面での生身の身体的な死であり、後者は、日常的に死と対峙し死につづける覚悟を示した観念上の死であるが、不慮の場での死地への突入は、兼ねての強靱な覚悟や心がけがなければならない。死に狂いは死に身を不可欠の土台とせざるをえないのである。相良はこのことを指摘した上で、冒頭の「死ぬ事」とは、「「死に身」と「死に狂い」とのこのような連関をふまえた、両者を統括する言葉」だと、評したのであった。[34]

『葉隠』の根幹たる「死ぬ事」という言葉はけっして単純ではないことを、相良から教えられる。この語に潜む、一見異質な二つの死の様相を取り出し、その両者の関係を有機的に理解し表現した相良の解釈には説得力がある。

さらに彼の「死ぬ事」解釈をとおして、武篇での顕著な功績をあげることによってではなく、小身の立場で主君への「思ひ死」に生きるほかはなく、常住死に身の「忍ぶ恋」的な献身奉公をつづけた、山本常朝の悲哀と無念の思いがにじみ出ていることを、われわれも改めて認識しないではいられない。

（5）主従関係の永遠性と「無常・夢幻」観念

以上の「死ぬ事」をめぐる議論でも明らかであるが、家臣が死ぬ事に直面し、しかも死ぬ事を厭わない最大の理由は、主君への献身を絶対視するからであろう。主従道徳の最大限の尊重のもとで「死ぬ事」は自らの目的と価値をもつ。常朝にとって主従関係は至上目的であり、絶対的価値であった。

ところが、これほど崇高な主従関係への賛美とは異質の無常観が常朝にあったことも事実なのである。すでに取り上げ検討した、人生やこの世についての述懐や処世訓、たとえば「世界は皆からくり人形なり。幻《げん》の字を用ひるなり。」（聞書一・四二）[35]、「来年の盆には客にぞなるべき。さてもあだな世界かな。忘れてばかり居るぞと。」（聞書二・四四）[36]、「人間一生誠に纔《わずか》の事なり。すいた事をして暮らすべきなり。夢の間《ま》の世の中に、すかぬ事ばかりをして苦を見て暮らすは愚《おろか》なることなり。」（聞書二・八五）[37]などの文章がそれである。ここにも、一方には永遠性をもつ主従関係の観念があり、他方では、それを否認するかのような無常・夢幻の観念がある。

相良は、常朝のうちに見られるこの対立的な両観念に着目し、両者の関係をどう捉えるべきか、主従関係もまた夢幻であるというのか、と問うている。そして彼が引き出した結論はこうである。

常朝はこの世を夢幻とみたとしても、主従のつながりは夢幻ではない。この世を夢幻とみる時に、逆に、主従関係はその本来のあり方をくっきり示してくる。名利執着を悪夢と知ってこれを捨てる時、主君を嘆く心の純粋さがとり戻されてくる。夢幻観は主従関係の無意味性の思想とならず、まさに夢幻観をもつことによって初めて純粋な主従関係に生きることができる、と。[38]

たしかに一つの解釈である。主従関係の恒常性と人間世界の無常性（ないし夢幻性）との対立が、巧みに調停され、解決されている。いや調停・解決どころか、夢幻観を手段視することによって、主従関係はいっそう絶対的かつ終局的な目的へと引き上げられるのである。だが、かなり強引な解釈ではあるまいか。私は強い違和感を禁じることができない。

世間を無常と見、夢幻と捉える常朝の考えは、彼の出家した後での人生観であり、世界観であった。主君への奉公に生き、儒教や仏教に距離をおいていた時代とは異なって、かなり深く仏教の影響をうけている。上記の「からくり」「幻」「あだな世界」「夢」などの言葉は、人生全体、この世全般を対象にして語られている。相良の言うように、名利執着を悪夢とみる、というごとき部分的な対象に限られた話ではない。主従関係、主従道徳をも包摂した人間世界一般への深い無常意識に浸されている。

私は、無常・夢幻の観念をもつことによって逆に主従関係の絶対性を確認する、あるいは取り戻す、というような浅いレベルではなかったのではないか、と考えている。はるかに深くて暗い無常・夢幻の感覚、諌言すれば、拭いきれない根本的な懐疑が、常朝の内面的心情に潜んでいた、とみるべきであろう。

主従関係の永遠性を覆しかねない危険性をもつ思想だったからこそ、「この事は、悪しく聞いては害になる事故《ゆえ》、若き衆などへ終《つい》に語らぬ奥《おく》の手《て》なり。」（聞書二・八五）(39)と常朝は付け加えることを忘れなかった。ここには解消できない矛盾がある。絶対的であるはずの主従関係をも相対化してしまう視点から生じる、避けがたい矛盾である。しかも常朝はとくにこれを強いて解決しようなどとはしていない。相良流の解釈によって無理にそれを解消するのではなく、矛盾をそのまま矛盾として受けとめ、両者の併存を承認する態度の方が、『葉隠』の真実に迫ることができるであろう。

（6）相良の葉隠武士道論の特色

相良亨による『葉隠』の思想の分析と評価は、これまでいくつかの点で私なりの異論や批判を呈示せざるをえなかったとはいえ、以上のように、多面的な性格と豊饒な内容を示すものであった。思うに、それを可能にしているのは、なにより『葉隠』の中にさまざまな矛盾し背反する記述や見解があるという事実に、彼が目をつぶらなかったことにある。

主従関係のうちで服従しきる武士の姿とそれから逸脱する武士の姿、「無分別」の肯定と「分別」の勧め、「死に狂い」と「死に身」を併せもつ「死ぬ事」の両義性、主従関係の絶対視と無常・夢幻観などが、しっかりと見すえられ、抉り出されている。これらの事象の指摘と相互関係の把握が、彼の葉隠解釈を平板なものに終わらせず、重厚なもの、魅力あるものにしている。思想史家としての相良の学問的誠実さの表われだ、と私は評価したい。

『葉隠』の中になぜこの種の矛盾や両義性が顕在化したのか、という疑問が当然生まれてこよう。この問いにも、相良の論述はしかるべき解答を与えている。

口述者の山本常朝は、戦国時代の余習を重視し尊重した泰平期の文官的武士であったこと、泰平期での奉公は、生涯にわたる「常住死に身」を基本とする「主君への献身」に収斂せざるをえなかったこと、家老の座で主君に諫言することこそ「奉公の至極」と理解しそれを切望しながら、結局家老になれなかった小身の武士は「忍ぶ恋」的な献身の情と主従道徳に生きるほかなかったこと、こうした常朝自身が置かれていた時代背景、身分状態からの制約が、『葉隠』のうちに充満している矛盾的記述の根拠なのであった。相良は、こうした矛盾的記述が由来する歴史的倫理的諸事情を、和辻と比べてはるかによく捉えている。

さらに言えば、献身の道徳を泰平期で堅持し遂行するさいの困難と悩みを『葉隠』は意識的かつ無意識的に表現している。とくに主君のお側にありながら、大身ではないゆえに諫言もできず、「大忠節」もままならない、低い身分の武士の苦悩である。「忍ぶ恋」的思慕がつねに奉公観の奥底を流れているのは、その証左である。相良は「『葉隠』の古典的な意義は、武士の献身の伝統を心情の内面にむけて深くほりさげた点にある。[40]」と総括的に語っているが、それはこの書物が主観と情緒にあふれた主意主義的な性格を帯びざるをえなかった所以を説明するとともに、相良自身がその心情に寄り添い、それに深く共感していることを示すものであろう。

(7) 相良の葉隠武士道論の問題点と限界

相良による葉隠解釈の内容の深さ・広さに共鳴する一方で、私は、いくつかの問題点を感ずる。その第一は、常朝が口述した、私欲なき徹底した主君思い、誇り高き武士の直情的な言動、純粋一途の献身道徳などに焦点が当てられ、その崇高な倫理的意義が明らかにされた半面、常朝が免れなかった功利主義・実用主義の発想や態度が、意図的にか非意図的にか、見落とされていることである。三島由紀夫の葉隠解釈のさいに取り上げたことだが、「一方では、はかない世を心にとめながら、一方では、あくまでプラクティカルな実用的な哲学を鼓吹した。[41]」という三島流のリアルな理解と表現は、相良のうちにはまったくない。

山本常朝という人物は、主君の死去を機に、四十歳過ぎに辞職し出家した。その後隠棲者として二十年近く庵住まいをつづけ、『葉隠』の中で、折にふれ自分の半生を振り返っている。しかも、世間の風潮や人間関係の推移、若き武士の品行や価値観の堕落に心を痛めていた。だから、処世訓が多く、また実用的な人生観も多い。葉隠のこの面を無視してしまうと、『葉隠』は効用や実用、経済的利益を完全に超越した、純粋精神主義の陳述書の代表であるかのごとく誤解されやすい。だが、真相はそうではないのである。

周りの人々に対する細かな配慮や穏やかな調和、礼儀正しく謙虚な態度の勧め、長生きを可能にする身養生の推奨が語られている。相良は武士の理想型を語ったが、武士の現実態を語らなかった。そして、武士の現実態に由来する実用的な教訓や人生観を度外視した。葉隠解釈としては不公平であり、結果として葉隠全体像の一面化に寄与する、という小さくない罪を犯してしまっている。

さて、問題点の第二は、常朝の口述内容に対してあまりに受容的、あまりに無批判的だ、ということである。武士道精神の熱烈な鼓吹、私利を超越した主君への献身の遂行、死の覚悟の純粋無雑さ、等が常朝の思想の根幹にあり、それらを情熱的かつ効果的に語ることによって大きな共感を得るのが目的の一つであったことは、たしかであろう。しかし、それにしても、常朝の発言は、そして田代陣基によってなされた記述は、しばしばあまりに激越で、誇張にあふれ、しかも非現実的な提案に満ちている。

「本気にては大業はならず。気違ひになりて死狂ひするまでなり。」（聞書一・一一四）[42]、「大難大変《たいへん》に逢うても動転せぬといふは、まだしきなり。大変に逢うては歓喜踊躍《ゆうやく》して勇み進むべきなり。」（聞書一・一一六）[43]、「曲者《くせもの》と云ふは、沙汰《さた》なしに潜《ひそ》かにぬけ出て死ぬ者なり。仕果《しおお》するに及ばず、切り殺さるるが曲者なり。」（聞書八・三四）[44] これらの狂気・凶暴の賛美、死地への突入の推奨は枚挙にいとまがないが、じつは文官的武士であった常朝本人が一度たりとも実践したことのないものであった。自分の直接体験に裏打ちされていない空文句ではないか、無責任な大言壮語にすぎないのではないか。そうした批判を投げかけられたとき、常朝はただ沈黙するほかないであろうし、相良自身もきっと擁護することに戸惑うにちがいない。

「出し抜きに首打ち落とされても、一働《ひとはたら》きはしかと成る筈に候。（中略）武勇の為、怨霊悪鬼《おんりょうあっき》とならんと大悪念《だいあくねん》を起したらば、首の落ちたるとて、死ぬ筈にてはなし。」（聞書二・五二）[45] などの言葉も、戦士を敵陣に突撃させるための戦術的方便としては意味があるだろうが、戦場でさえ一笑に付されかねない非現実的提案である。こういう非合理な言辞は黙過されてはならない。

また、虚栄と自己肯定の文面がかなり散見されることも指摘しておこう。

常朝が主君の近くで御側役や御歌書役を務めつづけた期間[46]、なんらかの戦闘に参加し顕著な手柄を立てたわけでもなかった。ただし、『葉隠』の記述をたどってみると、一度、嘉瀬《かせ》の地で罪人を斬ったとの経験談が語られ、また一度、切腹を命じられた澤邊平左衛門《さわべへいざえもん》(常朝の従兄弟に当たる)の介錯を担った経緯と結果が語られている。(聞書七・一四)/(聞書七・二四)[47] それらは、直接に生身の人間を斬って死にいたらしめた、戦士的武士としての稀な経験であったことはまちがいない。前者の場合、斬殺した後、「殊の外心持になり申すものにて候」[特別に清々しい気持になったものである]という感慨を述べており、後者の場合、介錯を頼まれてもそれを断る武士が多いなかで、潔くそれを引き受け首尾よく任務をはたしたこと、[48]を誇らしく述べている。常朝にも部分的に戦士的武士の実体験があったことを示すものではあるが、こうしたごくわずかな体験を自画自賛的に語っている彼の虚栄心も見逃すことはできない。こうしたやや鼻持ちならない自己肯定的側面については、相良はそれをあえて無視したのである。

(8) どのような「対決」が必要なのか

相良亨という研究者は、主著たる『武士道』という書を著したとき、その「まえがき」の中で、じつに率直に自らの動機をこう記している。「武士的なものを思うごとに、私はこれに対する自分の姿勢の曖昧さを感ずる。郷愁を感ずるが落着けない。落着けないが郷愁を感ずるのである。この曖昧な自分をこえる道は、武士をみつめ、その正体をつきつめる以外にはあるまい。自分のなかに武士につながるものがあることを感ずるが故にそれだけ、私は武士をみすえ、対決しなければならないと感ずるのである。[49]」と。

併せて彼は、武士の主従のモラルには興味を感じないと述べ、「古武士の風格」とか「武士道精神」などという表現が指し示している、武士の道徳的気質なるものの解明を、自著の目的として掲げたのである。

武士への「郷愁」と「落ち着かなさ」という両価感情は、相良だけでなく、現代日本人の多くの心情でもあるかもしれない。かくいう私の内面にも存在している。彼がその曖昧さを実感し、その思想的理由に明確な形を与えたい、という切実な動機は理解できる。それをはたすべく、武士との対決、武士道との対決を試みたこと、そして彼なりのその理論的成果が『武士道』という書物に結実したことは、たしかに認められてよい。

『武士道』という著作には、『甲陽軍鑑』や『山鹿語類』に関する多くの引用・言及があるにしても、その中心は『葉隠』におかれており、武士道との対決は事実上、葉隠武士道との対決だ、といっても言い過ぎではない。それにしても、『葉隠』の記述と相良によるその分析を紹介した、（二）の（２）から（二）の（５）にいたる上述した諸内容は、『葉隠』の中に含まれる錯綜した葛藤・矛盾・両義性を解き明かしたものであり、一筋縄では捉えられないこの書の多面性や豊かさを浮かびあがらせたという点で、相良の炯眼な分析力や論述力を私は高く評価している。

だが、私には強い疑義がある。高らかに武士道との対決を謳った相良は、言葉の厳密な意味で、ほんとうに「対決」しえたのか、という疑問である。

「ありのまま」をよしとし、「名と恥」の尊重に生き、「死の覚悟」を貫き、「閑かな強み」を重視し、「卓爾とした独立」を堅持しつづける、武士の基本姿勢およびその道徳的気質を相良は取り出し、それらに深く共感した。[50]おそらくはもともと武士的気質をもっていた相良は、武士道や葉隠と対峙することによって、自分の精神的ルーツを探り当て、内的心情のいっそう深い基底から共鳴・同調するにいたっている。

私の思うに、彼は、対決を企図しつつ出発しながら、きびしい思想的格闘をつうじて、相手の大きな懐のうちに取り込まれた、というのが真実なのである。たしかに「対決」は目ざされた、しかし、結果的に「対決」は挫折し、敵方に包摂・収容された。厳しいかもしれないが、これが私の率直な評価である。武士や武士道にたいする批判的言辞がきわめて少ないこと、むしろそれらについての肯定的評価や理論的正当化が主流になっていることが、それをよく表わしている。

では、武士道との対決というとき、なにが必要なのであろうか。

それは他でもなく、武士や武士道が自らのうちにもっていない倫理や価値観である。すでに武士道精神のうちに存在する価値観や道徳性の観点からは、武士道の中身を適切に客観化もできなければ、まして批判できようはずもない。武士的気質を潜在的にもつ者は、武士的気質やその気質に好意的な社会的風潮に共感したり同調したりする傾向がつよく、しかるべき距離をとってそれらを理性的に分析したり反省したりすることは不得手である。

対決すべき対象を前にして必要なのは、当の対象とは別の気質・道徳性・価値観であり、その「外の視点」があってこそ、真の意味での対決が可能になるだろう。同調や迎合のためには「内の視点」があればよい。だが、誠実に「対決」を志すのであれば、「外の視点」を獲得し導入すべきである。

『葉隠』を含む日本の武士道を評価するにあたっての「外の視点」とは、具体的にいえば、人権、生命の尊厳、自由、平等などの、より普遍的な人類的価値である。それらはたしかに西洋近代以降発生し形成・彫琢された、西洋出自の価値観ではあるが、いまや封建的倫理や非人間主義的倫理、反民主主義的倫理と対置されて、過去の諸倫理を凌駕するだけの歴史的成果や社会的実績を説得的に示している。

他方、『葉隠』がくりかえし語る、自己と他者の生命の軽視、権力と法度の制約下にある主従関係や身分制(およびその下での現実的な不自由と不平等)の堅持などは、武士気質および武士道倫理の枢軸であろう。こうした枢軸は、今日の基本的な諸価値の対極にあるものであって、それらの諸価値の歴史的意義を解さない者であれば、武士道に対する批判的吟味、武士道との対決は、空文句に近いものに終始するだろう。

相良が「対決」を言うとき、今日重視されるようになった上記の基本的価値への言及はまったくなく、批判や対決の観点もまったく語られないのである。彼はおそらくこうした基本的価値をそれほど重大なものだと把握していないのではないか、とさえ感じる。主従のモラルには興味がない、という表現に接するかぎり、主従道徳の前近代性、この道徳の現代での非通用性、などの見解をもっていることは察せられるが、なぜそれが排斥さるべきか、の思想史的な論拠は示されていないのである。

もとより、『葉隠』と向かい合うとき、人権・自由・平等の価値観を片手にもち、それらを基準にこの書物の欠陥をあげつらい、近現代の立場から思想的な批判と裁断の作業をすればよい、と言うつもりは毛頭ない。あくまで『葉隠』の全体を貫く武士気質と武士道精神の内奥に入り込み、その存在と意味についての徹底した内在的理解が優先されるべきである。さらに、それにもとづく公正な内在的評価をくだす必要がある。

だが、現代では現代にふさわしい対決が求められる。過去の思想書も、現代的視点をぬきに読まれてよいわけではない。相良のいう「対決」を敢行するのであれば、過去の基本的価値（『葉隠』では、封建的な武士気質や主従道徳）と現代の基本的価値との異同にたいして、しかもその異同の根拠や背景について、もっと敏感でなければならない。当時の武士気質や武士道精神の受容と解釈、それらに対する情緒的な共感や主観的な再評価だけに終わってはならないのである。

註

(1) 和辻哲郎『日本倫理思想史（上）』『和辻哲郎全集 第十二巻』（岩波書店）二四三―二四六頁を参照。
(2) 同右　二四九頁を参照。
(3) 同右　二五〇頁を参照。
(4) 同右　二五一―二五四頁を参照。
(5) 家永三郎『日本道徳思想史』（岩波書店）九三頁
(6) 同右　九四―九六頁を参照。
(7) 和辻哲郎『日本倫理思想史（下）』『和辻哲郎全集 第十三巻』（岩波書店）五九―九三頁を参照。
(8) 同右　七〇―八一頁を参照。
(9) 『甲陽軍鑑』［日本の思想9『甲陽軍鑑・五輪書・葉隠集』（筑摩書房）］一七三―一七九頁を参照。
(10) 『葉隠（上）』（岩波文庫）四五頁

(11) 前掲『日本倫理思想史（下）』八六頁
(12) 同右　二二一―二三〇頁を参照。
(13) 相良亨「『葉隠』の世界」『日本思想大系二六』（岩波書店）解説　六六五頁を参照。
(14) 前掲「『葉隠』の世界」六六九頁
(15) 同右　六七八頁を参照。
(16) 『葉隠（上）』三四頁
(17) 『葉隠（上）』八七頁
(18) 『葉隠（上）』一一二頁
(19) 相良亨『武士道』（講談社学術文庫）八六―九二頁を参照。
(20) 『葉隠（上）』一一三頁
(21) 『葉隠（上）』一一八―一一九頁
(22) 前掲『武士道』一八三頁を参照。
(23) これが重要なのは、幕末における吉田松陰の「草莽崛起論《そうもうくっき》」につながる主張だからである。
(24) 『葉隠（上）』八五頁
(25) 前掲「『葉隠』の世界」六七〇頁
(26) 同右　六六九―六七一頁を参照。
(27) 『葉隠（上）』四二頁
(28) 『葉隠（上）』一〇四頁
(29) 前掲『武士の思想』一九二―一九三頁を参照。
(30) 『葉隠（上）』六五頁
(31) 『葉隠（上）』八五頁
(32) 『葉隠（上）』五一頁
(33) 『葉隠（上）』一〇七頁
(34) 前掲『武士の思想』一八二頁を参照。
(35) 『葉隠（上）』三九頁

(36)『葉隠（上）』一〇五頁
(37)『葉隠（上）』一二〇頁
(38)前掲『武士の思想』二〇二―二〇三頁を参照。
(39)『葉隠（上）』一二〇頁
(40)前掲「『葉隠』の世界」六八三頁
(41)三島由紀夫『葉隠入門』（新潮文庫）八三頁
(42)『葉隠（上）』六五頁
(43)『葉隠（上）』六五頁
(44)『葉隠（下）』二九頁
(45)『葉隠（上）』一〇九頁
(46)「山本神右衛門常朝年譜」（『佐賀県近世史料　第八編　第一巻』（佐賀県立図書館編集・発行、二〇〇五年））によれば、常朝は、二十代から三十代にかけて、これらの役目の他に、御小姓役、御書物役、書写物奉行、請役所付役、京都役などを担っている。
(47)『葉隠（中）』一六一頁／『葉隠（中）』一六七頁
(48)介錯の依頼に対して、常朝は、潔さと決意に満ちた返書を届け、平左衛門をして「無雙の紙面なり」［二つとないすぐれた文面である］と感嘆させたことを記している。彼が返書の写しを保管していた事実をみると、おのれの言動に対する強い自負心や自己顕示欲があったことがわかる。（聞書七・二四）『葉隠（中）』一六七頁を参照。「常朝年譜」によれば、さらにこの七年後、親類筋にあたる、年寄役であった藩重臣の中野将監の切腹にさいしても、常朝は介錯の役目をはたしている。
(49)前掲『武士道』七頁
(50)武士の根本にある、ここで挙げた「ありのまま」「名と恥」「死の覚悟」「閑かな強み」「卓爾とした独立」という五つの構えは、そのまま『武士道』という書を構成する五章のタイトルとなっている。

第八章　『葉隠』の歴史的倫理的評価について（その三）

四　分析的批判的評価の論者たち

（一）『葉隠』のうちに戦国武士道の思想的純粋培養を見る説（丸山眞男）

丸山眞男は、周知のとおり、第二次世界大戦後の日本思想界で、オピニオンリーダーの一人として発言かつ著述し、学界やジャーナリズムに広汎な影響を与えた政治学者であり思想史家であった。その丸山は、日本の武士道および『葉隠』についても、鋭い思想的歴史的分析をおこない、それらの本質や歴史的な意義に関するすぐれた著作を残している。主著『忠誠と反逆』の中では、葉隠に関する彼の言及はごく限定的なものにとどまっているが、彼の死後公刊された『丸山眞男講義録』の中での葉隠論は、多彩に展開され豊かな結実を示しており、後学の研究者への大きな学問的刺激となっている(1)。

丸山葉隠論の特色の第一は、日本近世の政治思想史のうちに『葉隠』が位置づけられ、その特質が解明されていることである。『葉隠』を日本思想の流れの中で取り上げ論じた研究者として、前章ですでに取り上げた和辻哲郎がいるが、和辻の手法は、主として倫理思想の見地からの検討・解明であった。丸山眞男の手法は、当然といえば当然だが、彼の専門分野にもとづく、政治思想の一環として『葉隠』に注目し、その分析と本質の究明に向かったことにある。政治思想史の中での葉隠論は、日本の中世から近世・近代への変遷のうちで展開された、政治的・法的かつ社会的な状況変化を視野に収め、それらとの関連を自覚しつつ記述されており、それだけに和辻葉隠論よりも、いっそう広い視点からの現実的で説得力のある結論にいたっている。

丸山による葉隠解釈の二つ目の特色は、葉隠思想を戦国武士道の典型ないし極致として理解し表現していることである。そもそも江戸時代中期に成立した著作ではあるが、『葉隠』が戦国期に特有の主体的・行動主義的な忠誠の実践を説いたこと、換言すれば戦国武士の純粋なエートスを想起させ代弁したことを、丸山は重視し強調したのであった。尤もこの議論には、あとで見るように、葉隠全体像に対するかなり大きな誤解ないし一面化がある。

ともあれ、以上述べた二つの特色を一応念頭におきながら、丸山眞男の主張や論理を少し具体的にたどってみることにしよう。

(1) 戦国武士道の政治的倫理的諸特性

丸山が『葉隠』の特質を戦国武士道との関連でとらえようとするさい、日本各地で成立した戦国大名の家法を取り上げ、その中で言い表わされたモラルや精神を抽出しようとしたことに注目したい。そこに彼の政治思想史家としての面目と長所がよく示されているからである。

例えば、戦国家法としては先駆的なものだと評されている「朝倉敏景十七箇条」の中から、「器用の精神」「臨機応変の精神」「比較考量の精神」などが取り上げられる。

「朝倉の家に於ては、宿老《しゅくろう》を定むべからず。其の身の器用忠節によりて申し付くべき之事。」(第一条)「代々持

ち来り候などとて、不器用の人に、団並びに奉行職は預けられまじき事。」（第二条）

固定的な家老職である「宿老」を置かないことが明言され、伝統や身分にとらわれる態度（＝譜代主義）を廃して、行動や成果によって忠誠を実証する態度（＝業績主義）に立つ家臣をこそ重んじることが言い表わされている。能力・実績重視の精神、これが「器用」の精神である。

「合戦に勝つべき、城攻めを取るべき等の時、吉日を選び、方角を考えて時日を移す事、甚だ口惜しき候。……たとひ難所悪日《あくにち》たりとも、細かに虚実を察して、密々に奇正《きせい》を整へ、謀《はかりごと》を本とせば、必ず勝利を得らるべき事。」（第十二条）

迷信や因習にこだわって戦の好機を逸してしまわぬよう、自らのおかれた現状に対する正確な洞察をなし、それにもとづいて状況に応じた合理的な戦術・戦法を駆使することの必要性が謳われている。まさにこれが「臨機応変」の精神である。

「論語などに君子重からざる時は威なしなどとあるをみて、ひとへに重きとばかりと心得てはあしかるべく候。重かるべきも軽かるべきも、時宜《じぎ》・時剋《じこく》によつてふるまひ肝要也。」（「十七箇条」後書）

論語に依存する教条主義、儀礼主義と結びついた儒教的な「道」を重視せず、具体的状況に即して物事の軽重をリアルに判断し、それをもとに主体的に決断することが、強調されている。これが「比較考量」の精神である。(2)

丸山は、この三つの精神を抽出しつつ、朝倉十七箇条を貫いている「戦闘的で行動的なリアリズム」という本質的特徴（さらにこの中から自覚されてくる「道理」の精神）を浮かび上がらせた。朝倉家法に関するこうした分析と記述は、これまで他の研究者によっては指摘されなかった彼独自の結論であった。

その他の戦国大名家法に関する丸山の研究の中にも、特筆されてよいいくつかの結論がある。一つは、「信玄家法（甲州法度之次第）」のうちに読み取ることができる、従来より進んだ集権化した「家産官僚制」的性格である。

領国内の地頭が恣意的に罪人の所領や財産を没収することを禁じたこと（第一条）、信玄から給与された恩地の売買を禁じたこと（第九条）、信玄の承認なく家臣間の私的契約を結ぶことを禁じたこと（第十三条）、承認のない他国との通信を禁じたこと（第三条）などの条項が、家法の中に登場している。

この他、第十六条で明記された「喧嘩両成敗」はことに有名である（非常事態がつづく社会状況のもとでは、家臣団の秩序維持のために道理の些細な吟味を省略せざるをえない、という本意がそこには存在している）。こうした法的命令や処罰規定のうちに、丸山は、戦国期に強まりつつあった領国の独立的傾向を読み取っている。[3]

これらと併行して、当然、家臣や百姓に対する統制強化、および絶対的服従・献身の要請がいっそう甚だしくなるのであるが、丸山は、個人的・人格的な隷属というより、組織化された家産国家それ自体への忠誠の要請と見るべきだ、という。だが、領国において家産国家的性格が強くなるということは、かつての主従の「契り」にもとづく情誼的献身がしだいに後退し、法的規制と倫理規範的教化がより前面に出てくることを意味する。

信玄家法にみられるこうした傾向は、幕藩体制への過渡としての戦国大名の位置を表わすものだ、と丸山はみている。[4]すでに戦国家法のうちに、主従の人格的相互依存関係だけで理解できない、統治における非人格性や客観的組織性の強まりがあったことを、私も注目し重視したい。葉隠解釈にさいしても、そのつど想起されてよい視点だからである。

とはいえ、また別の傾向にも注意が必要である。すなわち、法的規制より、武士の日常的モラルを主とした戦国大名家法が存在するからである。その一つとして、丸山は「早雲寺殿廿一箇条」に注目している。

「拝《おが》みをする事、身のおこなひ也。只《ただ》こころを直《じき》にやはらかに持、正直憲法《けんぼう》にして上たるをば敬ひ、下たるをばあはれみ、あるをばあるとし、なきをばなきとし、ありのままなる心持、仏意冥慮《みょうりょ》にもかなふと見えたり。たとひいのらずとも此心持あらば、神明《しんめい》の加護之れ有るべし。」（第一条）

イデオロギーとしては、儒教よりも神道に近いが、「拝みをする事」や「神明の加護」などの言葉は、特定の教義の影響ではなく、北条早雲にとって当時における現実生活の智慧ないし経験法則というべきものであった。それゆえ正直は、道徳的心構えというものではなく、「あるをばありとし、なきをばなきとする」という、現実を直視するリアリズムに裏打ちされたものであった。丸山はそう評するのである。(5)

こうした実践的リアリズムを特徴とする一方、戦国期では当然なことであるが、戦闘状態の不断の予想にもとづく常時総動員体制が不可避なものとして求められる。「非常事態を日常事態として想定した倫理」が日常作法の規定において前面に出ていることに、丸山は注意を促している。

その一つは、奉公の倫理としての「油断の戒め」である。

「我身に油断がちなれば、召仕《めしつか》ふ者までも其振舞《ふるまい》程に、嗜《たしな》むべし。」「ゆふべには、台所中居《なかい》の火の廻り、我とみまはり、かたく申付。」という作法の指示は、つねに戦闘のような非常事態を予想し、油断しない心掛けと結びついている点で、儒教的な「礼」の静態的儀式主義と異なっている。

二つ目は、リーダーシップの倫理としての「率先躬行《そっせんきゅうこう》」である。

「万事を人にばかり申付べきとおもはず、我と手づからして、様躰《ようたい》をしり、後には人にさするもよきと心得べき也。」という条項には、他人への命令の前に、まず己れ自身で経験し実行せよ、との基本姿勢の強調がある。大将や武将に求められるのは、地位や身分に安住した権限や行動ではなく、戦闘の日常性を前提とした実践的な才覚でなければならない(6)。

以上のような多くの戦国家法の中に登場し始めた能力主義、業績主義の傾向と並行して、丸山は、教養主義にたいする反動としての「武道」（ないし武芸）を強調する傾向をも浮かび上がらせている。

「乱舞遊宴《らんぶゆうえん》、野牧河狩《のぼくがしゅ》等に耽《ふけ》り、武道を忘るべからず。天下戦国の上なる者は、諸事を抛《なげう》ち、武具の用意肝要たるべき事。」（信玄家法）

「詩連句歌《しれんくか》よむ事停止《ちょうじ》たり。こころに華奢《きゃしゃ》風流なる手よはき事を存じ候へば、いかにも女の様に成るものなり。武士の家に生まれてよりは、太刀かたなをとつて死ぬる道本意なり。常々《つねづね》武士道吟味せざれは、いさぎよき死は仕《し》にくきものなり。よくよく心を武にきざむこと肝要なり。」（清正家訓）

遊芸・詩歌の禁止は、室町期の上層武家に濃厚であったスタティスティックな生活態度から、戦国期における緊張感に満ちた実践的な生活態度への転回の徴候とみなされる。坂東武者でさえ、詩歌管弦を弓矢の道に悖《もと》るとは考えず、生活の中で嗜んだことを想起すれば、それが新しい時代的傾向であったことがわかる(7)。

丸山眞男が戦国家法の中にとらえたさまざまな特徴や要素は、本書の主題である『葉隠』の本質を理解するにあたっても、参考になる。中でもとくに、戦場における戦闘成果、領国経営における遂行力や実績を重視する能力主義・業績主義が支配的になっていく社会風潮は、大いに注目さるべきであろう。主従の契りの重視は、たしかに受け継がれてはいくが、情誼的関係だけに目を奪われると、時代の趨勢を見失う危険もある。

封建的人格的な主従関係と近世的契約的な主従関係の二つの流れ（種々のバリエーションのもとでの）が絡み合いながら次代へと継承される。さまざまな前時代的要素が『葉隠』の中に流れ込んでいるが、もちろんそれらすべてではない。この書の中身にたち入ってみてわかることだが、山本常朝自身が自らの価値観や趣向に即してそれらを受け容れたり、斥けたりしているからである。

あとで明瞭になるように、戦国家法の中に醸成され結実しつつあった戦国武士道の基本的な様相の多くが、『葉隠』の中で直接的かつ間接的に再現される。しかし、常朝自身の思想・価値観に強く制約されて、家産官僚制的な主従関係とともに、いやそれ以上に、情誼的忠誠を中核とする封建的人格的な主従関係が、主として全体の基調をなす形で復活されるのである。

(2) 葉隠的「曲者」の原型としての戦国期「豪傑」像

すでに見たように、『葉隠』には、「曲者《くせもの》」「大高慢の士」を称賛する記述がくり返し登場する。丸山の戦国家法に関する分析をつうじても、当時高く評価された「豪傑」なる者がどういうものであったかについて、興味深い人物像や性格規定が明らかにされている。それらは、『葉隠』における「曲者」のまさしく原型といいうるものであり、その意味でもここでそれを取り上げ、検討しておく値打ちがある。
最初に、戦国期の武士の行動様式および価値観として、丸山は以下の三つほどの特質を挙げている。[8]
一つは、「諸卒、敵方に対し悪口すべからざる事。」（信玄家法）、「敵をそしるは必ず弓矢ちとよはき家にての作法也。」（「甲陽軍鑑」序文）などに示されている、対等性に立つ名誉感と「尊敬すべき敵」の観念。したがって卑怯なだまし討ちは非義であり、正々堂々とした戦闘が尊ばれる。

二つに、武士社会の離合集散と下剋上が激しく、忠誠対象の選択が広くて自由であったがゆえに、そこに根ざしそこから育成された名誉感と「開放的な独立不羈の精神」、さらに「自己規律を伴う一種の英雄的個人主義」の噴出。

第三に、二つ目から派生することだが、他律的な外部的権威や畏怖によって内面的確信を冒されないという「武者の意地」の確保。

この例として、丸山は、日蓮信徒であった原美濃守が主君武田信虎の命令を拒否して念仏を唱えなかった（そのため原は信虎の怒りを買い、放逐され浪人になった）事実を紹介している。原が、宗派的立場からではなく、主人の命令だからといって宗旨に反する念仏を唱えるのが侍の道ではない、ということを行動動機としている点に、彼は注目したのである。

以上のような確固とした自律性とプライドを人並み外れたレベルでもつ者こそ、「豪傑」と言われるのであるが、丸山は、その代表者として、元亀天正時代に活躍した島左近《さこん》、後藤又兵衛基次、塙《はなわ》団右衛門直次らを挙げる。そして、これら「豪傑」像には以下のように共通する特色がある、と指摘している。

（一）武力抜群、または智謀軍略に秀でている。（二）性豪放で規格品ではない。（三）利害の打算をまったく無視した行動をする、等々。[9]

山本常朝が、出生後いくども家庭内で聞かされた豪傑（戦場経験の豊かな祖父清明を含めて）の本性は、まことに丸山が要約した人物類型であった。『葉隠』の中で、常朝は「曲者」の名のもとに、この種の独創的な戦士的武士をたえず憧憬し、その行動様式をくりかえし描写した。もちろん、太平の世では、豪傑の単純な復活は不可能である。だが、文官の身でありながら、武士の鑑たる豪放磊落な「曲者」たちの偉業を想起し、その基本精神を継承したいと願った常朝の本心も、うそ偽りではなかったと考えられる。

豪傑についての丸山の主張で、さらに付言してよいと思われるのは、宮本武蔵が著した『五輪書』に対する彼の評価である。武蔵が晩年に著わしたこの書物は、当人の剣術人生への回顧と、苛酷な体験をふまえて、厳しくかつ精神性の高い叙述に満ちている。丸山は、宮本武蔵が、この本の中で、（一）技術を精神の問題にまで、そして兵法を生き方の問題にまで高めている。（二）倫理的・教条的演繹を排しており、現実に経験した試合や決闘からの抽象化を行なっている。(10)この二点を指摘した上で、つぎの記述に注目して、以下のような興味深い総括に進んでいる。

「一人の敵に自由に勝つ時は、世界の人に皆勝つ所也。人に勝つといふ心は千万の敵にも同意なり。……合戦の道、一人と一人との戦ひも、万と万との戦ひも同じ道なり。」

「大きなる所は見えやすし、ちひさき所は見えがたし。其子細《そのしさい》、大人数〈大部隊〉の事は即座にもとおりがたし。一人の事は心一つにてかはる事はやきによつて、ちひさき所しる事得がたし。能《よ》く吟味有るべし。(11)」

武蔵のこの主張に対する、丸山の総括的結論は次のようなものであった。「いわば方法論的個人主義である。武士のエートスに内在する自立主義、個人主義、また豪傑の英雄的個人主義が、ここでは剣豪のそれとして自覚されたといってもよい。」と。(12)

一対一の戦い（とくに決闘）で勝利をうることは、多人数の、さらには大規模な戦闘で勝つことにも通じている、逆にいえば、一人の敵に勝利できないのであれば、世界全体を敵にして勝てるはずがない、との主意である。

もちろん、個人どうしの戦いにおける勝利の方法が、いつでも、どんなに多数の戦いにでも、有効であるわけではない。それは無条件の真理ではないが、戦いの方法として高い価値をもっており、それを会得すべきである。このことを丸山は、「方法論的個人主義」と呼んでいる。さらに、大きなものと小さなもの、速いことと遅いこと、などに関する認識にもとづいた的確な実践の勧めも、武蔵の特色である。

このように丸山が、剣豪宮本武蔵の技術や精神性の高さだけでなく、対象や世界に関する認識・洞察の長所を鋭く剔抉していることに注意すべきであろう。武蔵は高度な技能をもった実践者であっただけでなく、視野の広いすぐれた認識者であったことの発見である。丸山による『五輪書』の分析や議論の魅力はそこにある。

丸山は、「武士道」という言葉を使用しながら武士のあるべき行動を規範化した文献の一つとして、本書第七章でも取り上げ検討した『甲陽軍鑑』を挙げているが、『五輪書』もこの『軍鑑』とならんで、戦国武士道・武道・男道のイデオロギー的代弁者として位置づけられている。主体たる豪傑は、大将・武将ではなく剣豪であるが、剣豪としての英雄的個人主義、自立的侍精神の満々たる発露がきわめて顕著だからである。『葉隠』には、直接的に宮本武蔵の名は出てこないが、戦国的剣客への高い評価や崇敬の念があることを思えば、武蔵的な英雄的個人主義イデオロギーが陰に陽に流入している、とみなすことは不当ではない[13]。

ただし、あえて付言すれば、『葉隠』には、対象的世界にたいする理性的・客観的認識の態度がきわめて弱い。宮本武蔵に比べると、常朝が説く武士道の主情主義はあまりに強烈であり、合理性の追求はあまりに希薄である。

(3) 丸山による葉隠武士道の本質規定

丸山の葉隠論に入る前に、私はかなりの迂路をたどった。『葉隠』以前に成立した戦国武士道の諸特質、豪傑や英雄的武士の諸本性を歴史的思想的に回顧し把握する必要があったからである。なにより、丸山自身が、『葉隠』を戦国武士道の思想的純粋培養と規定しており、この書の中に受容された(そして再現された)戦国武士のエートスを正確に見極めなければならなかったからである。

それでは、丸山の葉隠評価と直接に向き合うことにしよう。

まず第一に、有名な『葉隠』冒頭の「武士道といふは死ぬ事と見付けたり」はどう意味づけられるか。丸山は言う。「それは、最悪事態の日常的予想（覚悟）のうえに、かえって日常的な事態における不断に積極的な前進への心構えができ、また、かえって余裕のある自由な決断ができるという逆説〈パラドックス〉である」と。[14]

彼はこれを「死という極限状況の日常的設定」というように概念化する。丸山の評価はかなり肯定的である。というより、常朝の言明にたいする「意味づけ直し」、と解してよい。単純な死の覚悟でもなければ、討死や切腹の礼讃でもなく、一刻一刻の非常事態における連続的決断の勧め、として受け取るべきだ、という理解が土台にある。

「死ぬ事と見付けたり」という宣言は、じつは、山本常朝の独創とはいえない。なぜなら、前に見たように、戦国家法・家訓である「早雲寺殿廿一箇条」「清正家訓」の中にもすでに、「非常事態を日常事態として想定した倫理」が明瞭に謳われていたからである。『葉隠』の宣言はたしかにもっとドラスティックで断定的である。しかし、流れる精神には共通性がある。常朝が戦国武士のエートスを継承していることは否定できない。

ただし、丸山の「意味づけ直し」にも付言が必要である。死という非常事態の日常的な設定がかえって前進への不断の心構えや余裕ある自由な決断を可能にする、という点はたしかに一種の逆説であるが、もともと後者の実現を目的視したものではない、ということである。

前進への心構えや自由な決断を獲得するために、日常的に死を設定するというのは、常朝の真意ではない。結果の如何にかかわりなく、まず死の設定が企図されるのである。後者の目的にむけて、前者が手段として考えられているのではない。死の設定と選択が最初にして最後であり、それに結果——期待したものであろうと、なかろうと——が付随する、というのが真実なのである。

第二に、「単一目標の設定によるエネルギーの集中」という特色が取り出される。

「若し図にはづれて生きたらば、腰抜けなり。……図にはづれて死にたらば、犬死気違なり。恥にはならず。」（聞書一・二）[15]や「物が二つになるが悪しきなり。武士道一つにて、他に求むることあるべからず。道の字は同じき事なり。然るに、儒道、仏道を聞きて武士道などと云ふは、道に叶はぬところなり。」（聞書一・一四〇）[16]などの記述が注目されている。

目標が多元的になること、もしくは多元的な手段から選択することは、迷いと躊躇、さらには恥辱の源となるゆえに、きびしく排斥される、という主旨の丸山の指摘はその通りである。[17]生と死の二つの間、儒道と仏道と武士道との間にあって、いずれを選択するかで迷えば、瞬時の適切な行動は不能となり、ひいては恥を残すことは必至だからである。目標を単純化してこそ、それに比例したエネルギーの集約度を高めうる、との基本主張がたしかに『葉隠』のうちにあり、それを的確にえぐり出した丸山の炯眼さを私は評価する。戦闘者として、たえず生起する危機に対してそのつど躊躇なく反応するためには、ぜひ必要な思考方法であり、行動姿勢であったことはまちがいない。

第三に、上述の決断主義および目標の意識的単純化から結果する「反知性主義と反規範主義」という特色が強調される。

武道は熟慮でも中庸でもなく、「過度」や「大高慢」を本質としなければならない。常朝が再三再四強調したことであった。丸山もこの点に注目し、「大高慢にて、吾は日本無雙の勇士と思はねば、武勇をあらはすことはなりがたし。」（聞書一・四七）[18]の文を引用している。だが、過度や大高慢にとどまらなかった。さらに、理屈を尊ぶ学問への不信や批判へとつき進む。

「学問はよき事なれども、多分失出来《しついでく》るものなり。……大方《おおかた》見解が高くなり、理ずきになるなり。」（聞書一・七二）[19]

「御用に立ちたき真実さへ強ければ、不調法者《ぶちょうほうもの》程がよきなり。智慧・利口などは、多分害になる事あり。」（聞書一・二〇〇）[20]の文を挙げて、常朝が智慧にすぐれた理屈好きの武士を嫌い、忠誠心の旺盛な不調法者をこそ信頼し肩入れしている点に、いっそう顕著な特質をとらえている。[21]

反知性主義や反規範主義という特色の把握も妥当である。この種の規定は、丸山だけに出てくるわけではないが、「極限状況たる死の日常的設定」や「目標単純化によるエネルギーの集中」という先の特色との関連で必然的に生起せざるをえない思考様式であることを、読む者に納得させる論述となっている。

第四に、上記の諸特色が主君への絶対的な献身と奉公の要請のうちに、約言すれば「絶対無条件の忠誠行動」のうちに、最も具体的かつ鮮明に表現される、と丸山は総括した。これはどの研究者も例外なく指摘する『葉隠』の特質であるから、もはや贅言を要しないであろう。とはいえ、丸山は、主従間に打算の念や反対給付の期待のない事情を見すえて、「主従のちぎりという本来エモーショナルな人格的同一化の契機を、極端にまで純粋化したもの[22]」と結論したのであった。

葉隠武士道が、武士のエートスの情誼的非打算的側面の極端な純粋化であった、とみるのであり、この理解と表現をもとに、丸山は、『葉隠』が「戦国武士道の思想的純粋培養」であるとの総括的規定を与えることになったのである。

（4）『葉隠』における種々の逆説性の剔抉

丸山の葉隠論で見逃すことができないのは、『葉隠』の中にある多彩な逆説をえぐり出し、浮かび上がらせたことである。この面で発揮された丸山の分析の鋭利さには驚きを禁じえないが、それとともに、逆説的主張の本意を理解することによって、読者には『葉隠』が独特の魅力をもって立ち現われることになる。

丸山はどこに逆説性をとらえたか。

その一つは、卑屈なまでの主従の契りへの被縛感、自己主張を滅した絶対服従の極限を突破して、一種個人主義的なイニシアティブと決断の精神が導き出され、個人的主体性とプライドがほとばしり出ている、という点に。[23]

私も、本書第二章で、『葉隠』における主君への「服従」とそこに発揮される家臣の意志的な「自律」との両面性を指摘したが、丸山は、その面をさらに一種の逆説として把握し、提示している。秩序内強制と絶対的服従があるからこそ、外からは不可能と見える強烈な主体性が成立する、とみたのである。「無条件的な献身は、まさに無条件的であることによって、世間と周囲の動向によって左右されない、首尾一貫した行動への発条〈バネ〉となる。そこから一種の内面的人格形成が見られる。[24]」というのが、丸山による逆説理解の前提である。

主君への服従が、意志なき服従、不承不承の服従であれば、こうはならない。自分の人生をかけた、全身全霊の服従であるとき、家臣による献身は、主従の枠組みの制約内ではあれ、自律とプライドの極致に達することができる。まさに常朝もこの道に生きた人だった。皮肉な言い方になろうが、彼はこの道を歩むことによっておのがプライドを保つほかなかったのである。

二つ目の逆説は、葉隠武士道が、武士道の一切の教義化・教養化・学問化に抗し、その意味でのイデオロギー化に抗することによって、戦国武士道の思い出の純粋結晶化（神話化）としてそれ自体が一個のイデオロギーに転化した、という点に。[25]

興味深い指摘である。イデオロギー化に抗することによって、自らが一個のイデオロギーに転化した、と。「忠の義のと言ふ、立ち上りたる理屈が返すがえすいやなり。」（聞書一・一九六）、「この主従の契より外には、何もいらぬことなり。」（聞書二・六四）と言い切る常朝は、自分の考えをなんらかの原理原則にたつイデオロギー（政治的社会的価値意識）だとは考えていない。家臣としての純粋な主君思いを貫くことだけが肝腎なのである。

儒教にせよ、仏教にせよ、その教義によって理屈づけられた侍の道は、すでに主従の情誼的な関係を毀損するものであり、彼には不純としか解することができない。その意味では、支配的なイデオロギーに抗することが、常朝による主君への献身にとっては避けられなかった。

だが、皮肉なことに、無条件的忠誠を謳う常朝の自己献身的「奉公」観もまた、濃厚なイデオロギー性を帯びたのであり、一種の武士道イデオロギーへの転化を免れることはできなかった。丸山は、「『葉隠』的な武士道は、当時の現実のなかには存在しなかったのであり、したがって、それは現実との対応がないという意味で、まさにイデオロギーにほかならなかった[26]。」と述べているが、江戸時代中期、葉隠思想は、たしかに現実社会に対応物をもたなかった。いわゆる社会的虚偽意識としてのイデオロギーにとどまった。

しかし、当時の現実に受け容れられなかったとはいえ、葉隠武士道は、幕末の志士たちの一つの重要な拠り所になったことを、想起すべきであろう。とくに欧米列強による外圧に抗して、日本の独立と名誉を自分自身の問題として引き受けようとした下級武士層（中でも攘夷論に立つ武士たち）に、『葉隠』は思想的基盤を提供したからである。この時（丸山の言葉を使えば、「いったん凍結された戦国的状況の解氷」の時代）、葉隠思想は、他の思想と並んで、強靱な有力イデオロギーの一つとして機能したのであった[27]。（丸山が幕末期に強烈な目標志向性、名誉感情、自主的決断といった伝統的武士のエートスがよみがえったことに言及し、葉隠武士道の論理と幕末志士の忠誠感との連続性を説いたことは傾聴に値する。奈良本辰也が両者に共通する「狂気」を指摘したのに比べて、その内実をいっそう説得的に明示したことが重要である。ただし、ここでは、それ以上の論及は省略する。）

さて、三つ目の逆説は、現実の世相に激しく抗議し、それを批判した『葉隠』が、佐賀藩オンリーの徹底した排他的特殊的思考法においては、むしろ戦国時代から江戸時代への巨大な時代的転換を、みごとに反映している、という点に[28]。

『葉隠』の佐賀藩至上主義はつとに有名だが、その排他性・特殊性は同時に、時代の転換期にあって普遍性を表現している、というのである。パルティキュラリスティック（地域特殊的）な思考法は、なにも佐賀藩だけにかぎったことではなかった。丸山は、当時の、対外的鎖国、国内での相互に閉鎖的な藩体制、その内部での狭い固定的な「家」の身分格式などに見られる支配的な時代精神に注目し、佐賀藩至上主義の考え方はその時代精神を極端な形に煮つめたものに他ならない、と断定している。特殊的な基盤の総和としての上部構造たる幕藩体制じたいが、きわめて特殊的であるのだが、それだけに、各藩の地域独自主義が単に特殊的ではなく、他地域にも敷衍されうる普遍性をもちえたのである。

藩至上主義はなるほど狭隘で内向きなものではあるが、だからといって、それが内的エネルギーを逼塞・衰微させ、退嬰的な傾向だけをもたらす、という理解は皮相であろう。戦国期から江戸期への時代転換の中で、そういう道が不可避であったこと、それは武士エートスの継続と新しいエネルギー噴出を準備するという歴史的意義をもちえたことを、われわれは認識する必要がある。丸山による第三の逆説の提示によって、私は、そうしたことに改めて気づかされるのである。

（5）丸山葉隠論の一面性と問題点

これまで紹介した、丸山眞男による戦国武士道や『葉隠』をめぐる論述には、他の論者では示されなかった多くの分析や概括があり、教えられることが多い。戦国武士道の特徴や要素、時代状況に関連させての質的変化がかなり全面的に解明されていること、『葉隠』に特有の思考様式や行動様式の本質的特性、その中に含まれる逆説性などが摘出されていること、こうしたことは、他に追随を許さない丸山のすぐれた研究成果として記憶されるべきである。

また、丸山の戦国武士道および葉隠解釈は、対象に即した内在的なものであり、それだけに説得力がある。内在的であることは、ともすると、対象への同化や対象の無批判的な承認につながりやすいが、丸山には、研究者としての矜持があり、安易な追随・迎合にも陥っていない。「武士的エートスの自生性や独立性の観念がそもそも特定身分の名誉感とむすびついていて、……近代国家の市民的な自主独立に直ちに連続せず、かえって、その根強い愚民観がネーション意識の形成に桎梏となった」(29)との結論を下しているが、こういう反省的記述にも、丸山の冷静な対象認識と批評精神がよく現われている。武士道との「対決」を企図しながら、武士道精神に共鳴し、その中に取り込まれてしまった相良亨とは対照的である。

私は、以上のように、丸山の葉隠解釈に見出される諸要素の内在的把握とその的確な概念化、それを支えるすぐれた理性的な認識態度と批判的意識に高い評価を与えたいと思う。

だがそれでもなお、彼の葉隠論には重大な欠陥があったことを指摘しなければならない。先に結論を言うことにしよう。

丸山は、葉隠思想を戦国武士のエートスの典型ないし極致とだけ把握し、『葉隠』における倫理と行為の激越で直情的な側面、戦闘者に特有の非日常的日常性だけを浮かびあがらせている、という点である。換言すれば、『葉隠』と戦国武士道との思想的連続性しか問題にしていない、という点である。それを表わす象徴的な文がこれである。「自己武装した戦闘者という点、すなわち、戦闘という非日常的な状況のなかで日常的に生きるという点に、武士の第一義的な本質を認め、すべての生き方、行動原理をそこから導き出していること。この意味では、武士の（もう一方の）民政統治者としての側面、あるいは文治行政の担当者としての側面は、『葉隠』においては、ほとんどまったく無視されている。」(30)と。

この指摘は、『葉隠』の全体像を大きくとらえ損なっている、あるいは少なくとも偏頗で一面的である。私がこれまでの論述でくり返し取り上げたように、『葉隠』には、戦士的武士と文官的武士の双方がもつ思考・行動の目標や実態が、各所で併存かつ錯綜しつつ、語られ記されている。戦闘者の側面に劣らず、文治行政担当者としての側面の記述も『葉隠』の著しい特色である。

それゆえ、民政統治者あるいは文治行政担当者の側面を無視しているのは、他ならぬ丸山自身である。常朝がけっして無視せず、むしろ『葉隠』の諸処で赤裸々に語っている文官的武士特有の思想と行為を、丸山こそがまったく素通りし、看過してしまったのである。

山本常朝は文官的武士として三十数年にわたって奉公し、その奉公をつうじて彼が体験し摑みとった教訓や処世術はじつに多い。『葉隠』にはそれらが満ち満ちており、この本は、文官的武士にとっての代表的な教訓書となっている。山本常朝という人物は、藩統治の中心にいた武士ではなかったので、民政統治者としての目立った言動をしたわけではない。だが、文治行政の一翼を担った武士として、行政担当者としての発言や行動を数多く残している。それを証するいくつかの文例をここで引用してみよう。

『葉隠』の序にあたる「夜陰の閑談」の中に、藩主を取り巻く重臣たちによる近年の失政について批判している記述がある。

「……小利口なる者共が、何の味も知らず、智慧自慢をして新儀《しんぎ》を工《たく》み出し、殿の御気に入り、出頭して悉く仕《し》くさらかし申し候。まづ申さば、御三人の不熟《ふじゅく》・着座《ちゃくざ》作り・他方者抱《たほうものかか》へ・手明槍物頭《てあきやりものがしら》組替・屋敷替《がえ》・御親類並家老《なみがろう》作り・御ひがし解《と》き除《の》け・御掟帳《おんおきてちょう》仕替・独礼《どくれい》作り・西御屋敷取立・足軽組まぜちらかし・御道具仕舞物《しまいもの》・西御屋敷解き崩しなど、皆御代初めにて何事がなと新儀工みの仕そこなひにて候。[31]」

［小利口な者たちが、何の心得もなく、自分の智恵を自慢して、新しい施策を考え出し、殿のお気に入り、お側近くに出向いてなにもかも駄目にしてしまっている。その例を挙げれば、三つの支藩との不和、家老に次ぐ着座制度の創設、他国者の召し抱え、手明槍における物頭の設置、馬廻組などの組替、頻繁な屋敷替え、御親類格の家老の新設、由緒ある向陽軒の取り壊し、掟帳の改定、独礼という家格の設置、豪華な西屋敷の建設、足軽組での混乱、仕舞物（逝去した藩主の調

度品）の分配、西屋敷の解体など、これらはすべて御代の初めに、何か目新しいことをと考え出した人たちの失敗なのである。」

右のごとく常朝は、藩主が代替わりをした直後、藩内の「小利口なる」幹部連中が、世間のことをよく知らぬまま、殿に迎合して次々に考え出した目新しい諸施策に、激しい非難をあびせている。常朝の非難が正しいかどうかは別にして、ここに表われているのは、彼が長年培った文官ないし行政担当者の感覚からして許しがたい政治がまかり通っている、との否定的評価と強い義憤である。

右の諸例の他にも、文官的武士としての行政評価が数多く散見される。

「何某《なにがし》当時倹約を仕《つかまつ》る由申し候へば、よろしからざる事なり。……少々は、見のがし聞きのがしのある故に、下々《しもじも》は安穏《あんのん》するなり。」（聞書一・一二四）(32)

［ある人がかつて倹約をこまかに実行していると言ったところ、「よくないことだ。……少しくらい見逃し・聞き逃しがあるから、下々の者は安んじて暮らせるのである」と。］

厳格な倹約命令のもとで強まっている細々とした倹約の社会風潮に異議を唱え、寛大な政治があってこそ庶民も安穏でいられるのだ、という主張である。

「目付役《めつけやく》は、大意の心得なくば害になるべきなり。目付《めつけ》を仰せ付け置かれ候は、御国《おくに》御治めなさるべきためにて候。……然るに、下々の悪事を見出し聞き出し、言上《ごんじょう》致す時悪事たえず、却《かえ》つて害になるなり。……又究役《きわめやく》は科人《とがにん》の言分《いいわ》け立ちて、助かる様にと思ひて究むべき事なり。これも畢竟御為《ひっきょうおんため》なり。」（聞書一・一一〇）(33)

〔目付役は、基本的な心構えがなければ、害になるものだ。目付を置かれるのは、お国をお治めなさるためである。……下々の悪事を見つけ出し聞き出して、上に申し上げるなら、世間に悪事が絶えず、かえって害になるのである。……また、罪を究明する役人は、罪人の弁明が通って、助かるようにと思って調べなければならない。これも結局、お国のためである。〕

庶民の犯罪に目を光らせる目付役にたいしても、犯罪の実態を吟味する究め役にたいしても、広い度量や寛大な処置を求めている。下々の間で生じた悪事の摘発や、犯罪の中身に関するきびしい取り調べが、けっして悪事を減少させたり、平穏な庶民生活を実現するものではないことを、常朝はよく知っていたのである。

これ以外にも、咎人や落ちぶれた者に対して不憫をかけることは侍の義理だ、という主張がある（聞書一・一九二）[34]が、総じて、身分制社会のもとで、支配階層たる武士の立場から、被支配層たる三民への温情や配慮の大切さがくり返し説かれている。もちろん、体制的秩序を揺るがさない枠内での慈悲心や寛容さの発揮ではあったが、いわゆる「仁政愛民」「恵政撫民」の基本姿勢が常朝のうちにあったことは疑いない。

藩の統治や行政に直接関わる発言以外にも、文官的武士として望ましい生き方、あるべき日常的な振る舞いについての記述がひじょうに多いことも、『葉隠』の特徴である。以前の引用と重複するが、再度その主なものを紹介してみよう。

「諸人一和《しょにんいちわ》して、天道に任せて居れば心安きなり。一和せぬは、大義を調《ととの》へても忠義にあらず。朋輩《ほうばい》と仲悪しく、かりそめの出会ひにも顔出し悪しく、すね言のみ云ふは、胸量《きょうりょう》狭き愚痴《ぐち》より出づるなり。……また人を先に立て、争ふ心なく、礼儀を乱さず、へり下りて、我が為には悪しくとも、人の為によき様にすれば、いつも初

会のようにて、仲悪しくなることなし。」（聞書一・一六四[35]）

［すべての人が一つに和合して、天道に任せておれば、安心である。みなが和していないと、立派な仕事をなしても、それは忠義ではない。同僚と仲が悪く、ちょっとした会合にも顔を出さず、すねごとばかり言うのは、度量の狭い愚かな心からくるものだ。……また、他人を先に立て、争う心なく、礼儀を乱さず、へり下って、自分のためには都合が悪くても、人のためになるようにしてやれば、いつも初めて会ったときのような心持で、仲が悪くなるようなことはない。］

「皆人《みなひと》気短《きみじかなる》故に、大事をならず、仕損ずる事あり。いつ迄もいつ迄もとさへ思へば、しかも早く成るものなり。時節がふり来るものなり。……時節相応に人の器量も下《さが》り行く事なれば、一精《いっせい》出し候はば、丁度御用に立つなり。十五年などは夢の間《ま》なり。身養生《みようじょう》さへして居れば、しまり本意を達し御用に立つ事なり。」（聞書二・一三〇[36]）

［世間の皆が気短になったので、大事なことをし損じている。いつまでかかってもいいとさえ思えば、意外に早く成しとげられるものだ。よい機会がおとずれるのである。……時代に相応して、人々の器量も低下してきているので、一つ精を出して努力すれば、時に叶ってお役に立つものである。十五年ぐらいは夢の間のことだ。わが身の養生に努めてさえいれば、結局は念願をとげ、お役に立つものである。］

これらの言辞は明らかに、日々戦いに明け暮れる戦闘者の言葉ではない。長期間の城勤めや側奉公に従事しなければならない、文官的武士の立場から発せられた処世訓である。同僚と日常的に仲良く付き合っていくには、会合への参加、争論の回避、礼儀正しさ、謙虚さ、他者への思いやりが必要なのである。また、早い時期に出世しようと焦らず、遅い立身も覚悟しながら地道にかつ献身的に奉公し、そのために心身の健康に努めつづけることの大切さが強調される。下剋上の戦国期ではなく、泰平期の安定した官僚的秩序の下だからこそ、なにより周囲の者との調和や妥協が重視されるのである。

これらは治世期での武士の生活・行動のあり方に対する教訓だが、この他に主従の関係における「諫言」の問題がある。丸山も、家臣の主君にたいする諫言の行為について触れている。『葉隠』には、諫言そのものを忠誠行動の重要な支柱にしている、という論理があるというのは、彼の言う通りである。

しかし、諫言行動は、丸山にあっては主に戦国期に焦点が当てられ、泰平期での重要性が語られていない。側奉公に半生をささげた常朝にとって、諫言は文官的武士の至上の職責であり、人生目標であった。だから彼は、臣下として唯一諫言をなしえる家老への出世を切望し、在職中たえずそれにこだわったのである。

丸山眞男の葉隠解釈の一面性は、以上で明らかであろう。『葉隠』が戦国武士道の思想的純粋培養だと規定したことは、半面の真理としてたしかに首肯することはできる。だが、やはり半面でしかない。戦国武士のエートスを継承した山本常朝の思想だけではなく、その生涯における文官としての経歴と行動に注目し、文官的武士に固有の思想を正確に把握し葉隠解釈の中で忠実に再現すべきであった。

常朝が濃厚にもっていた文官的性格を無視することは、さらには次のような深刻な問題点を生み出すことにつながった。それは、『葉隠』の中に散在する「江戸期武士の文官性と戦士性」との対立・矛盾が見逃されてしまう、ということである。侍と侍との間、侍と庶民との間で、たびたびひき起こされた刃傷、切腹、喧嘩、暴力をめぐる事件のうちに、この非和解的な対立・矛盾が現われた（具体的事例については、第二章の中の「二 泰平期での生死をめぐる危機」を参照のこと）。

平和な世の中になっても、武士は武士である。さまざまな規制があったにせよ、支配階層として武士は暴力的振る舞いを許された特権的な存在であった。必要に応じて、彼らは暴力を自発的に行使できたのである。文官もしばしば戦士に転化したのであり、転化できたのである。

それだけではない。文官性と戦士性との対立は、山本常朝自身の内面的な葛藤や行動上の相剋の源泉でもあった。それゆえ、『葉隠』の中に戦闘者の思想しか捉えないとすれば、それは、常朝の悲哀や苦悩を理解しえないことを意味する。主君への奉公における諫言の大切さ、それをなしうる家老職の重さを痛感しつつ、必死に努力はしたがついに成就できなかった常朝の生涯、主君の情けに感涙しつつ、武功ではなく長期間の側奉公や「隠し奉公」に徹しつづけた常朝の自己犠牲的な献身ぶり、それらを直視する必要がある。とすれば、文官的武士と戦士的武士との対立的傾向の間で、戦士的武士に憧れながら文官的武士として生きざるをえなかった、山本常朝という人物が抱いた焦り・葛藤・苦悩・諦めが、聞書のいたる所に潜んでいたことを知ることができる。

だが、丸山には、その対立が把握されていない。常朝の苦悩も見えていない。戦国武士道との関連で解釈された丸山葉隠論には、たしかに鋭さと深さがある。新しい発見や視点の提示もある。しかし、『葉隠』の全体像については、肝腎の対立が看過されているために、意外なほどストレートで平板な印象を与えるだけになってしまったのである。

（二）『葉隠』のうちに文官的武士の計算高さや不当な他者批判を見る説（松田修、山本博文）

武士の決断力や潔さ、死の覚悟の象徴として『葉隠』を評価し称賛する論説が多い中で、山本常朝という人物そのものの実態に迫り、その言行に含まれる深刻な矛盾や問題点を明るみに出している論者もある。松田修や山本博文などの研究者がそうである。

（1）常朝の文官的性格と主君への忠の特徴

日本史家である松田修の「葉隠序説」(37)は、通説を覆すに足る事実と論理をそなえた、異彩を放つ注目さるべき論文である。

松田に言わせれば、戦国武士の雄々しい言動を熱く語っている山本常朝自身は、まぎれもない文官・官僚的武士であったという事実を直視すべきであり、そもそも常朝の家系に見られる文官的性格を看過してはならないのである。祖父中野神右衛門清明は、たしかに英雄豪傑型の古武士であったが、佐賀藩における体制の整備編成過程で、官僚的武士に転身した。父山本神右衛門重澄は、佐賀藩きっての経済官僚であった。そして常朝自身も、ごく若い頃から、小々姓、御傍役、御傍小姓役、御書物役、京都御用、供使、聞次番、書写奉行等々、一貫して藩主側近者、文筆奉仕者としての職務に服している。

常朝は、たしかに主君光茂の傍で全身全霊をもって奉公しつづけた。だが、「それら一切が、血の匂いの欠如した、官僚機構内部における忠勤ぶりであることは、争いがたい」というのが松田の結論であった。[38]これはたしかに隠しようのない事実である。戦国武士をどんなに称賛しようと、それを讃える常朝自身は、江戸期半ばに生きた文官的武士であり、それ以外の経歴をもちえていない。この歴史的事実は重い。

さらに、松田は、常朝が藩主光茂に対して尽くした忠誠の中身にも注意が必要だ、とみている。武道より歌道に身を入れた主君光茂が、晩年、西三条家からの古今伝授を希求しつづけたことはよく知られている。光茂の切なる思いを記した箇所がある。

「適々《たまたま》人と生れ、後々迄《のちのちまで》名を残す事をせでは無念の事なり。然れども治世《ちせい》なれば武篇を以て名を残すべき事叶はず、乱世《らんせい》ならば御先祖様に劣るまじきと思ふなり。今の時に名を残すべきは歌学《かがく》を遂げ、日本第一の宝、武篇に於て幽齋《ゆうさい》ならで類ひもなき古今伝授《こきんでんじゅ》をいたし、一生の思ひ出にすべし。」（聞書五・一九）[39]

［たまたま人として生まれ、後々まで名を残すようなことをしないでは無念なことである。しかし、平和な治世であるから武道でもって名を残すことは不可能だ。乱世であれば、ご先祖の方々に劣らない働きもできると思っている。今の時代に名を残しうるのは、歌学の道をきわめ、日本一の宝といわれる、武家では細川幽齋以外には受けたことのない古今伝授

を受けることであり、それを一生の思い出にしたいと思う。」

今は、武功をたてて名を残すことができる戦国の世ではない。乱世と治世との深い時代的差異を意識した光茂が自分の名を残すためにとった目標と方法、それが、歌道における古今伝授の実現であった。松田は、こうした主君光茂の一途な愚かさに、一途に殉ずることの徹底性において、常朝は比類を絶していた、と主従の両者にたいして手厳しい。

さらに、常朝が、病床に伏し危篤状態であった光茂に、死の二週間前に古今伝授の貴重な一箱を持ち帰り献呈することができた、という事実も有名である。しかも、主君逝去後の出家を人に先んじて申し出て、それを生涯における自身の面目としたことも、『葉隠』の中から読み取ることができる。松田は、こうした言動の記述をうけて、「これが常朝の忠の極限であるとすれば、……それは、そのままに忠の頽廃、ないしは衰弱を語るものであろう。[40]」と評するのである。

だがそれは、おそらく時代状況を顧慮しない否定的すぎる評価であろうと思う。光茂が主任務たる藩統治の他に、歌道に専心した程度そのものが問題になろうが、太平の世で古今伝授を切望したことを単純に悪いともいえない。常朝が主君の願いを必死で実現しようとした行為は、彼がその中に置かれていた官僚的秩序のなせるわざであり、彼が上から命ぜられた京都役という職責を全力ではたそうとしたのも、むしろ当然のことであったろう。主従の契りに至上の価値をおき、それの貫徹に身を捧げようとする常朝の内面的忠誠感からの必然的な帰結にほかならなかった。

古今伝授への希望を主君に断念させることも、たしかに一つの選択肢であり、忠義の発揮ではあるかもしれない。だが、単なるお側役であった常朝に、それを要求するのは酷であろうし、そもそも不可能であろう。また、自分の献身的な行為によって最後には主君の期待に応えることができた、という事実には、たしかに重いものがある。

主君への深い恩義と敬愛の念から、（殉死が禁じられていたために）主君の死去にさいして剃髪・出家を願い出た常朝の行為は、やはり出色である。筆記者田代陣基にたいする自己顕示欲の表われであることは否定できないが、文官の身で獲得しえたおのが一生涯の面目として、他者に誇りたい気持も不当とはいえまい。松田の「忠の頽廃・衰弱」という主張は、武家社会の渦中にあった当該者に対する評論家的な非難であり、十分な合理性があるとは思えないのである。

（2）常朝が回避し隠蔽した諸事実と常朝の計量・計算の精神

松田修による山本常朝批判は、さらにつづき、そして筆法の鋭さを増す。『葉隠』だけでなく、常朝が執筆した「山本神右衛門常朝年譜」（以下、「年譜」と略記する）[41]もその対象として俎上に載せられる。

他の論者がまったく触れず、松田が初めて明るみに出した注目さるべき論点は以下のようなものである。

第一に、『葉隠』でも「年譜」でも、それらは常朝の自己主張であり、そこには良いことを書いて、悪いことを書かないという態度が示されている。「年譜」では何ヶ所となく「口上」「口達」に譲るとして、記述そのものを避けている事件がある。「年譜」の計算・計量的なあり方は、『葉隠』にもひきつがれている（隠語の使用、事件名だけの提示、口上や口達への譲り等々）。そうした事実をふまえて松田はこう言う。「葉隠とは、ほとんど無計算に見えるまでに鮮烈であり、飛躍的であり、直情的である。しかし、……それは極度に敏感で、極度に周到な、計量・計算の精神の逆説的表出であることがわかるだろう。」と。[42]

それでは第二に、『葉隠』の中で意図的に回避された重大な事件や問題とは、いったい何であったか。

一つは、龍造寺家から鍋島家へという半公然の簒奪、という歴史的事件である。龍造寺の領地が鍋島の領地に成り代わった経緯・理由について、『葉隠』は明らかにすると宣言しつつ、結局それは目次だけに終わって、本文は空白のままに捨て置かれた。二つ目は、中野将監失脚の原因になった藩政危機にはまったく触れられていないこと、藩主光茂の行政能力や光茂―綱茂という親子間の葛藤についても描かれていないこと。それゆえ松田は、常朝が光茂の能力や藩の実情を見ていて、あえて目を覆い、目をそらしたのであり、「葉隠は、光茂の、さらには佐賀藩の光明部分のみを描いた」と結論づけている(43)。

三つ目として、石田一鼎という人物は『葉隠』の中で、藩の政策に対する批判者としてしばしば登場する老武士であるが、この一鼎が藩政危機に対しておこなった献言献策や直言遊説を常朝はけっして好意的には受けとらず、彼を批判し「老耄《ろうもう》」だと揶揄《やゆ》し去ったこと。松田に言わせれば、この態度は常朝が常々「御家を一人して荷ひ申す」と豪語していた根本姿勢とまったく矛盾するのである。かくして「常朝の言説がただの言葉であり、言葉だけであることへの自己弁護であり、さらには、言葉だけとしても、十二分に配慮分別され、日常生活訓的平板さにつながっていることは否定し難い」と松田は言い切ったのである(44)。

松田が光を当てた諸事件や諸問題の実態を、今日実証的に把握し直すことは容易ではない。鍋島による龍造寺の領地の簒奪事件、藩主光茂の行政能力の有無、光茂―綱茂間の葛藤・相剋、石田一鼎の言動と周囲への影響など、それらがどれほど深刻な事態をもたらし、当時の関係者を悩ませたのかを、正確に判断し評価することは至難の業だといいうる。しかし、松田の歴史家としての批判的な眼差しに支えられた分析力が問題の所在に気づかせてくれたのは、たしかである。

佐賀藩と主君に絶大な忠誠心をもつ常朝だからこそ、藩の統治や政策に見られる重大問題を、また主君の行政能力のレベルや欠陥を、じっさいに見聞し認識していたにせよ、口述し公にすることは憚られたにちがいない。書いてよい所と書いてはまずい所の区別、後世に残しておくべき所と回避し隠蔽すべき所の区別が、常朝によって意識的におこなわれたはずだ、という松田の指摘には説得力がある。

そして、現実生活における、また執筆者としての山本常朝のまぎれもない文官的武士という性格、およびその性格と関連した計算・計量性を看過してはならない。先入見や神話に支配されてきた『葉隠』解釈から自由になって、その観点をこそ『葉隠』研究の前提とすべきだ。これが松田修の最終的な総括の主張であった(45)。

(3) 側奉公の文官的武士と戦国時代の武士

上述のように、松田修は「常朝の言説がただの言葉であり、言葉だけであることの自己弁護である」という評価を与えたが、日本史家で現東大教授の山本博文も、基本的に松田のこの主張に賛意を表しつつ、より多面的な視点から常朝批判、葉隠批判を展開している研究者である。研究書かつ啓蒙書の両性格を兼ねそなえた山本の著書『葉隠』の武士道』や『男の嫉妬——武士道の論理と心理』に依拠しながら、彼の議論を見ていくことにしよう(46)。

前掲二書で展開される山本(博)の議論の主な特徴の一つは、山本常朝の思想・言動と『葉隠』の中で取り上げられる英雄的武士(とくに「曲者」と言われた武士)たちの思想・言動との根本的な違いを明らかにしたことであろう。山本(博)は、戦国武士道の精神を受け継いだ「曲者」の典型として、因州鳥取藩のある武士がとった次の行動とその結果に注目している(尤も、この箇所は、武士道精神の精華を表わす話として多くの論者にとり上げられている聞書である)。

京都で借銀役《しゃくぎんやく》として借家《しゃくや》住まいをしていたこの鳥取藩士が、ある日京都見物をしていた時に、通りの者の話から同藩の武士が喧嘩していることを聞き、その場に駆けつけたところ、その同僚が討たれ今まさに止《とど》めを刺されんとしていた。彼はただちに言葉をかけ、喧嘩相手の二人を打ち捨て帰宅した。その後奉行所に呼び出され、尋問をうけ、この藩士はこう返答したのである。「私も別《べつ》して命は惜しく御座《ござ》候。さりながら傍輩《ほうばい》の喧嘩致し候と申す沙汰を、空しく聞かずして罷《まか》り在《あ》り候ては、武道を取り失《うしな》ひ候儀と存じ、その場に駆け付け候。傍輩討たれ候を見候て、おめおめと罷り帰り候はば、命は生き延び申すべく候へども、武士道はすたり申し候。武士道を相守《あいまも》り候て大切の命を捨て申し候は、武士の法《ほう》を守り、武士の掟《おきて》を背《そむ》き申さざる為に候。一命の義は早《はや》その場にて捨て置き申し候。早々御仕置《おしおき》仰せ付けられ候様願ひ奉る。」［私とてとりわけ命は惜しくございます。しかしながら、仲間が喧嘩しているという話を聞きすごしてしまっては、武の道を放棄していると思い、その場に駆けつけました。仲間が討たれたのを見て、おめおめと帰ってしまっては、自分の命は生き延びることでしょうが、武士道はすたってしまいましょう。武士道を守って大切な命を捨てることは、武士の法を守り、武士の掟に背かないためでございます。私自身の一命は、もはやその場に捨てました。早々にご処罰を仰せつけくださるようお願いいたします。」と。

奉行衆はこれを聞いて感心し、その後なんの咎も言いつけず、鳥取藩主に「よき士を御持ちなされ候。御秘蔵《ごひぞう》なされ候様に。」［よい侍をお持ちでございます。秘めて大切になさいますように。］と伝えたということである。（聞書十・六五）(47)

喧嘩は両成敗で、助太刀も禁止、というのが幕府の掟であったが、藩士は、窮地にある同僚を見捨てることはできぬという、武士道精神に則って、喧嘩に荷担をし、敵を討ち捨てた。本人もすでに切腹・斬首の処断を覚悟している。この藩士は、武士道に特有の慣習法を幕府による成文法の上に置いて行動したのであり、武士の掟と幕府の掟の間にあって、躊躇なく前者を選び取ったのである。

京都町奉行所はこの鳥取藩士に何らかの処断を下すべきであったが、彼の言動に感心して、罪には問わなかった。江戸時代初期には、特定の武士だけでなく、支配層上部においても、公的な成文法より、しばしば武士道的な慣習法が優先されていたことの証拠であろう。

山本(博)は、鳥取藩士のこうしたエピソードから浮かび上がる、戦国武士的な精神や有言実行の「胆力の据わった武士」に高い評価を与える。それと比べて、大言壮語や空文句に終始している常朝を厳しく批判するのである。「曲者」には真の行動があるが、他方、常朝には行動はなく、勇ましい言葉だけがある。両者の間には根本的な差異があるのであって、『葉隠』の中で描かれた真の「曲者」と常朝の思想を混同してはならない、というのが、山本の主張である。[48]

さて、彼の議論の第二の特徴は、常朝の思想の本質を「側奉公」の武士に固有の思想である点に求めたことである。

山本(博)によれば、思考停止してとにかく「死ぬ方に片付く」という姿勢、あくまで主君の味方をするのが奉公人の本質だという没我的奉公の規範が、『葉隠』にはとくに目立っているが、このあまりに非主体的な態度は、側奉公という職務と無関係ではないと理解されている。常朝という人物は、中野一門という藩内の名門武家の支流のうちにあり、主君の傍らで献身的に奉公し、ひたすら主君の言葉を待つ身の非力な一武士であった。

没我的奉公を説くことによって、主君への絶対的服従の正当化、権威への無批判的な凭れかかりが常朝の信条となるが、これは、一種特権的な存在たる側奉公の武士に特有の生活と価値観をぬきにしては考えられないのである。だから、側奉公にある武士は、武家政治の中では傍流にある者たちに他ならず、その思想を武士の典型的なものとして扱うことは強く戒めなければならない、というのが山本(博)の強調点である。[49]

(4)「嫉妬」感情に由来する他者批判

さらに、常朝の言動の源泉のうちに、側奉公の武士にありがちな「嫉妬」の感情をとらえている点も彼の議論の特徴であろう。

例えば、赤穂浪士の討ち入りに対する世間の評判を皮肉って、「上方衆《かみがたしゅう》は智慧かしこき故、褒めらるる仕様《しよう》は上手なれども、長崎喧嘩の様に無分別にすることはならぬなり。」(聞書一・五五)[50]「上方の人たちは、小智恵に秀でているので、世間から褒められる仕方は上手であるけれども、長崎喧嘩のように無分別なことはできないのである。」と語っていること。

「「何某《なにがし》は気情《きじょう》者なり。何某の前にて斯様の義を申し候。」と咄す人あり。それが面《つら》に似合はぬ言い分なり。曲者《くせもの》といはれたき迄なり。ひくい位《くらい》なり。青き所がある人と見えたり。」（聞書一・五七）[51]［「あの侍は気丈な者だ。ある人の前でこのようなことを言った」と話す人がいた。あの侍に似つかわしくない言い分である。曲者と言われたくてやったまでなのだ。卑しい水準である。未熟な所のある人物だと思われる。」の言葉のように、わが身を捨てて行動した武士に対して、屁理屈に類する批判をしていること。[52]

さらに、藩主の息女の縁組のさいに、自分の意見を述べた藩士に対する批評がある。「その身、気味《きみ》よく思うて、云ふべき事を云うて腹切りても本望《ほんもう》と思はるべし。よくよく了簡《りょうけん》候へ。何の益《やく》にも立たぬ事なり。斯様《かよう》の事を曲者などと思ふは以《もっ》ての外《ほか》なる取違《とりちが》ひなり。」（聞書一・四三）[53]［本人は、言えば気持ちが晴れ、言うべきことを言って切腹しても本望だと考えることだろう。だが、よくよく思慮なされよ。それは何の役にも立たぬことだ。そんなことをした者を曲者などと思うのは、もってのほかの考え違いである。」と。

当時一般には、その侍の言上にも一理あり、さすがだという評価もあった。しかし、常朝は、死をも覚悟したその侍の勇気ある態度ではなく、彼の内的心理に注目して、そんな意見で藩の方針が変更されるはずはなく、自分が気分よく思うために言うべきことを言っているだけで、何の役にもたたぬ、と真っ向から非難したこと。[54]

これらの事例を挙げながら、山本（博）は、常朝の内奥にひそむ陰湿な嫉妬心をえぐり出すのである。では、嫉妬深いこうした性格は、何に由来するのか。

幼い頃から主君の御側に仕え、多くの小僧や小々姓の中で、主君の寵愛をえるためにたえず主君の目にとまるよう努力した経験が大きかった、と。すなわち、同僚間での寵愛獲得競争に伴って生じる、他人を出し抜く行為、自己アピール、足の引っ張り合いなどに、原因が求められている。

さて、彼の議論の第三の特徴として指摘できるのは、常朝の他者批判が「正論」であるがゆえに反論されえない性格のものたりえた、との興味深い主張を提示していることである。たしかに、常朝による他の武士の行為にたいする批判は数多い。山本（博）の言うように嫉妬心のなせるわざなのか、佐賀藩の行く末を心配する真の忠義心からなのか、読む者は判断に苦しむであろう。山本（博）の取り上げた次の例も、そうである。

参勤交代の旅の途中、主君が寄り道していこうと言ったとき、日程の遅れを危惧したある年寄の侍が、人々に「某《それがし》一命を捨てて申し上ぐべく候」と主君への諫言の態度を表明し、皆に「御暇乞《おいとまご》い仕《つかまつ》り候」と決別の言葉をかけ、その後、種々の支度を整えて殿の前に進み出た。やがて退出をしてきて、「拙者《せっしゃ》申し上げ候儀聞《きこ》し召《め》し分《わ》けられ本望至極《ほんもうしごく》、皆様《みなさま》へ二度御目に懸かり候儀、不思議の仕合《しあわ》せ。」［私が申し上げたことを殿がお聞き入れになられ、ほんとうに本望です。皆さまに再びお目にかかることができたのは、思いもかけぬ幸せです。］と誇らしく話された。この事件をうけて、常朝はこう評したのであった。「これ皆《みな》主人の非《ひ》を顕《あら》はし、我が忠《ちゅう》を揚《あ》げ、威勢《いせい》を立つる仕事なり。多分他国者《たこくもの》にこれあるなり。」［こうしたことは、すべて主人の非を露わにし、自分の忠節を持ち上げ、威勢を増そうとするやり方である。おそらく他国者によくあることだ。］と。（聞書一・一一一）[55]

諫言の行為が成功したとき、忠義心をもって諫めた侍の評価は上がるだろうが、反対に主君の非が外に明らかになってしまう。他国ではそうしたことはしばしば起こりえようが、佐賀の地であってはならないことだ、というのが常朝の見解である。山本（博）は、常朝の批判はたしかに正論だと言う。だが、正論であるがゆえに、誰も反対できない代物となる。

もちろん、批判する常朝自身が真に行動的な武士であれば、その正論にも重みが伴う。だが、死を賭した行動は常朝にとって生涯無縁であった。傍観者の立場から、つねに建前だけが強調される。このように、嫉妬心にもとづく他人の行動への批判が、ことごとく「武士はかくあるべきだ」という正論でなされており、このことがこれまで不当にも『葉隠』が評価されてきた理由だ、と山本（博）はとらえるのである。[56]

（5）松田説・山本（博）説の評価、疑義と問題点

以上、見てきたように、松田修と山本博文の葉隠解釈の根幹は、口述者山本常朝という人物を、泰平の江戸期における典型的な文官として、側奉公に徹した官僚的武士としてとらえ、その根本性格から『葉隠』の記述を理解しようとしている点にある。松田は、常朝が藩主の側近者、文筆奉仕者として、『葉隠』や「常朝年譜」において、もっぱら佐賀藩の光明部分、藩主の有利な証拠・証言を記録し、極度に周到で計算・計量にすぐれた精神の持ち主である、という面を描き出した。

山本（博）は、常朝が、思考停止にもとづく「死に方に片付く」姿勢や主君への没我的奉公の勧めをつうじて示した、戦国武士とは異なるきわめて非主体的な文官であることを明らかにした。山本（博）はさらに、『葉隠』が文官的武士の処世術の書であり、そこに見られる他者批判のうちには、嫉妬心から発する建前や正論が横溢している、と見たのである。ともあれ、両者は、『葉隠』を傍観者の無責任な「ただの言葉の書」であったとみなす点で一致している。

これまで公にされてきた多くの葉隠論は、概して、武士特有の死の哲学、恥辱を雪ぐ果断な振る舞い、絶対的忠誠にもとづく主従の契りなど、戦士的武士の直情的な側面に注目してきた傾向が強かった。『葉隠』の半面たる文官的武士の思想・言動、常朝の本質的な文官的性格に着目した論者は少ない。その意味では、松田や山本（博）の葉隠解釈は、新しい葉隠像の提示であり、従来の葉隠に関する通説の大幅な修正を迫るものだといえるだろう。

私は、両者が照射した常朝の文官的性格を正確に見据えなければならぬこと、その文官性ゆえに、常朝のうちに良いことを書いて悪いことを書かなかった計算高さや、側奉公の侍にありがちな他者評価・他者批判を生み出した根強い嫉妬心などがあったであろうこと、こうした主張におおむね同意する。(57) また、山本（博）が、主従関係における常朝の没我的奉公・無条件的忠誠の思想の危険性に警鐘を鳴らし、側奉公的武士の思想を武士の典型的な思想として扱うべきでない、と主張したことにも賛成である。

だが、それらを受け容れた上でなお、彼らの議論に以下のような問題点を感ぜざるをえない。

第一に、常朝の思想と戦国武士の思想との間には、大きな違いがあるにせよ、両者がまったく断絶しているかのような論調には与することができない。常朝は祖父中野神右衛門清明の戦績に関する伝承からの影響もあって、文官でありながら、戦国武士や豪傑的戦士への共感を生涯もちつづけている。戦士的武士、とくに「曲者」の言動への憧憬・称賛が語られ、その逸話が『葉隠』の骨格をなしていることも事実なのである。だからこそ、太平の世で文官職に従事しながら、武士の戦士的性格の堅持と強化を望んだのであり、文官性と戦士性の両性格の狭間で、彼自身も揺れ動き、しばしば矛盾的言辞を吐露したのである。

第二に、『葉隠』には処世術に関する記述が多いとしても、「処世術」だけの書と断定することも一面的である。太平の世にあっても、農・工・商の三民の上に立つ武士層は、必要なときに武力の行使、暴力による統制を任されていた。日常的に死と向き合い、死を覚悟した行動が求められた。城内での刃傷事件、侍と侍および侍と民衆との喧嘩や暴力的報復、敵討ち、一揆の弾圧、さらには主君への諫言等々。『葉隠』には、「死に狂い」の言動がどういう場面でどのように可能であるかについての、多くの記述がある。もちろん、暴力的な決起と解決をめざす言動の裏にも、山本(博)が述べる「恥をかかぬために」という侍の処世術があることは、たしかに否定できない。だが、文官の処世術には収まりきらない誇り高き戦士的武士の無計算的な行為が称えられ、強固な武断的精神の継承が重視されつづけたことも事実なのである。

第三に、私の思うに、「死の覚悟」の力説が過剰であり、行為の選択と決断があまりに主情主義的であるが、それでもなお、必要な時と所において「生への執着」を絶つ姿勢を重視した倫理書である、という性格を『葉隠』は失っていない。この倫理を時代と社会の諸条件を顧慮せず一般的に適用することは、もちろん論外である。日中戦争・

太平洋戦争の時代に、この倫理が理性的な判断停止と自発的な死地への突入を肯定する軍国主義者の指針になったことは、けっして忘れられるべきではない。

だが、われわれ一人一人が生きかつ死ぬとき、自身の力で変えられぬ限界状況下では、あたう限りの意志的主体性を発揮して死を迎え入れることが必要ともなる。『葉隠』の弱点に目をつぶってはならないが、同時に人々が『葉隠』に共鳴する理由や論拠を倫理面や思想面から解き明かすことが不可欠であろう。その意味では、松田や山本（博）の仕事はそれに応えていない。

第四に、日本思想史上での『葉隠』の位置づけについてである。山本（博）は、最初から「死ぬ事と見付けたり」という姿勢および思考停止から生まれるものは、生の哲学ではありえず、無責任な「ただの言葉」にすぎない、常朝の主君への没我的忠誠からは激動の幕末期に活躍した武士たちの批判意識は出てこない、その意味で『葉隠』は孤立している、と断定した。

はたしてそうであろうか。『葉隠』は藩内で公式の教材としては採用されていないが、松田が言うように、禁書であったわけではない[58]。私が第六章で取り上げた『大隈伯昔日譚』でも明らかなように、幕末の佐賀藩内で葉隠精神に心酔した「葉隠武士」たちが攘夷派として勢威をふるっている（尤も、彼らの言動を肯定的に評価することには躊躇する）。長期にわたってこの書が受け継がれ読まれつづけていた、あるいは幕末期に藩内で葉隠熱が急激に沸騰した、などと推測される。

また、すでに紹介したことだが、『葉隠』に表現された「戦国的な主体的行動主義的忠誠の実践論理は、幕末武士の忠誠感の中にその対応物をもった」というのが丸山眞男の主張であった[59]。彼は、自己武装原則にもとづく独立責任意識に注目し、それが土台にあったからこそ、武士や上層農民が「日本の独立と名誉の確保を自分自身の名誉と独立の問題として引き受けることができた」と把握している[60]。山本（博）説と真っ向から対立して、丸山は、葉隠精神の幕末の志士たちへの継承を認めるのである。

『葉隠』は孤立しているのか、それとも継承されたのか。私個人は、孤立や断絶を強調する見解に強い疑義を感じている。だが、孤立説、継承説のいずれも、十分な歴史的事実とその検証をふまえた、衆目の一致する確定的な結論にまで達してはいないように思う。その意味では、歴史家や思想史家によって、武士道の連続性と非連続性についての歴史研究、および幕末期での葉隠思想の受容とその影響・歴史的役割についての検討が、今後なおいっそう堅実に進められる必要がある。(61)

註

(1) 『丸山眞男講義録［第五冊］』（東京大学出版会）とくに第二章第五節を参照。
(2) 同右　一八六―一八八頁を参照。『中世法制史料集』（岩波書店）第三巻所収の「附録一　朝倉孝景條々　Ⅱ朝倉英林入道子孫へ一書」では、第一条、第二条、第十三条、第十七条に、本文の引用と対応する記述がある。なお、朝倉英林入道とは、敏景のことであり、敏景は、孝景の前名である。
(3) 同右　一九二―一九三頁を参照。なお、前掲『中世法制史料集』第三巻所収の「甲州法度之次第（五十五箇条本）」では、喧嘩両成敗に関する記述は、第十七条にある。
(4) 同右　一九四頁を参照。
(5) 同右　一九五頁を参照。なお、『中世法制史料集』所収の「早雲寺殿廿一箇条」では、「拝みをする事」云々の記述は、第五条にある。
(6) 同右　一九六―一九七頁を参照。
(7) 同右　一九九―二〇〇頁を参照。
(8) 同右　二〇六―二一〇頁を参照。
(9) 同右　二一〇―二一三頁を参照。
(10) 同右　二一七―二一八頁を参照。
(11) 宮本武蔵『五輪書』鎌田茂雄訳注（講談社学術文庫）六四―六五頁

(12)　前掲『丸山眞男講義録』二一九頁

(13)　『葉隠』に登場する剣豪としては、新陰柳生流《しんかげやぎゅうりゅう》の普及者、柳生宗矩《むねのり》が有名である。（聞書一・四五）、（聞書二・四五）、（聞書十一・八）、（聞書十一・一三三）などに彼の言動を評価した記述がある。とくに、「聞書十一・一三三」には、柳生宗矩が「大剛に兵法なし」［大剛がありさえすれば兵法は要らぬ］を極意としており、『葉隠』が称揚する、死の覚悟と一体となった「剛勇」と同じ精神の持ち主であったことが紹介されている。この話を伝えた村川宗伝（伝右衛門貞政）は、小城藩の家老であり、宗矩との交流があった新陰流の達人で、しかも山本常朝の叔父であった。鍋島勝茂（初代佐賀藩主）・元茂（初代小城藩主）父子は、宗矩と親交があり、とくに元茂は、若い頃から江戸で、将軍家光の剣術相手を務め、将軍家の兵法師範であった柳生宗矩および新陰柳生流から思想的実践的に深い影響を受けていた。元茂は、宗矩の死の直前、秘伝の書『兵法家伝書《へいほうかでんしょ》』を授与されており、それをみても両者の絆がいかに強かったかが知られる。（参考までに補足すれば、小城藩は、蓮池藩、鹿島藩と並んで、佐賀本藩の一支藩である。）

なお、この『兵法家伝書』（岩波文庫、一九八五年）の趣意を簡単に説明すると、この書の中心をなす「殺人刀《せつにんとう》」の部と「活人剣《かつにんけん》」の部において、新陰柳生流の心法と技法が体系的に叙述されている。この書は、一対一の戦いこそ軍勢どうしの戦いの基本であるという兵法など、『五輪書』と共通する論も展開しているが、総じて、禅思想からの影響が顕著であり（禅僧沢庵（宗彭）による強い感化が見られる）、『五輪書』よりいっそう心法重視、つまり精神主義の傾向が濃厚だという特徴を示している。

(14)　同右　二二九頁

(15)　『葉隠（上）』（岩波文庫）二二三頁

(16)　『葉隠（上）』七二頁

(17)　前掲『丸山眞男講義録』二二三一頁を参照。

(18)　『葉隠（上）』四二頁

(19)　『葉隠（上）』五四頁

(20)　『葉隠（上）』八八頁

(21)　前掲『丸山眞男講義録』二二三二頁を参照。

(22)　同右　二二三四頁

(23)　前掲『丸山眞男講義録』二二三八頁を参照。

(24)　同右　二二三七頁

(25) 同右　二三九―二四〇頁を参照。
(26) 前掲『丸山眞男講義録』二三九―二四〇頁
(27) 同右　二五〇―二五二頁を参照。
(28) 同右　二四〇頁を参照。
(29) 前掲『丸山眞男講義録』二五三頁
(30) 同右　二三九頁
(31) 『葉隠（上）』「夜陰の閑談」一九頁
(32) 同右　三三頁
(33) 同右　六三―六四頁
(34) 同右　八四―八五頁
(35) 同右　七七頁
(36) 同右　一四〇頁
(37) 松田修「葉隠序説」（京都大学国文学会「國語國文」第三六巻 第一一号［三九九号］）
(38) 同右　六頁
(39) 『葉隠（中）』三七頁
(40) 前掲「葉隠序説」八頁
(41) 「山本神右衛門常朝年譜」『佐賀県近世史料　第八編 第一巻』七六三―八三一頁
(42) 前掲「葉隠序説」九―一一頁を参照。
(43) 同右　一一―一八頁を参照。
(44) 同右　一八―二〇頁を参照。
(45) 同右　二一頁を参照。
(46) 山本博文『『葉隠』の武士道』（ＰＨＰ新書、二〇〇一年）、『男の嫉妬――武士道の論理と心理』（ちくま新書、二〇〇五年）。なお、前者の『『葉隠』の武士道』は、山本常朝という武士の経歴、置かれた社会的地位、『葉隠』なる書物の成立事情、その社会的時代的背景を、冷静かつ正確に紹介した好著である。実証的事実を重んじる歴史家としての堅実な洞察があり、葉隠の記述および常朝の言説の真偽を解き明かそうとする鋭利な批判精神もある。

(47)　『葉隠（下）』一二四―一二六頁
(48)　前掲『『葉隠』の武士道』一一三―一一六頁および一九〇―一九一頁を参照。
(49)　同右　一九三頁を参照。
(50)　『葉隠（上）』四五頁
(51)　『葉隠（上）』四六頁
(52)　前掲『男の嫉妬』八八―八九頁を参照。
(53)　『葉隠（上）』三九頁
(54)　前掲『男の嫉妬』九〇―九一頁を参照。
(55)　『葉隠（上）』六四頁
(56)　前掲『男の嫉妬』九五―九七頁を参照。
(57)　ただし私は、嫉妬心が一つの行動動機であったことは認めるが、常朝の言動を支配する原理と解釈する（山本(博)にはその傾向が濃厚である）ことには同意できない。
(58)　前掲「葉隠序説」一―二頁を参照。松田修は、『葉隠』の反幕藩的、反時代的性格を強調して禁書説を打ち出した古川哲史に対して、「光茂公御年譜考補」や「綱茂公御年譜」等の佐賀藩公式記録類に『葉隠』が再三引用されている事実を挙げて、禁書説の無根拠性を解き明かしている。
(59)　前掲『丸山眞男講義録』に四四頁を参照。
(60)　同右　二五〇頁を参照。
(61)　最終的に読者は、山本(博)から、姑息な「ただの言葉」の書として孤立している『葉隠』を決して評価してはならない、という結論を聞かされる。（前掲『『葉隠』の武士道』一九六頁）人権と民主主義を基調とする現代において、非理性的直情的な言動や主従道徳の絶対化を説く『葉隠』を評価するな、という本旨であれば、そのかぎりで賛成である。しかし、今日では、もっと多面的な評価（なにより倫理的、思想史的評価の補完・展開）が必要であろう。それにしても、山本(博)が二〇一三年に公刊した『武士道の名著』（中公新書）の中で、かつて全面否定していた（かに見える）『葉隠』を名著の一つとして紹介しているのは、不可思議である。

第九章　『葉隠』の歴史的倫理的評価について（その四）

五　分析的共感的評価の論者たち（追加）

『葉隠』の本質を武士道ではなく「奉公人」道のうちに捉える説（小池喜明）

日本思想史家の小池喜明によって著され刊行された『葉隠　武士と「奉公」』は、労作である。換言すれば、長年の真摯な研究成果が反映された、かなり完成度の高い葉隠解釈の書である。その論旨は、これまで一般に膾炙してきた、勇ましく血気盛んな武士道的言辞にではなく、長く忍耐づよい主君への没我的忠誠の言動にこそ、『葉隠』の真髄があり、それゆえ葉隠解釈もその「奉公人」倫理に地盤をすえよ、というものだ。

『葉隠』の中に頻出する、献身的な奉公を謳う常朝の主張は、『葉隠』の思想的中核の一つであることはまちがいない。山本常朝は幕藩体制時代の中葉期を生き抜いた人物であり、藩主や国（＝藩）への誠心誠意の奉公以外には太平の世での武士の最善・最高の務めはありえないことを、骨身に染みて理解していた。

また、すでに紹介したように、葉隠研究者の幾人かは、山本常朝なる武士が文官的武士であり、しかも藩主のお側勤めに終始した侍であったことを十分に認識しつつ、葉隠の中の献身的奉公の諸特徴をとり上げ、彼の言動やその背景の特異性について論じてきた。相良亨しかり、松田修しかり、山本博文しかり、である。とはいえ、いずれの論者も、武士道に関する言説と併せて、かつ同等に、奉公や奉公人に関する言説をも重視すべきだ、との立場であった。

だが、小池喜明は、葉隠解釈の徹底性において他の論者と自らを差別化する。戦国的な武士道倫理ではなく、治世期の没我的忠誠の「奉公人」道が『葉隠』の思想的中核そのものだと言い切るのである。誤解を恐れずに単純化して言えば、小池葉隠論の最大特色は「奉公人道」一元論である。

小池の主張において「奉公人」道とはどう把握されているか、一見対立するかにみえる武士道と「奉公人」道とはどう関係づけられ融合されているか、を彼の論述に即しながら、詳しく見ていくことにしよう。

(1) 奉公の極意への悟り

小池が『葉隠』の本質を「奉公人」道として捉えるとき、しばしば引き合いに出す文章がある。「聞書二」の最後に掲げられている山本常朝自身の半生談である。

彼は父重澄の七〇歳の時に誕生し(最初の名は松亀)、九歳のときから藩主勝茂の孫光茂の小僧に召し抱えられ(名は不携)、その後一四歳のときに小々姓の役を仰せつけられた(名は市十郎)が、一時期光茂の不興を買って遠ざけられてしまう。光茂の江戸行きのお供もなくなり、大いに気落ちし、悶々とした日々を過ごすことを余儀なくされたが、やがて請役所に呼び出されて再出仕がかなう。こうした経歴を述べたあとで、これまでの経験をふまえて常朝はつぎのように考え、行動したというのである。

「この上は小身者《しょうしんもの》とて人より押し下《くだ》さるるは無念に候。何としたらば心よく奉公仕《つかまつ》るべきかと、昼夜工夫し申し候。その頃、毎夜、五郎左衛門咄《はなし》を承《うけたまわ》りに参り候に、古老《ころう》の咄に、「名利《みょうり》を思ふは奉公人にあらず、名利を思はざるも奉公人にあらず。」と申し伝へ候。このあたり工夫申し候様にと申し候故、いよいよ工夫一篇《いっぺん》になり、不図《ふと》得心申し候。奉公の至極の忠節は、主《しゅ》に諫言して国家を治む事なり。下《しも》の方《ほう》にぐどつき廻《まわ》りては益《やく》に立たず。然れば家老になるが奉公の至極《しごく》なり。私の名利を思はず、奉公名利《ほうこうみょうり》を思ふ事ぞと、篤《とく》と胸に落ち、さらば一度御家老《ごかろう》になりて見すべしと、覚悟を極《き》め申し候。尤《もっと》も早出頭《はやしゅっとう》は古来《こらい》のうぢなく候間《あいだ》、五十歳ばかりより仕立て申すべくと呑み込み、二六時中工夫《くふう》修行にて骨を折り、紅涙《こうるい》まではなく候へども、黄色《きいろ》などの涙は出《い》で申し候程に候。この間の工夫修行即ち角蔵流《かくぞうりゅう》にて候。」（聞書二・一四〇）[1]

「こうなったからには、小身者と他人から見下されるようでは無念である。どうすれば気持ちよく奉公できるだろうかと、昼も夜も考えつづけていた。そのころ、毎晩、山本五郎左衛門の話を聞きに出かけていたが、あるとき「古老の話に、〈名誉や利益ばかりを考えるのは奉公人とはいえぬ。だが、それらをまったく考えないのも奉公人とはいえない〉という申し伝えがある。このあたりのことを十分に考えてみるように。」と言われたので、ますます考えに考えたあげく、ふと次のように得心することができた。奉公における最上の忠節は、主君に諫言して国家を治めることである。下の地位でぐずぐずしていては役に立つことがない。であれば家老になるのが奉公の極致である。自己自身のための名利を思わず、奉公のための名利を思うことだ、と大いに納得し、そうであれば一度は家老になってみせようと、覚悟を決めたのである。尤も、あまりに早い出世は、昔から長続きしないものだといわれているから、五十歳ごろから出世しようと心を決め、昼夜、そのための工夫や修行をし、骨折りをつづけ、紅の涙とまではいかないが、黄色い涙くらいは流すほどの様子であった。この間の工夫や修行が、すなわち、かの角蔵流であった。」

「私的な名利」から「奉公名利」への回心、換言すれば、人生目標の転向決意を表わしたこの箇所の記述は、たしかにドラマチックである。不運な境遇に陥って苦悩している時期に、考えに考えつづけた挙句に常朝が獲得するにいたった、結論の経緯と覚悟の強さ・重さがよく表現されているからである。

しかし、そこには興味深い二面性が露わになっている。一方では、おのれの利益・名誉のためではなく、主君や藩のため一途に尽くし抜こうという決意のうちに、徹底性や純粋性が示されている。だが他方では、「奉公」道の成就をめざすその決意は、身分制社会の冷厳な現実と深くかかわらざるをえないのであって、けっして名利そのものの否定ではない。家老への就任と諫言の実行という生々しく泥臭い方法・道程を前提にせざるをえない。出世願望も強烈なまでに肯定され維持される。純粋さは純粋さにとどまることはできない。不純を受け容れつつ、不純の中で「奉公」道の徹底化をはかる必要がある。常朝にはそれがよくわかっていたのだと思われる。「清濁併せ呑む」ことを肯んじつつ、それでもなお奉公人としての人生目標の実現を希求する、という態度がそこにはある。私が思うに、「奉公名利」という言葉には、そうした理念と現実の混淆した意味が包含されている。

（2）「小身無足」身分からする「奉公名利」論

上記の常朝の半生談を貫くもう一つの特徴は、常朝の身分・職位の特殊性である。小池は、「小身無足」の意識が彼を「奉公名利」に駆り立てる上での強固な原動力となっていることを指摘しているが[2]、私もその通りだと思う。「無足」とは、知行地を所有せず、切米（蔵米）を支給される身分の低い武士のことであるが、二十歳代初めに常朝は、わずか切米二十石を拝領する小身者であった。この身分意識が彼のその後の発想および行動様式を規定していたことが、『葉隠』内の処々の記述に散見される。先の半生談の文とともに、次の文もそれをよく表わしている。

「若年《じゃくねん》の頃より見懸《みか》けの拙者《せっしゃ》に候へば、御用に立つ事もなく、出頭人《しゅっとうにん》などを見て羨ましき時も候へども、殿様を大切に思ふ事は、我には続き申さるまじくと存《ぞん》じ出《だ》し、これ一つにて心を慰め、小身無足《しょうしんむそく》をも打ち忘れ、勤め申し候。案《あん》の如く、御卒去《ごしゅっきょ》の時、我等《われら》一人にて御外聞《ごがいぶん》取りたり。」（聞書一・一九五）[3]

[若いころから、見かけどおりのいたらぬ私であったので、特別お役に立つこともなく、主君の側近くで政務に携わる人

などを見て羨ましく思ったりしたが、殿様を大切に思うことでは我に続く者はいまいと考えるようになり、このこと一つで心を慰め、小身無足という低い身分をまったく考えないようにして勤めに励んだ。予想通り、光茂公が亡くなられたとき、私一人が殿の名誉を保つことができたのである。」

「小身者とて人より押し下さるるは無念に候」とか「小身無足をも打ち忘れ」とかいう言葉のうちに、自分の身分にたいする卑下の念、その身分から脱却したいという上昇願望がにじみ出ているが、実際のところ、「奉公名利」観への転回以降の常朝の献身的勤務をみるかぎり、「「無足」の「切米」取りの身分がつねに意識され、それが以後の人生の発奮材料であった[4]」という小池の理解が当を得ていることを教えられる。小身無足という身分は、常朝の言動を委縮させたのではなく、むしろ彼の奉公人生に固有の目標を与え、それを生き生きとした緊張感で満たしたとみるべきである。

ところで、半生談の末尾で言及された「角蔵流」なるものに触れておく必要がある。小池の「奉公名利論」は、この「角蔵流」と切っても切れない関係にあるからである。

「「角蔵流とは如何様《いかよう》の心に候や。」と申し候へば、鍋島喜雲草履取《なべしまきうんぞうりとり》角蔵と申す者、力量の者に候故、喜雲剣術者《けんじゅつしゃ》にて取手《とりて》一流仕《し》立《た》て、角蔵流と名づけ、方々《ほうぼう》指南いたし、今に手がた残り居り申し候。組討《くみうち》やはらなどと申し、打ち上《あが》りたる流にてはこれなく候。我等が流儀もその如く上《うわ》びたる事は知らず、げす流にて草履取角蔵が取手《とりて》の様《よう》に、端的《たんてき》の当用に立ち申す故、この前から我等が角蔵流と申し候。」（聞書二・二）[5]

「角蔵流とはどのような主旨のものですか」と尋ねられたので、次のように答えた。鍋島喜雲の草履取りで角蔵という者がおり、その者が力わざにすぐれていたので、剣術者であった喜雲が、それを取手の一流派に仕立てて角蔵流と名づけ、多くの人々に指南をしたのだが、その技の型が今に残っている。組打ちや柔らなどというもっともらしい流儀ではない。それと同じように私の生き方も上品ぶったものではなく、素朴なげす流というべきもので、草履取の角蔵の取手のように、てっとりばやく役に立つものであるから、以前より私の角蔵流と言っているのだ。」」

角蔵流は、上品で高尚な武術ではない。身分の低い草履取りの角蔵が日常で行なった実用的な取手の方法（捕縛術）をひとつの技の型に仕上げたもので、げす（下司・下衆）にふさわしい流儀ではあるが、しかし実際的でとっさの役に立つ。一般に見下されがちな素朴で有用な行動様式に、常朝は高い評価を与えている。しかも、彼自身の日常的な生活態度、おのが生涯における生き方にそれを適用するのである。

「我等が角蔵流」（私の角蔵流）と呼んで、その虚飾なき愚直な態度が自分の奉公そのものの基軸にすえられるのである。家老になってみせようと決意したあと、血のにじむような苦難の多い献身的な奉公が始まるのであるが、のちにその後の奉公期間を振り返って、まさに「この間の工夫修行即ち角蔵流にて候」と述べた背景には、上品や高尚を廃して、「げす」の立場・視点から奉公を捉えなおし、地道で素朴な隠し奉公に徹しようとした常朝の実像が浮かびあがってくる。

常朝が角蔵流に特別な肩入れをするのは他でもない。彼自身が「小身無足」の武士だからである。大身や知行取りには上品なもの・高尚なものは見えやすい。しかし、小身無足の身分だからこそ、見えてくる価値、理解できる本物がある。下位身分の視点から「奉公人」道が捉え直され、深められる。それは同時に、しばしば言及される「忍ぶ恋」精神との密接な関係をも浮かび上がらせる。

この関係を的確にとらえている小池喜明の主張を紹介しよう。

「名もなき草履取の「角蔵流」と、「逢てからは恋のたけが低し」とする「忍恋」は「名」を消すことにおいて共通する。「私の名利」と「奉公名利」とを峻別し、「私」の除去あるいは「澄む」ことを自己終生の課題とした求道者常朝が「我等が角蔵流」を自負するのは故なきことではない。……「下」への志向が強調される「角蔵流」は、「小身無足」の怨恨（ルサンチマン）に端を発し、彼の屈折した自負の原点をなした若き日の常朝の体験と呼応するのである。(6)」

われわれはすでに知っているように、主君への徹底した片想い的な奉公は「忍ぶ恋」と本質において同類である。いずれも報酬や名誉を期待しない没我的献身だからである。角蔵流も、自己顕示とは反対の、私利を滅した実用的武術に他ならない。それゆえ奉公における長期の工夫や修行が角蔵流と同一視されたのである。小池は、小身無足の身分に立脚した「奉公名利―忍ぶ恋―角蔵流武術」の連関を、他の誰よりも深く明瞭に把握し表現した論者だといっていい(7)。

葉隠研究者の中で、「常住死に身」や「死に狂い」に代表される常朝の武士道的言説だけでなく、側奉公に従事する文官的武士の言説を重視する論者（松田修や山本博文など）もたしかに存在している。だが、とくに「小身無足」の身分とその固有の意識に着目し、その光と影を明らかにしたことは、小池の小さくない功績であろう。ただし、松田や山本（博）は、お側奉公の武士が宿命的に抱え込まざるをえない、計算高さ、嫉妬心、狭量な他者批判などの否定的な態度を浮かび上がらせているのに比べると、小池にあっては、「小身無足」意識が常朝の没我的献身への邁進を支える発奮材料ないし原動力として理解され、常朝の生涯に対するかなり同情的・肯定的評価の源泉になっており、その点では際立った違いがある。（尤も、小池が常朝の「奉公人」道を肯定的にのみ描いているとするのは、公正な評価ではない。それについては、また後の（8）で、触れることにしよう。）

(3)「奉公人」道における「死の覚悟」

小池喜明は、『葉隠』を武士道の書としてではなく、「奉公人」道の書として読むことを提唱し、だからこそ常朝の「奉公名利」に代表される「奉公」倫理の特徴を、上述のようにできるだけ詳細に解き明かそうと努めている。その議論にはたしかにかなりの説得性がある。

だが、これまで典型的な武士道書として取り上げられ評価されてきたその淵源にあるもの、すなわち、「死ぬ事と見付けたり」「常住死に身」「死に狂い」などの言葉に含まれる「死の覚悟」をどう解釈するか、武士の死(および死の覚悟)と献身的奉公とは一体的に理解できるのかどうか、が次の問題となるだろう。

この問題に直面しても、小池は持論を譲らない。

「「武士道と云《いう》は、死ぬ事と見付けたり」。いまや戦闘の時代は遠く去ったが、かつて戦国武士たちが戦場で示したような決死の覚悟をもって「畳の上」の「奉公」に努めよ、というのである。戦闘での貢献に代えての、主君・藩への献身、一身を挙げての没我的忠誠への死の覚悟の要請である。(8)」

『葉隠』冒頭の「死ぬ事」とは、元和偃武以後の泰平期では、もはや本格的な戦乱における武士の死はありえない以上、決死の覚悟で(死にもの狂いの意志をもって)主君や藩への没我的献身に邁進せよ、という意味だ、との解釈である。

小池が言うように、常朝が治世期での文官的武士の生き方に鋭い教訓や助言を与えるとき、戦場での死に匹敵する「畳の上」での死の覚悟を強調する言葉は、なるほど『葉隠』中に枚挙にいとまがないほど数多い。これまでですでにとりあげた文例ではあるが、ここでの議論との関連上必要なので、重複をいとわず改めて典型的な文例を示してみよう。

先ほどの「死ぬ事と見付けたり」の言葉がある後半の文章、「毎朝毎夕、改めては死に死に、常住《じょうじゅう》死身《しにみ》になりて居《お》る時は、武道に自由を得、一生越度《おちど》なく、家職《かしょく》を仕果《しおお》すべきなり。」（聞書一・二）[9]［毎朝毎夕、心を改め死を思いつづけ、死に身の覚悟をしている時は、武士道における真の自由を得て、一生過ちを犯すことなく、武士としての職務をなしとげることができるのである。」

　鍋島家の家臣たることへの感謝の念と献身的奉公の覚悟を表現した「……御恩報じに何とぞまかり立つべくとの覚悟に胸を極《き》め、御懇《おねんご》ろに召し使はるる時は、いよいよ私《わたくし》なく奉公仕り、浪人切腹仰せ付けられ候も一つの御奉公と存じ、山の奥よりも土の下よりも生々世々《しょうじょうせぜ》御家を嘆き奉る心入れ、これ鍋島侍《なべしまざむらい》の覚悟の初門《しょもん》、我等が骨髄《こつずい》にて候。」（夜陰の閑談）[10]［ご恩返しのため鍋島家のお役に立たなければならないという覚悟を心に決めて、仲睦まじく殿に召し使われる時は、いっそう私心を捨ててご奉公をし、浪人や切腹を仰せつけられても、それも一つのご奉公だと思い、わが身が山の奥にあろうと土の下にあろうと、いつまでも変わらず主君の御家を深く憂慮する心持、これこそが鍋島侍の覚悟の原点であり、われらの真髄なのである。」

　自分は、特別なとりえもなければ戦場での功績もないが、若い頃から「殿の真の家来は自分ひとりだ」との固い信念のもとに奉公してきたため、周囲の人々から軽く見られることはなかった、との経験を披歴したうえで語った次の文、「ただ殿を大切に存じ、何事にてもあれ、死狂ひは我一人と内心に覚悟したるまでにて候。」（聞書二・六三）[11]［ただ殿を大切に思い、なにごとがあろうと、そのとき死に狂いの奉公をするのは自分一人だけだ、と心のうちで覚悟していたまでである。」

　家老になって主君に諫言することこそ奉公の至極だと強調した文章の後半にある「侍たる者は名利《みょうり》の真中《さんなか》、地獄の真中に駆け入りても、主君の御用《ごよう》に立つべきとなり。」（聞書二・一三九）[12]［真の侍たる者は、名誉と利害のただ中にあっても、地獄の真ん中にあっても、生命を賭してそこに飛び込み、主君のお役に立とうとしなければならない、と。」

　泰平期での忠節のあり方がいかに苦労多き困難なものであるかを語った次の文、「御心入《おんこころいれ》を直し、御国家《ごこっか》を堅《かた》め申すが大忠節なり。一番乗《のり》、一番鑓《やり》などは命を捨ててかかるまでなり。その場ばかりの仕事なり。御心入を直し候事は、命を捨てても成らず、一生骨を折る事なり。」（聞書十一・二八）[13]［殿のお心やお考えを直し、お国を堅固なものにすることが、大忠節である。戦場での一番乗りや一番槍などは命を捨ててかかればよいものだ。その場だけの仕事である。しかし、殿のお心やお考えを直すことは、命を捨てても成功せず、一生骨を折らねばならない仕事なのである。］

以上の聞書は、家職遂行や奉公一筋の中での「死」や「死の覚悟」の表現例である。「常住死に身」「切腹」「死に狂い」「地獄」「捨てる命」などの言葉は、まぎれもなく、戦時ではなく平時での奉公の中でこそ、重視され要請されている。

換言すれば、泰平期でのお城勤め、主君への奉公が、戦乱期での戦士的武士の命を賭した行動と比べて、質量ともにけっして遜色のないものであることが再三強調される。いやむしろ、戦時よりいっそう強い「死の覚悟」が必要だ、というのが常朝の評価である。治世にふさわしい法と秩序の下で、上下関係に細心の注意をはらいながら、国や主君が正しい統治を行なうよう、おのが家職の遂行をつうじて、生涯にわたり支えつづけなければならない。献身が短期ではなく長期であること、豪胆かつ直情的な勇気ではなく緊張感あふれる忍耐強い勇気が必要であることを考慮すれば、一番乗り、一番鑓を競った戦時の奉公よりもっと困難だというのである。

「常住死に身」や「死に狂い」は、太平の世でも不可欠であり、そうした決死の覚悟のもとでこそ、主君を動かし、藩を動かし、真の没我的忠誠は実を結ぶのだ、と常朝は捉えている。平時での「死の覚悟」にもとづく献身は、このように確固とした封建的秩序・身分的体制の制約のもとであれ、強烈な意志的行為による能動的主体性（以前、私はそれを葉隠武士的な「自律」と呼んだ）を可能にした。このことを認めるならば、「戦国以来の譜代の奉公人に通有の宿命たる滅私の受動性は、平時における見事な生を担保すべく、理不尽な死にこそ「一入勇み進む」滅私の能動性へと転位させられている」[14]と述べた小池の指摘が適切なものだということが理解できるだろう。

小池によれば、直接的戦闘から解放された治世期の武士にあっては、死の覚悟が不要になったのではなく、泰平の時代だからこそ、かえって没我的奉公の中で新しい「死の覚悟」が求められた、と。私もその主張を首肯する。だが、小池はさらに、「各種の「死」はすべて主君への「思ひ死」に収斂する……。治世の武士における「死」は、「思ひ死」にきわまるのである。[15]」という主張や、「彼（常朝）は戦時の武士道を換骨奪胎し、これを平時（治世）の「奉公人」」道へと鋳直したのである。[16]」という断定にまで突き進む。本章の冒頭で私はそれを「奉公人道」一元論と規定したが、彼のこうした主張や断定は、私のその規定が不当ではないことを示している。

しかしながら「死の覚悟」を基盤とする武士道は、ほんとうに小池流「奉公人道」の中で、その独自性を失ってしまうのか。私は強い疑義をぬぐえない。

この問題については、後の（6）と（7）で改めて本格的に検討しようと思う。

小池喜明の葉隠論には、なお評価されてよいすぐれた解釈があり、奉公人道一元論の問題点に入る前に、とり上げ紹介しておくべき必要性を感じる。そのうちの一つが「志の諫言」をめぐる論述である。

（4）「志の諫言」の真意の解明

すでに明らかなように、若き日の常朝が苦悩の末にたどりついた「奉公名利」の見地は、主君のため国のために諫言するにはぜひ家老になる必要がある、という目標と一体のものであった。家老をめざすという立身出世願望が肯定されたのではあるが、第一義的には、家老職だけに認められた、主君への諫言が最高の奉公目的であったことを、われわれも確認しておかなければならない。

とはいえ、「諫言」とはそもそも何か。諫言する家臣はどんな態度で臨むべきか。そして、どのように実行しなければならないか。これらの問いをめぐっての諫言に関する小池の論述は、たいへん多面的で、分析が深く、教えられる点が多い。

小池が摑みとった『葉隠』における諫言の枢要は、「志の諫言」に集約される。彼は言う、「常朝の「奉公人」道の「諫言」の真骨頂は、その決死性、動態性という皮相な現象にではなく、「志の諫言」にこそある。」と。[17] 隠し奉公の典型ともいいうる、真に「長《た》け高き」諫言の勧めといえば、次の聞書の文であろう。

「将監《しょうげん》常々申し候は、「諫《かん》と云ふ詞《ことば》、はや私《わたくし》なり。諫は無きものなり」と申し候。一生御意見申し上げたるを知りたる人なし。又一度も理詰《りづめ》にて申し上げたる事なし。潜《ひそ》かに御納得なされ候様に申し上げ候由。」（聞書二・一二八）[18]

［中野将監は常々「諫という言葉はすでに私的なものである。そもそも諫ということはないものなのだ」と言っておられた。将監は一生の中で殿に数々のご意見を申し上げたが、それを知っている人はいない。また、一度も理詰めで申し上げたことはなかった。ひそかにご納得なされるように申し上げたということである。］

諫言の本質を端的に言い表わした有名な箇所である。家臣自らが主君を「忠言をもって諫める」という態度には、自己顕示と名誉欲が露わになっており、没我的忠誠を前提とした真の諫言ではない、というのである。光茂時代の年寄役であった中野将監の言葉に感銘を受けていた常朝は、私利私欲を潜ませている諫言行為をとことん嫌った。「諫は無きもの」という断定は、さすがに没我的姿勢の徹底性を感じさせる。

ではどういう諫言の仕方・方法でなければならないか。

「主人に諫言をするに色々あるべし。志《こころざし》の諫言は脇《わき》に知れぬ様にするなり。御気《おき》にさからはぬ様にして御曲《おんくせ》を直し申すものなり。」（聞書一・一二一）[19]

［主人への諫言にもいろいろな仕方がある。志の諫言は周囲に知られないようにすることだ。主人の気持ちに逆らわないようにして、よくないお癖をお直しするものである。］

自分と主君以外の他の者には漏れ伝わらないようにする諫言、けっして「主人の非を顕はし、我が忠を揚げ、威勢を立つる」（聞書一・一一一）[20]やり方ではない諫言、それが「志の諫言」であり、諫言の方法である。

さらに具体的には、上記の「諫は無きものなり」という陳述につづいて出てくる以下の文が、「志の諫言」の真髄を語り伝えている。

「前々数馬《ぜんぜんかずま》も終《つい》に御用と申して罷り出で、御意見上げたる事なし。御序《おついで》に潜かに申し上げ候につき、よく御請《おう》けなされ候。外《ほか》に存じたる者これなき故、御誤《おんあやまり》終に知れ申さず候。理詰にて申し上ぐるは、皆我が忠節立て、主君の悪名《あくめい》を顕はし申し候に付、大不忠なり。御請けなされざる時は、いよいよ御悪名《ごあくめい》になり、申し上げざるには劣るにて候。我ばかり忠節者《ちゅうせつもの》と諸人に知られ申す迄に候。潜かに申し上げ、御請けなされざる時は、力《ちから》及ばざる儀《ぎ》と存じ果て、いよいよ隠密《おんみつ》いたし、色々工夫を以て又は申し上げ申し上げ仕り候へば、一度は御請けなさる事に候。御請けなされず御悪事《おんあくじ》これある時、いよいよ御味方仕《おみかたつかまつ》り、何卒世上《なにとぞせじょう》に知れ申さざる様に仕るべき事なりと。」（聞書二・一二八）[21]

［先々代の中野数馬（政利）も、御用がありますと言って殿の前にまかり出て、意見を申し上げたことは一度もなかった。ことのついでにこっそりと申し上げたので、殿もよくお聞き入れになった。他の誰にも悟られなかったので、殿の過失は最後まで人々に知られずにすんだのである。理詰めで申し上げるのは、すべて自分の忠義ぶりを顕示し、主君の悪名を露わにすることであって、大不忠である。主君が受け入れなかった時には、ますます主君の悪名が高まり、申し上げない方がよかったということになる。その結果、自分だけが忠義の家臣だと人々に知られるばかりとなろう。こっそりと申し上

げ、意見をお聞き入れにならない時は、わが力が及ばないためだと理解し、ますますこれを秘密にし、いろいろ工夫を重ねてさらに何度か申し上げ続ければ、きっとお聞き入れなさるであろう。それでもお聞き入れなさらず、主君の悪事が出来する時には、ますます主君のお味方となり、その悪事がどうにかして世間に知られないように努めなければならない、と（常朝殿は）言われた。」

治政において主君の意図や施策が誤っているとき、家臣が決死の覚悟で諫言し改めさせることは原則的には正しいと言われるであろう。だが、常朝は、家臣のそうした言動によって主君の非や悪事が露呈され公になるなら、諫言としては失敗であり、諫言せぬ方がよい、という見地にたつ。「志の諫言」は、諫言の「内容」だけでなく、主君の過失を外に漏らさぬという「方法」をも包括するものでなければならない。さらに、主君が受け入れるようねばり強く進言しつづけること、それでも聞き入れられなければ、主君の味方になりつづけ、過失の結果を家臣自らが引き受けること、というその後の「態度」をも包括するものであることがわかる。

「志の諫言」には、内容、方法、態度すべてが含まれるのである。そこに見られるのは、主君にたいする「忍ぶ恋」精神に立脚した没我的忠誠の極致であり、最初から最後まで黒子の役に徹しようとする「隠し奉公」の典型である。小池が「志の諫言」を「「忍恋」的奉公により鍛えあげられた「譜代」者の「陰の奉公」にこそ似合わしい、心憎いまでに「長け高き」諫言」[22]と表現したのは、なるほどその本質をつかみ出した見事な要約だと思う。

（5）没我的忠誠の中での家臣の自律的・批判的態度

小池の諫言論で注目されてよい別の側面がある。上述した諫言の解釈は、主君への徹底した「没我」的忠誠の側面であった。だが他方、実は家臣による強烈な「自己」主張の側面があり、それらを小池は明瞭に浮かびあがらせている。『葉隠』の中の以下の記述が、それに該当するものである。

「内気にようきなる御主人は随分《ずいぶん》誉め候て、御用に越度《おちど》なき様に調《ととの》へて上げ申す筈なり。御気《おき》を育て申す所なり。さて又、御気勝《ごきがち》、御発明《ごはつめい》なる御主人は、ちと御心置《おこころお》かれ候様に仕懸《しか》け、この事を彼者《かのもの》承《うけたまわ》り候はば何とか存ずべしと思召《おぼしめ》さるる者になり候事、大忠節なり。」（聞書二・一二[23]）

［内気で凡庸な主君にたいしては、たえず誉めてさしあげ、過ちのないようにお支えしなければならない。御気力を強くするためである。他方、勝気で聡明な御主人にたいしては、少しだけ自分に気がねをされるように仕向け、「このことをかの者が聞いたなら何と考えるだろうか」と思われるような者になることが、大忠節である。］

「主人にも何気《なにげ》もなく思はれては、大事の奉公はされぬ物なり。このあたり一心《いっしん》の覚悟にて顕《あら》はるるなり。」（聞書二・七六[24]）

［主君に何ということもない者と思われては、大事の奉公はできないものだ。そこに一心の覚悟があれば、おのずと主君の眼にもとまるものである。］

「主人にも、家老年寄にも、ちと隔心《かくしん》に思はれねば大業《たいぎょう》はならず。何気もなく腰に付けられては働かれぬものなり。この心持これある事の由。」（聞書二・九四[25]）

［主君にも、家老や年寄役にも、少し遠慮されるような人間でなければ大仕事はできない。何とも思われず腰巾着のようになっていては、十分な働きはできないものだ。こうした気概をいつも持っていなければならない、と。］

常朝は家臣の無条件的な随順だけを勧めてはいない。単なる阿諛・追従は主君を傲慢にし、主君の統治行為を誤らせる。そうならないためには、傍らの者が主君にとって意見を求めたい家臣、必要時に頼りになる家臣でなければばならない、というのである。上記で語られている、「ちと御心置かれ候」なる家臣、「何気もなく思はれ」ない家臣、「ちと隔心に思はれ」る家臣などの言葉が、それらを代表する。まさに一目置かれる「一廉《ひとかど》の」家臣である。見識をもつ威厳ある侍でなければ、奉公の大事を完遂できない、との考えからである。

小池はこのように、『葉隠』の中に、家臣による主君への徹底した没我的献身と併せて、一見それと対立するかのような、主君にとっての「一廉の」家臣の重要性を指摘するのであるが、さらになお、家臣による主君の相対化、さらには主君にたいする批判意識の成立をも論じていることは、きわめて注目される。小池は、「夜陰の閑談」や「常朝書置」の次の記述に注目し、主君をも射すくめる家臣側の批判的視点の存在を照らし出すのである。

「されば、憚《はばか》りながら、御上《おかみ》にも、日峯《にっぽう》様・泰盛院《たいせいいん》様の御苦労を思召し知られ、せめて御譲りの御書き物なりとも御熟覧《ごじゅくらん》候て、御《おん》落ち着き遊ばされたき事に候。御出生《ごしゅっしょう》候へば、若殿《わかとの》若殿とひようすかし立て候に付て御苦労なさる事これ無く、国学《こくがく》御存じなく、我儘《わがまま》のすき事ばかりにて、御家職方《ごかしょくがた》大方に候故、近年新儀《しんぎ》多く、手薄《てうす》く相成《あいな》り申す事に候。」（「夜陰の閑談」(26)）

［それゆえ、申しにくいことだが、現在の殿も、直茂公・勝茂公の過去の御苦労をお考えになられ、せめて譲り受けられた書物なりとも十分にご覧くださって、深くご理解いただきたいものである。ご出生になられると、「若殿、若殿」とご機嫌をとられてばかりなのでご苦労されることもなく、国学（藩の歴史や事情）の知識もなく、自分流の趣味のことばかりに打ち込み、藩主としての仕事をいい加減になさっているために、近年目新しい施策が多くなり、治政に支障が出るようになっている。］

「已前《いぜん》より御利発過ぎ候御方《おんかた》は、御部屋住《おへやずみ》の時分は御嗜《おんたしなみ》御強く、万端《ばんたん》宜しく御座候へ共、御直代《おじきだい》にならせられ候てよりは、多分上《うえ》なしに御我まま出《いで》申し、御自慢の御心《おんこころ》御座候て、下よりの諫言を御嫌《おきら》ひなさるる故、鈍《どん》なるに御劣《おんおとり》申す事間々《まま》御座候……」（「常朝書置」(27)）

［幼い頃より利発すぎる若殿は、部屋住みの時代は嗜みがあって万事慎み深いけれども、家督をお継ぎになられてからは、およそ際限なく我ままになられ、自慢の心が生まれて、家臣からの諫言を嫌われるようになるので、利発でない殿より劣ってしまうことがままあるものである……］

前者の「夜陰の閑談」中の厳しい直言は、四代藩主吉茂に向けられたものであるが、「国学を理解していない」「趣味ばかりに専念して家職の遂行を怠っている」との批判が明瞭である。後者の「常朝書置」中の記述は神代主膳直《くましろ》堅（のちの五代藩主宗茂）に宛てられたものだが、家督相続後の藩主が往々にして、我儘で高慢な態度を身につけ、下からの諫言を拒絶しがちだ、という評価・批判を突きつけている。

尤も、お側役として在職していた時代に、常朝がこれらの言辞を周囲に発していたとはとても考えられない。主君の非を露わにすることは、彼の奉公観では全く許されないことであったし、また、主君光茂に対する情誼的忠誠心は絶大なものであったはずだからである。

治政上必要な藩主の資質・能力は、光茂のお側奉公の時代からすでに常朝自身がうすうす認識していたことであろうが、さらに光茂の死去以後、出家・隠棲し、自らのお側奉公の過去を理性的に振り返ることによっていっそう明瞭に気づかれたり、再確認させられたりした内容であったと思われる。身分的秩序から離れ、組織人ではなくなった気楽さ、外部からやや気ままに発言できる自由さもそこにはあったにちがいない。光茂ではなく、次期藩主吉茂や、神代主膳（のちの宗茂）が対象となっていることがその証である。

それにしても、常朝のこの態度の変更には、忠誠対象が「主君」（個人）から「御国家」（組織）への推移、一言でいえば、「公」そのものの把握の変化があったのであり、小池がそこに着目し、それを抉剔したことは、葉隠解釈としてすぐれた功績の一つであった、と私は評価したい。小池は言う、「こうして常朝においては光茂の死後、「公」の重心は君主個人から組織（御国家）へと推移ないしは変質（成長）し、ここに成立した新たな「公」的視座が治世における「諫言」「御異見」正当化の論理的母胎となる」と。[28]

常朝にあって君主個人と藩という組織とは明確に区別され、「公」概念は君主から藩へと重点を移している、というのが、小池の基本的理解である。じつはこの点に関して、私はすでに執筆した第三章（武士の「自律」と「服従」）で、次のような別の見解を表明していた。

「『葉隠』にあっては、主君と藩とを分離する認識や表現は萌芽にとどまった、と私は考える。藩主の限界性と鍋島家・鍋島藩の永続性との差異意識はたしかにあったであろう。だが、藩主と切り離して鍋島の家や藩の独自性を常朝が意識的に評価・期待し、それを忠義の対象とした、というのは的を射ていないと思われる。じつは、それほどに『葉隠』における人間的な主従関係は濃密であることを要求されたからであり、主君と臣下との「人格的依存関係」が最初から最後まで重視されたからである。（中略）

『葉隠』にみられる理解では、主君と藩という組織との未分化が顕著であり、藩という政治体はいわば主君という人格の組織的表現の域を出ていないのである。尤も、藩という組織はすでに幕府のもつ官僚制秩序に準じた一種の中央集権的制度をそなえており、現実には、主君の人格と同等の機能ではありえず、その性格も異質なものになりつつあった。だが、おそらくそのことを予感しつつ、それでもなお常朝は、人間的情愛を基本にした主従関係や藩内政治を希求し、またその復活を訴えつづけたのだ、と考えられる。[29]」

私の主張は、主君という人格と藩という組織との未分化を指摘し、異質性・差異性は萌芽にとどまる、というものであった。藩政治の根幹たる情誼的主従関係を過度に重視したことがその背景にある。明らかに、上述した小池の基本的理解とは異なっている。

だが、小池がとり上げた、「夜陰の閑談」での直言、「常朝書置」での記述に着目するならば、そこには藩主への批判的評価が明瞭であり、その評価が鍋島家や鍋島藩という「公」の存続を期待し展望する視座からおこなわれているることが認識されうる。それゆえ、私は「主君と藩との未分化」という理解では不十分であることを察するにいたった。

常朝のうちに（もちろん光茂死後の隠棲時代になって）、幾多の藩主を包摂する「国家ないし藩」そのものの存続を願うからこそ、個々の主君を超える一段高いその見地からの政治批判、藩主批判が登場している、という事実はたしかに重い。このように考え直すことが必要かつ妥当である旨を、今回小池の葉隠論から改めて私自身が学び取り、そして受け容れることができた。それをここに、自省自戒をこめて正直に記しておこう。

（6）小池葉隠論の難点・問題点

以上みてきたように、小池喜明の葉隠解釈は、山本常朝という文官的武士が泰平時に「死の覚悟」をもって主君への没我的献身を遂行するための心構えを述べたものであり、奉公一篇・家職一篇の「奉公人」道の真髄を解明し教示した書物だ、というものである。それゆえ、この見地から、「『葉隠』は、治世と乱世を混同するような時代錯誤的な尚武の書などではけっしてなく、見事なまでに時代即応的な治世における人間知・処世知の集積といってよいのである」(30)という彼の総括的評価も出てくる。

とはいえ、奉公人道の書であって、武士道の書ではない、という主張は、従来の通説的な葉隠解釈を大きく揺さぶるだけのインパクトをもってはいるが、はたして妥当な解釈であろうか。『葉隠』そのものの記述に即した説得性をもちうる正確な解釈といえるであろうか。

私がなにより疑問に感じるのは、『葉隠』のキーワードである「武士にとっての死」、「死の覚悟」という概念が、治世での「死」や「死の覚悟」に、そしてその意味だけに転化されていることである。小池によれば、「武士道と云《いう》は、死ぬ事と見付たり」における「死」は、もはや戦場での死を意味しない。「いまや戦闘の時代は遠く去ったが、かつて戦国武士たちが戦場で示したような決死の覚悟をもって「畳の上」の「奉公」に努めよ、というのである。戦闘での貢献に代えての、主君・藩への献身、一身を挙げての没我的忠誠への死の覚悟の要請である。[31]」と述べているように、泰平時での武士の死については、畳の上での死以外の死はほとんど考慮されていない。「死の覚悟」という場合の「死」についても、それは観念的な死であって、直接的かつ暴力的な死は排除されている。

ところが、『葉隠』でくり返し強調される「死」は、奉公における死に身、死に狂いだけでなく、武道・武篇における死に身、死に狂いをも包括するものであった。

「常住討死《うちじに》の仕組に打ちはまり、篤《とく》と死身になり切つて、奉公も勤め、武篇《ぶへん》も仕《つかまつ》り候はば、恥辱あるまじく……」（聞書一・六三）[32]

［いつでも討死する心構えに徹し、すっかり死に身になりきって、奉公をつとめ、武道をも励んだならば、恥辱をうけるようなことはなく、……］

「道と云ふは、我が非《ひ》を知る事なり。念々《ねんねん》に非を知って一生打ち置かざるを道と云ふなり。……然れども武篇《ぶへん》は別筋《べつすじ》なり。大高慢にて、吾は日本無雙《むそう》の勇士と思はねば、武勇をあらはすことはなりがたし。」（聞書一・四七）[33]

［道というのは、自分の非を知ることである。いよいよ非を知って一生涯努力しつづけることを道というのである。……しかしながら、武道はそれとは違う。大なる高慢心をもち、自分は日本無双の勇士だと思わなければ、武勇をあらわすことはできないのである。］

「又武道に於て分別出来れば、はやおくるるなり。忠も孝も入らず、武士道に於ては死狂ひなり。」（聞書一・一一四）[34]

［そしてまた、武道において分別心が生じてしまうと、すでに他人に後れをとることになる。忠も孝も、最初は必要ない。武士道には、死にもの狂いだけがある。］

右の聞書で俎上に載せられている、「常住死に身」や「死に狂い」における「死」は、第一義的には、まぎれもなく武篇における死であり、肉体的かつ暴力的な死を意味している。なるほど平和時の城勤めにあっては、そのアナロジーとしての「決死の」（いわば死んだ気になっての）献身的奉公を意味したことはまちがいない。だからといって、常朝が「死に身の奉公」だけに価値を認めて、武篇・武道の死を『葉隠』から排除しているとみなすのは、大きな誤りである。

その理由はなんといっても、泰平の時代でさえ、武力を行使すべき社会的事件が頻発したからである。武士と武士、武士と庶民の間での暴力沙汰にあっては、武力による解決か、それが不可能であれば、お上による処断（追放、浪人、切腹など）の措置がとられる。

喧嘩沙汰について常朝が言明したあまりにも有名な次の箇所は、治世といえどもけっして暴力に無縁な社会ではなかったこと、その社会の中で武士が暴力的に行為することを正当視していること、を如実に物語っている。

「何某《なにがし》、喧嘩打返《うちかえ》しをせぬ故恥《はじ》になりたり。打返しの仕様《しよう》は踏みかけて切り殺さるる迄なり。これにて恥にならざるなり。……相手何千人もあれ、片端《かたはし》よりなで切りと思ひ定めて、立ち向ふ迄にて成就なり。多分仕済《しす》ますものなり。」（聞書一・五五）(35)

［ある者は、喧嘩の仕返しをしなかったために、周囲から武士の恥だと言われた。報復のしかたは、まっすぐに踏みこんで斬り殺されるまでである。こうしてこそ恥にはならない。……相手が何千人であっても、片っぱしからなで斬りにしてやると決心して、立ち向かってゆけば、目的は達成できよう。たいがい成功するものである。］

補足して言えば、この記述の後には、赤穂浪士による吉良邸討ち入りの事件、鍋島藩の家臣が関与した長崎喧嘩の騒動に対する常朝の見解（なすべき喧嘩と報復のあり方）が披歴されている。これらの事件や騒動と関連して常朝がほぼ無条件に推奨している「無二無三の死に狂い」は、武士道における死に狂いであって、奉公人道の死に狂いではない。太平の世にあってなお、常朝は武士道の直情性・暴力性を高く評価していたのであり、それを黙過することは常朝の思想的本質を歪めることになる。この「無分別」の武士道は、「分別」の奉公人道の外にあり、後者の中に容易に包摂されうるものと考えるべきではない。[36]

山本常朝は、治世の文官的武士として、小池が言うように、『葉隠』をつうじてたしかに「奉公人」道の要諦を明らかにした。命を賭けて闘った戦時の武士たちにけっして引けをとらない、長期の苦難に満ちた「奉公」倫理に身を賭した平時の武士たちに光を当て、あるべき奉公の教訓を多面的に明らかにした。だがそれでも、常朝の仕事とその歴史的意義を「奉公人」道だけに限定するのは、一面的である。奉公人道の提唱とあい並んで、彼の武断的精神ないし武道堅持の姿勢はあまりに明瞭であり、無視するにはあまりに強烈で過激な性格のものだからである。

私はすでに、第二章の中の「二　泰平期での生死をめぐる危機」という箇所で、数多くの事例を取り上げながら、平時での武道の実態についてやや詳細に論述した。暴力をともなう喧嘩、刃傷沙汰、家族・親類や主君の仇討ちなどである。それらを見るかぎり、常朝の武道堅持の姿勢は疑いえない。『葉隠』の中で言及されている生々しい諸事例をここで再度引き合いに出すことはやめて、第二章の該当箇所を参照していただくことで代えたいと思う。

ここでは、常朝が執筆した『葉隠』以外の書における諸事例を紹介することによって、彼の堅固な武断的精神の全体的な様相を明らかにし、自説をより補強することにしたい。対象は、「愚見集」「御代々御咄聞書」「老士物語之ヶ條覚書」などである。

（7）武道・武篇の堅持、武士道精神の継承に関する心構え

常朝が揺るぎない武道堅持の姿勢を強調してやまなかった理由の一つに、幕藩体制下では、佐賀藩の存続が無条件に約束されていたわけではない、という事情がある。家督相続や藩内不祥事を契機としたお家騒動、国政・藩政をめぐる幕府との対立などが発生する可能性はあり、幕府の命令による国替え・所替えの措置もありえたのである。上意による国替え・所替え命令に対して、武力抵抗を辞さないという態度が歴代藩主によって表明されており、その武断的精神の継承がきわめて重視されていた。

「日峯様常々御意《ぎょい》なされ候は、我等死後にあるべきことにてはなけれども、若《も》し万一国替《くにがえ》・所替《ところがえ》などとあるときは、鑓先《やりさき》にて渡すべく、其の節同じ枕に腹切る事、家中の面々皆以てなじみの衆なれば、一人も無心に思ふ人有るまじけれども、弥々《いよいよ》以て頼む也と折々仰せられ候由。是《これ》御家中の侍への御遺言《ごゆいごん》と申す物也、と善忠居士《ぜんちゅうこじ》毎度物語にて候。此の儀大形《おおかた》に思ふべき事にあらず。御家《おいえ》の士《さむらい》は此の仰置《おおせおき》を毎朝一度づつなりとも唱へ度き事也。」（「愚見集」(37)）

［直茂公は常々おっしゃっておられた。「私が死去した後に、あってはならないことだが、もし万が一幕府からの国替え・領地替えなどの命令があったとき、国を渡すにしても武力でもって抵抗し、枕を並べて討死・切腹する覚悟をもつこと、このことについては家中の者すべて心の通じた仲間であるから、誰一人異議ある者はいないと思うが、ますますこの覚悟の継承を強く頼んでおきたい」と。「これは直茂公からの家中の侍への御遺言である」と山本重澄居士が毎回語っておられたことであり、これをいい加減に考えてはならない。佐賀藩の侍は、このご遺言を毎朝一度ずつなりとも唱えたいものである。］

国替え・所替え命令に対する武力抵抗の覚悟は、「御代々御咄聞書」にもほとんど同じ趣旨で記述され伝えられて

おり[38]、藩挙げての不変の基本姿勢であったことがわかる。

これ以外にも、佐賀藩にとっての「大変」がいつなんどき出来するかもしれぬ、という予測のもとに、重大危機への対処・覚悟を呼びかける文面がある。

「大変《たいへん》に動転せざる様に常々覚悟すべし。兼ねて大変の箇條《かじょう》を挙げ、只今と事に逢ひたる時の工夫肝要なり。畢竟《ひっきょう》一命を捨つるより外に大なる事はなし。……人間老少不定《ふじょう》也、明日の事も知られず。然れば今《さ》日々《きょう》と覚悟して毎朝死を習ふべし。」(「愚見集」[39])

[重大事に出逢っても気が動転しないように常々覚悟をしておくべきである。前もってどんな大事が起こりうるかの箇条を挙げておき、まさに大事に出逢った時どう対処するかを考えておくことが肝心である。結局自分の生命を捨てるという覚悟にまさるものはない。……人間の死期は定かではなく、明日起こることも知られない。ならば、今日こそ一大事がありうる、と覚悟して毎朝死習いをすべきなのである。]

「大変」に直面したさいの「一命を捨てる覚悟」、そうした事態を予測しての「毎朝の死習い」、それは、武力を伴う場合でも伴わない場合でも、不可欠な要請であった。例えば「愚見集」に、「鍋島の御家より士《さむらい》一人公儀《こうぎ》に罷り出、是々の儀を中上《もうしあげ》、即座に腹を切らねばならぬ事出来《でき》たり[40]」[鍋島藩から武士が幕府に参上し、これこれの意見を申し上げ、直ちに切腹をせねばならぬような事態が起きてしまう]との文がある。幕府に藩としての意見を申し出たものの、聞き入れられるどころか、怒りを買ってその罪を問われ、責任者が切腹しなければならないような重大危機が想定されている。そのさい潔く進み出る者に切腹の役が当てられようが、重臣の詮議が行なわれれば自分(常朝)にそのお役目が決定されるだろう、との見通しと覚悟を述べている。

幕府と藩との政治的対立も、「大変」の事例であり、藩内の特定の有力武士の死によって決着する場合も少なくない。それゆえ「覚悟と云ふは如睦《じょぼく》と甲冑《かっちゅう》と二つにならぬ様に仕なす事也」(41)［武士の覚悟は平時でも戦時でも異なったものにならぬようにすることである］と言われるごとく、泰平時でも肉体的な死に直面することは多く、不断の覚悟が求められたのである。

戦場で闘うことなく上記のごとき切腹命令によって死地に赴くこともあれば、じっさいに武闘の結果死にいたる場合も、平時ですらしばしば生じていることに注意が必要であろう。『葉隠』でも「御代々御咄聞書」でも取り上げられている「長崎喧嘩」はその代表であった。

「直茂公御咄《おはなし》に、後々まで家之鑓先《やりさき》のさびぬ仕様《しよう》有り、静謐《せいひつ》の世中にも、十年廿年間に諸人の眼をさまし候程の事をいたし候へば、鑓先にさびはつかぬ物に候と仰せられ候由」（「御代々御咄聞書」(42)）［直茂公がお話しになったことだが、後世まで鍋島の家では、鑓・刀が錆びつかぬようにする方法がある。おだやかな太平の世でも、十年・二十年の間に一度人々が目覚めるほどの重大なことを実行すれば、（武篇の大切さが理解され）鑓・刀に錆びは付かないものだと仰せられた、とのこと。］、と記述し、その後に、常朝は「先年之長崎喧嘩など是に叶ふべきかと存じ奉り候」［先年起こった長崎喧嘩の事件などは、まさにこの主旨にかなうものではないかと思われる］と補足している。

「長崎喧嘩」とは、元禄十三（一七〇〇）年十二月長崎で起こった武士どうし（長崎町年寄高木彦右衛門の中間と深堀鍋島家臣の深堀三右衛門・志波原武右衛門）のささいな諍いから発展した大喧嘩のことである。途中の過程で、両者の一味郎党が加わった暴力的な報復合戦がつづき、その結果、当事者をふくむ多数の関与者が斬殺されたり切腹したりするという、大規模な血なまぐさい事件となった。

上の記述を読むかぎり、常朝は、鍋島家の伝統である武断主義的精神が覚醒され真に理解されるためにも、平和な世で暴力的な事件が発生することを必要不可欠だとみている。それゆえ長崎喧嘩のような凄惨な事件も、藩祖鍋島直茂の遺志に沿うものだとして、肯定的に評価されているのである。

もうひとつ挙げるとすれば、幕府から与えられた「長崎御番」という特別任務からくる事情がある。佐賀藩は、福岡藩とともに、一年交代で、諸外国とあい対峙して長崎港警備の任を負わされていた。十七世紀半ば以降、長崎港口には七ヶ所の石火矢台（台場）を設け、当番年には約一、三〇〇人、非番年には約五三〇人が配備された。佐賀藩は、万が一異国からの侵攻がある場合には、福岡藩と連携して真っ先に武力的な対応をとり、戦闘および戦死を覚悟しなければならなかった。次の一文がそれをよく示している。

「長崎は異国の手当《てあて》に候、大事の御番に候、然《され》ば異国に対し日本之恥をかかぬ所が肝要の目当《めあ》てに候。自然御制禁船《ごせいきんぶね》着岸、及一戦《いっせんにおよぶ》之時節は我等一番に討死する覚悟也、是日本の恥をかかぬ根本に候。」（『御代々御咄聞書』[43]）

「長崎勤めは諸外国への対応を担うものであり、大切なお役目である。それゆえ外国に対してわが日本の恥にならぬよう行動することが最も肝心な目的なのである。もしご禁制の船が長崎に着岸し、戦闘にいたることになれば、そのときわれわれは一番に討死する覚悟である。これこそ日本が恥をかかぬための根本である。」

幕藩体制が存続し、長崎御番を佐賀藩が担いつづける限り、異国との戦闘の構え、戦い抜くだけの武道の堅持は、佐賀藩にとって欠かせぬことであった。「武士道と云《いう》は死ぬ事と見付けたり」という言葉は、第一義的には「平時における武道の丈夫に即したもの」だと小池は言う[44]が、徳川幕府の権力的支配や異国との対抗関係に視点を移せば、戦闘における死をも確実に包括したものと捉えるべきであろう。

ところで、「愚見集」は「奉公根本」の見出しで始まっているように、「奉公人」道の要諦を述べたものという特色が濃厚だが、同じく常朝が書いたとされる「老士物語之ヶ條覚書」（以下、「老士物語」と略記する）は、前半に武道の要諦が説かれ、奉公人道の要諦はそのあとに論述されている。「老士物語」の方は、直情的攻撃型武士道の精神を泰平時にあっても堅持し貫徹すべきだ、と考える常朝の他面がよく表われており、小池流「奉公人道」には収まりきらない激しさを示している。

一つには、日常生活の中で発生した武士の喧嘩にさいして、斬り合い、とどめ刺し、切腹などのあり方が詳細に述べられる。しかも、例えば、行き合い上、衣装や身が汚され疵つけられた場合、夜中に起こった喧嘩の場合、殺害人に行き合った場合、お供の者が殺害された場合、同僚の家臣が人を殺害した場合など、そのさいどう対処すべきか、どのように行為すれば侍として筋を通すことができるのか、が具体的に説明される。

取り上げられるのは、喧嘩だけではない。殿中で刀を抜いた者への対処、介錯を頼まれた時の対応、家内での密通人に対する処断などにも、武士道の原則に背かぬ行為が貫かれなければならず、そのつど取られるべき断固とした措置や手続きが示されている。

さらには、主君のお供をしている時に行列を割る者に対する武力的処断、親・一門などにかかわる敵討ちにたいする態度のとり方も、武士道にとっての重要な対象であり、そのさいに言うべきこと、為すべきことが記述されている。[45]

以上、常朝の生きた時代は、たしかに戦国期とは違って大合戦のない時代ではあったが、だからといって暴力沙汰としての喧嘩だけの時代であったわけではない。幕府と藩との権力的対立、異国に対する武力の備え、殿中での刃傷沙汰、農民の一揆と武力による鎮圧、同じまたは異なる社会階層間での斬殺や敵討ち等々、武力に訴えるべき、ないし訴えざるをえない機会は厳然として存在しつづけた。だからこそ、戦国武士の気迫、「死の覚悟」を受け継ぐ必要を、常朝自身もよく理解していた。

小池は、常朝のいう「死」および「死の覚悟」を、主に治世（とくに城勤め）にふさわしい武士の果敢な言動と結びつけており、その背景として「もはや戦の時代（乱世）ではなく喧嘩の時代（治世）だ[46]」という基本認識を披露しているが、私には、常朝が合戦と喧嘩とをそれほど峻別していたとは考えられない。合戦にも喧嘩にも等しく武士道の本質を貫くことが肝要だったのである。戦国武士道の武勇は、奉公人道のうちに鋳直されたとか、包摂されたのではなく、その生々しい直情性、攻撃性、暴力性を保ったまま、独自に維持・継承されることを常朝はめざし、かつ望んでいた、というのが私の理解である。

(8) 小池による常朝流「奉公人」道の評価および批判について

既述の（2）において、小池が「小身無足」意識をバネとした常朝の「奉公名利」や没我的忠誠への邁進を解き明かし、忍ぶ恋や角蔵流武術と同質的な「奉公人」道の特色を把握し表現したことを論じたが、その節の最後に、小池が常朝流「奉公人」道を必ずしも肯定的にだけ評価してはいないことに触れた。その点について、ここで改めて取り上げ、説明することにしよう。

一つは、常朝の「奉公人」世界の狭さに対する指摘である。

「夜陰の閑談」中にある龍造寺・鍋島家の存続・発展にこそ最高の価値をおく主張に関して、小池は言う。「常朝の精神世界における君臣関係は佐賀という特殊空間に限定される。」と。じっさい「公」的存在としては、将軍・幕府は度外視され、藩のみが考えられていることを根拠に、「主君を超えるそれらの上位の存在をあえて排除した純粋空間に彼の「奉公人」道は定位されている[47]」と記している。これは、十分に妥当な指摘であり、すでに池上英子が「鍋島ナショナリズム」と呼んで、『葉隠』の排外主義的精神世界を特徴づけた論旨と共通している。他の論者も批判している論点であって、もちろん小池の独創ではないが、小池自身も常朝の発想の狭さや特殊性に気づいていることは、公正に認知しておくべきであろう。

二つ目は、常朝流没我的献身論のもつ時代的特殊性についての指摘である。たしかに看過してはならぬことだが、小池は、『葉隠』という書が、口述者山本常朝、筆記者田代陣基という二人の「御側」者による合作であることを重視している。それゆえ、御側者ではない外様の一般武士からすれば、没我的献身の論はかなり違和感を覚えさせるものであったにちがいない、との考えから、「すくなくともこの没我的献身論に関するかぎり、常朝の論をもって近世武士一般のそれの一範型と見なすことにはよほど慎重でなければならない」[48]と結論づけている。私も賛成である。常朝が強調する、「御側」者や「小身無足」者からする無償の情誼的忠誠心は、類書をみない『葉隠』の一大特色ではあるが、一方では、嫉妬・羨望・怨恨などと無縁とはいえない、強烈な情念の産物であること、近世武士の現実生活の中でも息づいている「御恩と奉公」の契約的関係意識とは大きく乖離していること、等を考慮すれば、近世武士にとっての「一範型」たりえない、と私も考えている。

三つ目は、「志の諫言」主張のもつ消極性・狭隘性の指摘である。

常朝にとって「志の諫言」は、「奉公人」道の目標であり最高善であった。しかし、小池は、常朝の諫言論と幕末に生きた吉田松陰の諫言論とを比較して、両者のうちに情誼的忠誠という共通性を見出しつつも、前者の諫言論のあまりの消極性に注意を促している。松陰には、「君に事《つか》へて遇《あ》はざる時は、諫死するも可なり、幽囚するも可なり、飢餓するも可なり。……是れを大忠と云ふなり。」[49]［主君に仕えて自分の意見と合わない時は、諫死することがあってもよい、幽囚の身になってもよい、飢餓に苦しんでもよい。……こういう態度を大忠と言うのである。］の言葉がある。それに対して、主君に対する常朝特有の態度は「飢死にても御家来の内なり、殿立てはずす事は、仏神の勧めにも見向《みむき》も仕《つかまつ》らざる合点にて、朽ち果て申さるべし。」（聞書二・一〇一）[50]［飢え死にをしても、ご家来の一人である。殿に背くなどということは、たとえ仏神の勧めであっても、見向きもしない心がけで朽ち果てるべきだ。」という言葉に表わされる。「志の諫言」には「朽ち果てる」という語に含意される消極性が濃厚だが、松陰の積極的な飢餓の論には、諫争の精神が横溢している、と小池はみるのである。

常朝が積極的な「諫死」を志向しなかったのは、「諫死」という行為が主君の非を顕わすという難点をもつからであるが、それ以上に、常朝には、「君主や藩を超えての上位概念」が存在せず、専ら自藩やその主君のために「朽ち果てる」ことが目標とされたこと、それに比べて、松陰には、日本国規模の大問題を抱えて積極的な「諫死」へと駆り立てられるだけの「神州」的発想が存在したことを、小池は鋭く洞察している。(51)

小池が常朝の「志の諫言」論の純粋性・徹底性に共感しつつも、自藩・主君至上主義に囚われた視野の狭隘性、実践の消極性にも着目し、批判的なまなざしを閉ざしてはいないことに、ここで注意を促しておきたい。

さて四つ目は、『葉隠』にみられる民政的視点の欠落についての指摘である。

佐賀藩領内では、常朝の壮年期(一七〇三—一六年)にかぎっても、大洪水や大火事の被害が甚だしかった。とくに享保元(一七一六)年八月の大雨・高潮被害は甚大で、「潰家二七〇〇軒、流家一〇〇〇軒」という大規模なものだったが、これに対して小池は「『葉隠』にはこれら大被害の実態に言及した項目は一つもない。いわんや具体的対応、反省においてをやである。(52)」と辛辣に批判している。

享保十七(一七三二)年の大飢饉に関しても、田代陣基はまだ五五歳で健在だったが、『葉隠』の中にはなんの記述や所感もない。これらの事実をふまえて、小池は「陣基および彼の傾倒した常朝の双方に民政的視点は完全に欠落していた(53)」という総括的で批判的な評価をくだしている。

この点に関して、私自身は、「完全に欠落していた」という評価は言い過ぎではないか、と考える。第八章の(一)の(5)の中で、『葉隠』は戦闘者としての側面に武士の第一義的本質を認め、武士の民政統治者としての側面を無視している、と評した丸山眞男に反対して、私は、『葉隠』の諸処に文治行政の一翼を担った武士に特徴的な発言が書き残されていることを指摘した。

その中での庶民生活に関する記述としては、厳しい倹約命令のもとで人々の苦しみが増しており、寛大な政策が行なわれてこそ庶民も安穏でいられるのだ、との主張がある。（聞書一・二四）[54]

また、目付役が庶民の悪事を熱心に摘発すればするほど、かえって悪事は頻発し世の中の害となる、また究役は罪人の弁明をよく聞いて罪が軽くなるように取り調べをすべきだ、との主張がある。（聞書一・一一〇）[55]

さらに他所には、罪人に対して、悪く言わないでかばってやるべきであり、落ちぶれた者には大いに憐みをかけ、立ち直らせてやるべきだ、という記述がある。（聞書一・一九二）[56]

これらのうちに、一般庶民に対する寛大さ、温情、慈悲、配慮などの態度が表われていることは否定できない。十全な民政的視点とは言いがたいけれども、民政に関する一定程度の見識や提言が披歴されている。小池が言うように、藩領内の大災害や大飢饉に関する記述や所見がないという事実はたしかに重く、かつ常朝・陣基両人の武士身分の限界性を示すものだとは思うが、彼らが庶民の生活や苦しみにまったく関心をもっていなかった、と断定するのも公正を欠くだろう。

ところで、『葉隠』における「民政的視点の欠落」という論点にかかわって、私には拭いがたい疑問が生じる。それは、小池が奉公人道の中枢としての「角蔵流」を高く評価し、常朝における「下からの視線」を強調していることとの関連についてである。小池は「「上方風」のみならず「打上」り「立上たる」ものすべてを階層社会の最下層から仰視し、その質を問う、下からの視線」[57]と述べているが、だとすれば、常朝における民政的視点の欠落、という議論との非整合性を問われることになるのではないか。

尤も、「階層社会の最下層からの仰視」と言われているが、これは誤解を招く表現であろう。草履取りの角蔵は、武家奉公人であり、侍身分ではないとしても、武士階層に属する下僕ないし従者である。武士より下の農・工・商階級には属さず、いわゆる庶民意識をもっていたかどうかは疑わしい。「下からの視線」とはいうものの、「武士階級の最下層からの視線（ないし仰視）」と言うべきなのである。

私自身は、上述したように、『葉隠』のうちに民政的視点がまったく欠如しているとは思わないが、この書の処々に小池の言う「下からの視線」があるとはいえ、全体として、庶民からの視線はいっさい提示されていない、と解している。当然といえば当然だが、それはなんといっても、『葉隠』が文官的侍であると同時に「御側」者である、常朝と陣基の二人による口述・筆記で成ったものであり、結局は為政者たる武士身分の「上からの観点・視線」を免れることができなかったからである。

(9)『葉隠』の思想史的意義の在りかをめぐって

最後に、『葉隠』ないし山本常朝の言説がもつ日本思想史上の意義について、論究することにしよう。

小池喜明が葉隠の思想的中核を「武士道」より「奉公人」道に求めたことは、すでに述べた。常朝の思想的意義についても、そこを離れてはありえない、というのが彼の主張である。再度、その結論を引用してみる。

「彼は戦時の「武士道」を換骨奪胎し、これを平時（治世）の「奉公人」道へと鋳直したのである。山本常朝の日本思想史上における意義は、あげてこの一点にある。[58]」

これまでの論述で示したように、私は、常朝流「奉公人」道の内実と奥行を多面的に解き明かした小池の仕事に大きな価値を認めるものだが、上記の「換骨奪胎」とか「鋳直し」という結論には支持を与えることができない。「奉公人」道の中に武士の「死」や「死の覚悟」が取り入れられたことはたしかである。「主君への思い死に」や「決死の覚悟での献身的奉公」という形で。だが、繰り返し述べたように、直情的で攻撃的な武道精神は「分別」の奉公倫理の外で堅持され、けっして放棄されなかった。「無分別」の肉体的・暴力的な死は憧憬され賞賛された。実は、小池の議論の中でも、この「分別」と「無分別」の矛盾が肯定され、この点に関して彼自身のうちにも動揺があるように思われる。

「武士に分別出来て武勇を成るべきや。」（聞書十・八六）[59]［武士に分別心が生じて武勇の働きができようか］と語った鉄牛和尚の言辞をとり上げ、「分別」の奉公人道と「無分別」の武士道との違いを述べたあとで、小池はこう言う。「こうした「如睦」と「甲冑」の矛盾ないしは対立は、江戸前期の封建階層社会に通有の現象だったとみてよいだろう。その意味では「武士道」と「奉公人」道の間で微妙に揺れ動く常朝もまた、まさに時代の子であり、時代思潮の中にいた。[60]」と。常朝も動揺しているが、それを論評する小池も動揺している。武士道を巧みにとりこんだ奉公人道を実現しているのであれば、もはや動揺などありえまい。対立する両道の間で「武士道」が完全には「奉公人」道の中に収斂・融合されてはいないことの率直な表白のように私には感じられる。

この議論の延長線上にある「山本常朝の日本思想史上における意義」についても、私は、小池の結論に対して異議を抱かないではいられない。

常朝が戦時の武士道精神を組み入れつつ平時の没我的忠誠の「奉公人」道を確立し唱道したことは、小池の言う通りである。しかも常朝流「奉公人」道は、君臣関係の狭隘性、地域的特殊性を免れていないにせよ、奉公の目的・方法の純粋性や徹底性において、同時代の他の奉公倫理をはるかに凌駕していた。その限りで、私も、『葉隠』のこの面での思想史的意義に同意する。

だが、思想的中核を「奉公人道」に限局することによって、他面の「武士道」は除外され看過されてしまった。常朝にとって、後者の武士道精神も葉隠思想の不可欠の本質をなすものだった、と私は判断している（その議論の詳細はすでに本章の（6）と（7）でおこなったので、ここでは繰り返さない）。

この問題を考えるにあたって、想起したいことがある。第八章で取り上げた丸山眞男の主張である。彼が『葉隠』を「戦国武士道の思想的純粋培養」と規定し、戦闘者に特有の非日常的な日常性、絶対服従の中での個人的主体性とプライドの成就を解明したこと、端的にいえば、『葉隠』がもっぱら戦国武士道との連続性において把握されたことを紹介した。

だが、それは、他の半面を無視したものだった。『葉隠』が山本常朝と田代陣基の二人による文官的武士（および「御側」者）の献身的な「奉公倫理」の書であることはまったく把握されていない。単純化して言うと、丸山によれば、それは武士道の書であって、奉公人道の書ではない。『葉隠』の真髄を「奉公人」道のうちに捉える小池と、「武士道」のうちに捉える丸山とは、みごとな対照をなしている。

丸山眞男が武士道の書としてだけ『葉隠』を評価したことは、葉隠解釈上、重大な弱点だといわなければならない。だが、丸山は、葉隠武士道が幕末の志士たちに一つの思想的拠り所を提供したことを重くみている。こうした思想や精神の継承に注目するなら、日本思想史の上では、「奉公人道」精神より「武士道」精神の方にいっそう大きな意義が与えられて然るべきではあるまいか。

幕末期に、強引な開国を迫る欧米列強の圧力に憤激し抵抗して、日本の独立と名誉を自分自身の問題として引き受けようとした下級武士層のうちに、強烈な目標志向性、名誉感情、自主的決断などの伝統的武士のエートスが蘇生したこと、葉隠武士道の精神と幕末の志士の忠誠感との間には連続性があることを、炯眼な丸山は見逃さなかった。幕末の佐賀藩領内でも、藩校弘道館での『葉隠』の会読、佐賀城御小書院での藩主を加えての『葉隠』の勉強会、藩士有志による「葉隠会」での勉強など、葉隠武士道の継承と血肉化が試みられている。[61]

いうまでもなく、葉隠精神は絶対的な主従道徳と「死の覚悟」にもとづく典型的な封建倫理であり、近代の市民主義的倫理とは相いれない生命軽視や人権・平等否定の論理に満ち満ちていた。それでも、国の独立と武士の主体性を貫く姿勢の肝要さを教えるものだった。佐賀藩内部では、行動した結果の功罪は別にしても、攘夷派の武士がその中心的な役割を担ったことが知られている。第六章で紹介したように、当時開国派の立場で藩政改革を志向していた大隈重信は、葉隠武士たちの頑迷固陋な武士道精神とその言動に辟易し、深く失望したことを後に回顧している。だとしても、幕末期の日本で、主としてその攘夷派の武士たちが武士の名誉と誇りをかけ自国の独立に命を賭して突き進んだ、という歴史的事実を忘れることはできない。

葉隠精神と幕末期志士たちのエートスとの連続性、および国の独立に一身を賭けた攘夷派武士たちの行動の軌跡を重視するなら、『葉隠』の中に横溢している「武士道」倫理を切って捨てることは、この書のもつ重大な思想史的意義にあえて目をつぶることになるだろう。

註

（1）『葉隠（上）』和辻哲郎・古川哲史校訂（岩波文庫）一四五頁
（2）小池喜明『葉隠　武士と「奉公」』（講談社学術文庫）七三―七五頁を参照。
（3）『葉隠（上）』八六頁　なお参考までに、文庫本では、「無足」は「不束」と記されている。
（4）小池前掲書　七五頁
（5）『葉隠（上）』九一頁
（6）小池前掲書　一四五頁
（7）小身者の立場からする「忍ぶ恋」と「角蔵流武術」との関係に言及した論者には、他に相良亨がいる（「『葉隠』の世界」日本思想大系二六　六七四頁参照）。相良の指摘が小池の主張にかなりの影響を与えていると推測される。
（8）小池前掲書　一二頁
（9）『葉隠（上）』二三頁
（10）『葉隠（上）』二〇頁
（11）『葉隠（上）』一一三頁
（12）『葉隠（上）』一四四頁
（13）『葉隠（下）』一七五頁

(14) 小池前掲書　一一四頁
(15) 同右　三三頁
(16) 同右　一五一頁
(17) 小池前掲書　二五六頁
(18) 『葉隠（上）』一三七頁
(19) 『葉隠（上）』六四頁
(20) 『葉隠（上）』六四頁
(21) 『葉隠（上）』一三七―一三八頁　なお文庫本には「御請けなされたる時は、力及ばざる云々」とあるが、それでは文意が通らず、「御請けなされざる時は」が正しい。
(22) 小池前掲書　二五七頁
(23) 『葉隠（上）』九四頁　なお、「ようき」という語は、文庫では「陽気」という漢字が当てられているが、私は疑問に思うので、平仮名のままとした。『日本思想大系二六』（岩波書店）の註に従って、「凡庸の器」と解することにする。
(24) 『葉隠（上）』一一八頁
(25) 『葉隠（上）』一二二頁
(26) 『葉隠（上）』一九頁
(27) 『佐賀県近世史料　第八編　第一巻』「乍恐書置之覚」（別名「常朝書置」）九二〇頁
(28) 小池前掲書　二三九頁
(29) 本書第三章三の（二）「「家」・「藩」への忠誠」八七―八八頁
(30) 小池前掲書　一九頁
(31) 同右　一二頁
(32) 『葉隠（上）』五一頁
(33) 『葉隠（上）』四二頁
(34) 『葉隠（上）』六五頁
(35) 『葉隠（上）』四五頁
(36) 『葉隠』の口述・筆記が始まる九年前（一七〇一年）、赤穂城主浅野長矩《あさのながのり》が江戸城中で吉良義央《きらよしひさ》に斬りつける事件が起き（事件当日に長矩切腹）、翌年十二月赤穂浪士による吉良邸討ち入り、翌二月浪士たちの切腹という、史上有名な事態が次々に生じた。赤穂浪士仇討ち事件をめぐって、幕府法と武士道との対立をめぐる種々の論評が公にされたが、この事件に対する常朝の評価は、以下のようにかなり手厳しく、また特異なものであった。「浅野殿浪人夜討《ようち》も、泉岳寺にて腹切らぬが越度《おちど》なり。又主を討たせて、敵を討つ事延々なり。もしその内に吉良殿病死の時は残念千萬《せんばん》なり。上方衆は智慧かしこき故、褒めらるる仕様《しよう》は上手なれども、長崎喧嘩の様に無分別にすることはならぬなり。」と。（聞書一・五五）［浅野殿の浪士たちの夜討ちも、泉岳寺ですぐに腹を切らなかったのが誤りである。また主君が死んでから、敵討ちまでの間が長すぎた。もしその間に吉良殿が病死でもしたら、残念この上ないではないか。上方の人たちは、小智恵に秀でているので、世間から褒められる仕方は上手であるけれども、長崎喧嘩のように無分別なことはできないのである。］

討ち入り後、直ちに切腹しなかったこと、あまりに多くの時間をかけ（一年九ヶ月）周到に準備して吉良上野介《こうずけのすけ》を討ち取ったこと、が彼の批判の中心である。赤穂事件の評価にさいしても、暴力的な喧嘩に直面したときには、分別を交えず短時間に仕返しをすべきだ、という常朝の基本精神がよく示されている。いわば報復における「無分別性」と「即刻性」の勧めである。

常朝の主張としては一貫していると思われるが、私は、赤穂浪士たちの行動に対する評価として適切であるとは考えない。浅野長矩切腹のあと、赤穂浪士たちのその後の言動（やり取りされた書状を含む）を書き残した『堀部武庸《たけつね》筆記』（『日本思想大系二七』所収、岩波書店）なる書がある。これを丹念に読めば、大石内蔵助《くらのすけ》がすすめる「（浅野長矩の弟長広《ながひろ》のもとでの）赤穂浅野家の再興」路線、堀部安兵衛（武庸）ら急進派の「亡君の鬱憤を晴らすための仇討ち」路線が対立し、それ以外にも殉死の方針、出家の方針などが交錯し合い、浪士たちの間での意思一致が容易ではなかったことが知られる。公儀による浅野長広の処分（広島藩へのお預け）が七月に出された後、ついに武力による敵討ち路線が確定し、十二月の討ち入りが実行されるのであるが、もちろん山本常朝は浪士間での意見の対立・一致のこうした経緯を知るよしもない。御家の再興を切望しその実現にむけて奔走し、急進派の暴発を抑えつつ浪士たちをまとめ上げた、内蔵助らの労苦や忍耐も知らない。

常朝は、ここでは、パーソナルな忠義倫理の貫徹を重視して（その点では急進派浪士の見解に近い）、組織内の侍ないし藩の奉公人の見地をほとんど投げ捨てている。彼自身が「御家を一人して荷ひ申す」と言い切った、例の御家大事の観点があれば、浅野家再興のため一年半にわたって苦悩し尽力しつづけた内蔵助らの行動に理解がとどき、もう少し好意的な態度がとれたにちがいない。

常朝の発言は、「喧嘩─報復」論理にもとづく、直情主義的武士道の立場からの、しかも傍観者の域を出ない批評だと言わざるをえないのである。

（蛇足になるが、赤穂浪士たちによる吉良邸討ち入りと上野介殺害という集団的行為が、法的または倫理的に許される行為であるかどうか、は検討すべき別の課題であり、それについては、本論の主題ではないので、ここでは触れない。）
(37) 前掲『佐賀県近世史料』八六〇頁
(38) 前掲『佐賀県近世史料』八三八頁
(39) 同右　八六一頁
(40) 同右　八六二頁
(41) 同右　八六二頁
(42) 同右　八三九頁／『葉隠（上）』四五頁をも参照。
(43) 前掲『佐賀県近世史料』八四一頁
(44) 小池前掲書　三三〇頁
(45) 前掲『佐賀県近世史料』九五三―九五九頁を参照。
(46) 小池前掲書　三三〇頁
(47) 同右　二八一頁
(48) 小池前掲書　三一八頁　なお、小池自身は、その理由として、「我が身を主君に奉り、……二六時中主君の御事を嘆く」ようなパトスは、側奉公の経験をもたぬ外様の藩士たちには所有しがたいこと、常朝が全く関心を寄せなかった治水・殖産・治安等の一般庶務にこそ外様の人士が力を尽くしたこと、などを挙げている。これらも傾聴に値しよう。
(49) 「講孟余話」『吉田松陰全集』第三巻（岩波書店）一九頁
(50) 『葉隠（上）』一二六頁
(51) 小池前掲書　二八三―二八四頁を参照。
(52) 小池前掲書　二八〇頁
(53) 同右　二八一頁
(54) 『葉隠（上）』三二頁を参照。
(55) 『葉隠（上）』六三頁を参照。
(56) 『葉隠（上）』八四―八五頁を参照。
(57) 小池前掲書　一四〇頁

(58) 同右　一五一頁
(59) 『葉隠（下）』一三七頁
(60) 小池前掲書　一七〇頁
(61) 前掲『佐賀県近世史料』「解題（小宮睦之）」三―六頁を参照。

第十章　『葉隠』と現代

一　『葉隠』を現代においてどう受けとめるべきか

第一章から第五章まで、『葉隠』の記述に即して、この書の主な主張や価値観を紹介し、その思想的特質および他の思想との異同、それにたいする諸側面からの評価を行なった。第六章から第九章までは、『葉隠』に関してこれまで公にされた重要な研究書や批評文献をとり上げ、それら葉隠解釈の主眼点、そこから浮かびあがる長所や短所を指摘し、私なりの評価ないし結論を述べた。

これまでの作業をふまえて、この最終章で、『葉隠』という書物を現代においてどう受けとめるべきか、『葉隠』の中にわれわれが発展させうる普遍性や現代的意味があるのかどうか、を総括的に検討してみよう。

『葉隠』のもつ普遍性や現代的意味を問おうとする時、なによりまず、この書の時代的思想的特徴を的確に把握しておくことが必要となろう。もし時代的かつ歴史的な制約が甚だしく、ごく特殊な見解だけが存するのであれば、そもそも当の思想の普遍性や現代性も問うに値しないからである。

『葉隠』の時代的思想的特徴を挙げるとすれば、まず第一に、本文でもふれたように、この書は、泰平期であった江戸時代半ばに生きた武士（口述者・山本常朝と筆録者・田代陣基）による武士道論であったということである。

それゆえ、この書の記述から徳川中葉期の武士の考え方や生き方が理解されるとともに、当時の武士の言動に対する否定的評価や社会的文化的風潮への批判もうかがい知ることができる。その背景には、日本国内に広がりつつあった近世的な法と秩序の確立・定着、商品生産および貨幣経済の発達による富裕層の出現や庶民の生活水準の向上など、武士の従来の生活・人生目標を揺るがす著しい社会的変化があったという事実を見逃すことができない。

また、出家・隠棲していた常朝の庵を陣基が訪れて聞き書きした内容が克明に記述された書物であるから、話の中身には仏教的価値観・人生観がいろいろな形をとって浸潤し包含されている。それゆえ、山鹿素行に代表される、当時の正統的な儒教的士道論と大いに性格を異にした武士道論となったのは、当然といえば当然であろう。

第二には、葉隠思想は、比較的安定した後期武家政治としての幕藩体制、士農工商という堅固な身分制度を基盤にして築かれた、近世的封建倫理を根本原理としていたことである。

たしかに、理気二元論によって世界を体系的にとらえ、五倫・五常の原則にもとづいて人々に倫理的行為を指示した正統朱子学に反発して、常朝は、理屈や学問を重視しない主情主義的な実践躬行の道徳を提示した。しかし、理知性・論理性の面で儒教的士道論とは距離をおきつつも、忠義・孝行および智・仁・勇などの基本的な徳目を放擲したわけではなく、儒教的士道論と同様に、それらを武士にとっての不動の社会規範にすえている。封建体制下の歴史を生きぬいた武士として、これ以外の道徳説に彼はまったく無縁であった。

だが、徳川幕藩体制の下で生きたとはいえ、山本常朝は、幕府と藩を同等・同格にではなく、幕府より藩を崇敬し尊重する態度をとったことに注意が必要であろう。鍋島愛国主義者であった彼にとっての献身奉公の対象は、なにより主君であり、御家である。時代の趨勢としては、大名の専制的領国統治から家産官僚制政治への転換がすすみつつあったが、常朝自身はそれを了解しながらも、なお藩統治における情誼的人格的な主従道徳を重視しつづけた。

さて第三に、『葉隠』は、戦国期の武士エートスの継承・再評価の書であるとともに、江戸期の武士による没我的奉公を高唱する書でもあったことである。有名な「死の覚悟」はこの書全体を通じてのキー概念であるが、戦場での「死の覚悟」と城勤めや側奉公での「死の覚悟」が、同等に評価され、かつ平時の武士たちにも無条件に要求された。

治世においては、「死に狂い」精神にもとづく献身的奉公が強調されたが、乱世の武士たちが具えていた「大高慢」や剛勇も継承されるべきものであった。治世でも起こりうる種々の暴力的衝突、刃傷事件、軍事的危機を予想しつつ、泰平期の武士たちにもそれらへの日常的な覚悟と備えが求められたのである。

従って、『葉隠』には至る所で、戦士的武士に必要とされる言動と文官的武士に必要とされる言動の両者が、時には併存し、時には対立し、複雑に絡み合いつつ紹介され、強調されている。山本常朝という人物は、典型的な文官的武士であり、かつ主君のお側に仕える小身者ではあったが、戦士的武士の矜持や自律的精神、死を恐れぬ武勇を称賛し継承することの時代的意義をよく理解していたからである。

武士の戦士的性格と文官的性格、そのいずれの側面を欠いても、葉隠理解は矮小なものになる。しかし、少なくない識者が、葉隠のこの両側面を公平にとらえず、片方だけに光を当て、一つの性格をもとに葉隠武士道の本質規定を行ない、一面的な葉隠解釈に陥った。だが、私の思うに、一見矛盾するこの両側面を対等かつ正当に評価し、両者を総合することによってしか、正確な葉隠全体像の構築は不可能なのである。

第四に、『葉隠』は、十八世紀前後の時代を生きた、佐賀（鍋島）藩という地方の武士二人（常朝、陣基）による共同著作であり、当時の武士の政治的社会的役割が大きく変化しつつある中で、改めて武士そのものの存在理由ないし存在意味を問い直し、それに答えようとした著作であった、ということである。

太平の世にあって、もはや戦国期のような血なまぐさい戦闘はなく、また戦果をあげて立身出世する道も、武勇の発揮によって個の名誉・家の名誉を高める道ももはや閉ざされていた。ほとんどの侍が、藩の行政の中で、あるいは主君の側奉公の中で、一生をつうじて、忍耐づよい文官的業務に従事することを余儀なくされた。こういう状況下で、支配層に属する侍たちは、何を目標としなければならなかったか。

常朝が、戦場での一番乗り・一番槍より、治政における主君への諫言や滅私奉公の方がはるかに苦労の多い価値ある忠節だ、と語ったのは、明らかに武士の存在理由のとらえ直し、言い換えれば、「武士業の再定義」を意味している。それは、社会の変容を考慮し、時代の要請に即して、うち出された結論であった。

さらに常朝は、地方藩内部の御側奉公の武士であった。徳川幕府の政治中枢でなんらかの権勢をふるうことのできる可能性はない。中央官僚のシステムの中で、政治的学問的才覚を発揮する可能性もない。与えられた狭小な持ち場で、無二無三に主君を大切に思い、時には主君の過ちを（黒子として）緩和・是正し、つねに主君や藩の御用に立つべく振る舞い、自藩を堅固かつ無事に存続させることが、至高の目的となった。地方の側奉公侍だからこそ、主君への絶対的忠誠という主従道徳の中で生き抜き、身を捧げきることを彼は選択した。いや、武士の名誉と誇りを維持し叶えるためには、そうする他なかったのである。

主君のお側で主君を支え、自己顕示と私欲を抑制しつつ「隠し奉公」に徹し、いつなんどき切腹・浪人を仰せつけられても是認・受容するというのが、常朝にとっての新たな武士道であった。奉公人道のうちに吸収され、奉公人道と一体化した武士道の一つのあり方を示したものといってよい。戦場で死を覚悟し命を賭して武勇を発揮する行為は、つねに死を覚悟して一生涯主君のために骨を折りつづける没我的奉公へと転換された。戦時の武士道でいわれた「死の覚悟」は、こうして平時の奉公人道のうちで再生する。

しかし、誤解を避けるために、これが葉隠思想の半面であることを、私は再び強調したい。第九章で解き明かしたように、乱世の戦士的武士の武士道は、治世の奉公人道の中に吸収され再現されるとともに、奉公人道の外で、堅持され実現されるべきことも、常朝によって訴えつづけられたからである。葉隠武士道は、奉公人道一元論ではない。泰平期にも起こりうる、そして実際にしばしば起こった武力的・軍事的諸事件を予想し、それらに対応しうる武士道でもあったのである。

以上、『葉隠』という書物の時代的思想的特徴をいくつか列挙してみたが、それがいかに多くの制約・限界にまといつかれていたかを、改めて認識できるであろう。時代的制約もあれば、地域的制約もある。倫理・思想面での制約もあれば、作者の身分上の制約もある。これらに着目すると、この書から無理して普遍性をもつ思想や価値観を引き出すことには、躊躇さえ感ずる。

もとより、『葉隠』が、江戸中葉期に口述・筆記されそして後々にまで保存された、当時の武士の生活・人生に関する実に率直な表白の書であったことは疑いない。武士の行為や心情、言説や理想の実態を伝える、貴重でたぐいまれな歴史的文書である。だが、他方、「ある地方侍が、その時代をそのように受けとめ、自らそのように考え、発言し、行動した」というごとく、この書を当事者の言動の記述として、換言すれば、単なる一つの歴史的文書として扱うだけでよいのか、という疑問も出てくる。

私は、『葉隠』の中に、歴史的文書をはみ出す内容があるのかどうか、もっと端的には、現代でも活かしうる有効な主張や見解があるのかどうかについて、もう少し探究の労をとってみようと思う。

二　『葉隠』の中に現代でも通用する主張・思想はあるか

（一）葉隠道徳の部分的な評価・活用について

『葉隠』の思想や道徳を評価するにあたって、『武士道』のうちで新渡戸稲造が検討し論述した武士道徳に対する評価姿勢が参考になる。

その著作を見れば明らかなように、新渡戸は、武士道の中に流れこんでいるさまざまな徳目、すなわち、義、勇、仁、礼、誠、名誉、忠義、克己などをとり上げ、その意義や独自性をていねいに叙述した。その背景には、「知的ならびに道徳的日本は直接間接に武士道の所産であった」という強い確信があり、[1]武士道が包含する名誉、勇気、その他の武徳は偉大なる遺産であって、後代の人々が守るに値し、人生のすべての行動や関係に応用しうるものだ、との認識があったからである。[2]

だが他方、一八七〇（明治三）年の廃藩置県、一八七五（明治八）年の廃刀令は、武士道の弔鐘を告げる合図となり、かくして将来的には、武士道が一つの独立した倫理の掟としては消滅していかざるをえないことも、冷静に理解していた。[3]

封建倫理の体系としての武士道は、もはやその役割を終えた。未来社会の道徳原理の中核ないし基盤となることは不可能である。だが、武士道が残したさまざまな美徳やその実践例には、なお学び倣うべきものがある。今日においても、来たるべき新しい時代においても、武士道の中の徳目をわれわれの日常生活でまた社会的活動の中で、適用し活かすことはできる。これが新渡戸の判断であり、結論だといえようか。

彼の議論のこうした受けとり方が正しいとすれば、武士道の全面的かつ原則的受容ではなく、部分的かつ実際的な受容および活用に努めるべきだ、ということになるだろう。武士道倫理の中にもいろいろすぐれた美徳・徳目があることは確かなのだから、こういう思想継承の態度は、周囲からみれば、一見、現実的でごく柔軟な態度であるようにみなされ、多くの賛成を得られるかもしれない。しかし、私には、そこに大きな落とし穴があるように思われる。

上にあげた義、勇、仁、礼、誠、名誉、克己などは、道徳概念としては、誰も否定しがたい美しく秀れた響きをもつ呼称であり、一見どんな時代でも通用するような意味内容を表わしている。だが、それらが封建倫理の不可欠の構成要素であること、封建倫理を土台にしてこそ成立していたことが、ほんとうに深く把握されているであろうか。

武士だけを支配階級とする「士農工商」という身分制度、主君—家臣間で通用した忠義絶対視の主従道徳、藩や御家を個人に優先させる「御国主義」、集権的な家産官僚制組織の中で貫かれた上意下達、武士だけでなく一般庶民をも束縛した家父長的家族制度、こうした封建的社会関係・人間関係こそが、義・勇をはじめとする諸概念の骨格となっているのであり、それらの内実を規定しているのである。

例えば「義」をとりあげてみよう。義は一般に「道理」「人の道」「正義」を意味する語ではあるが、現代の道理・正義とは同じではない。親が子どもに暴力的抑圧的であっても、子どもの反抗は許されず、あくまでも子が親に服従し孝行を尽くすことが人の道たる「義」なのである。そこには、義の実践と評価に先んじて、忠孝の原理が働き、他の諸徳を規定してしまうという構図がある。

「誠」についてはどうか。身分制の格差を無視して、農工商に属する庶民を支配層としての武士と同等に尊敬し処遇することは「誠」とはみなされない。もし武士が庶民と同等に扱われたなら、彼は誠意ある対応とは感じず、むしろ自分が侮辱されたと考えて、当該者を斬り捨ててしまうかもしれない。身分的な不平等の当然視ないし絶対化が、誠の理解に深い影響を与えている。

このように武士道の中で枚挙される諸徳目は、大枠としての封建制度および封建的倫理観に規定され、それに深く組み込まれている。義も勇も、礼も誠も、現代でもしばしば使用される徳目ではあるが、けっして時代を超えた中立的概念とはいえない。新渡戸稲造が、武士道の主要な徳目として、それらの中身を肯定的に説明し、すぐれた遺産として評価できたのも、十九世紀末および二十世紀初めの日本社会が、なおそれらの徳目に対する社会的価値を多かれ少なかれ承認していたからである。

大日本帝国憲法の下で、神聖不可侵の天皇主権が確立され、中央集権的な統治体制が維持されるとともに、薩長藩閥政府のもとで殖産興業・富国強兵の国策が遂行された。また、社会的には四民平等が謳われながらも、華族制度が隠然たる力をもち、士族層が政治的社会的に幅をきかせ、さらに、江戸期の武士社会の遺産である家父長中心の半封建的な家族制度が、明治民法によって規定され保護されていた。こうした政治的社会的動向を背景にして、新渡戸の武士道評価が共感を得たのであった。

だが周知のように、事態は一変する。第二次世界大戦敗北後の日本は、明治憲法や旧民法の桎梏から解き放たれて、新しい日本国憲法の下で、まがりなりにも自由と人権、生命尊重と平和主義、個人の尊厳と平等・民主主義などの価値観を包含する近代市民倫理の基盤を獲得した。まさに国民倫理の決定的転換である。しかもそれは、新渡戸流の武士道評価でさえもはや不要かつ不可能になったことの歴史的画期というべきなのである。

武士道の中に継承すべき道徳的概念があるとしても、現憲法がよって立つ近代市民倫理の外から、なにもわざわざ封建的倫理に浸潤され色づけられた徳目を引き入れる必要はないのではあるまいか。現代には現代にふさわしい価値および美徳を構築すればよい。義、勇、仁、礼、誠、忠義、克己などに代わって、公共的正義、決断と実行力、他者への寛容・友愛、公平・正直、勤勉・謙虚、自己陶冶などの道徳的概念が、もっともっと豊かに練り上げられていくことこそが望ましい。武士にとって命より大事だといわれた「名誉」概念についても、暴力的色彩とは無縁の、すぐれた行為・業績に対する公正な評価と社会的な称賛にとって代えることができるはずである。

もちろん、ここで私は、現代に必要な社会倫理や道徳的諸概念を形成するにあたって、過去の武士道倫理の諸価値をあえて全く無視し排斥すべきだと言っているのではない。われわれ日本人の思考や心情のうちには、日本の古代・中世・近世に生成し、それ以降営々と継承されてきた自然観、人間観、世界観が流れこんでおり、その影響下で、われわれ自身の道徳観の骨格や特性も形成されている。新しい道徳観を生み出す上では、過去の思想や観念の歴史にも正確に通じている必要があるとともに、深く謙虚に学ぶ必要もあるだろう。だが、そのことは、現代倫理のうちに、封建的な価値観や徳目を流しこんだり、現代の価値にそれらを接ぎ木したりすることとは別である。

では、『葉隠』とはどう向き合い、葉隠思想をどう取り扱ったらよいであろうか。

『葉隠』の中にも、新渡戸が指摘した武士道特有の道徳的価値が頻繁に出てくる。しかもそれらは、はるかに情緒的かつドラスティックな表現のもとで、緊張感あふれる厳しい性質を帯びている。そして要約すれば、次のような理念および特性として把握されている。

主君への忠義は、必要とあれば浪人・切腹の命令をも受忍する、家臣の没我的な献身や死を覚悟した諫言行為として。勇気は、戦士的武士の大高慢・剛勇を模範にした、危機においても死を恐れぬ決断・実行への邁進として。仁は、仏教的な慈悲の精神を内に秘めた、庶民への寛容・寛大や思いやりとして。礼は、上下関係や身分関係を堅持・尊重し、侍にふさわしい容貌・態度を表現する作法や礼儀として。誠は、私欲・虚言を斥け、武士の一言に全責任を負うだけの徹底した正直として。名誉は、武士の恥にならぬような節義の遂行と、受けた恥をただちに雪ぐための果断な行為として。克己は、たえず自己の非を知り、生涯かけて自己の改善・陶冶にとり組む「知非便捨」の実践として。(4)

右のどの徳目をとってみても、封建倫理の枠組み内部では、世間の称賛や共感を得るものばかりであろう。それらが、当時広く尊重され価値あるものと見なされたこと、今日の道徳的価値とも部分的に共通する内容をもっていたことは、たしかに否定できない。私が葉隠道徳には一定の普遍性があると言ったのは、その意味である。山本常朝が生きた三百年後の日本を生きているわれわれ現代人も、『葉隠』の中の美徳や生き方に強く惹かれたり、今日でも共有可能な価値観を見出すことができるからである。

だからといって、『葉隠』に登場するこれらの徳目を、われわれの社会の土台である近代市民倫理のうちに、横すべりさせ導き入れる必要はない。それらは封建社会じたいが要請した不可欠な徳目であり、封建社会を内側から倫理的文化的に支える徳目であったことを、われわれは理性的に確認するだけでよい。現代社会では、なお成熟レベルにまでいたってはいないが、すでにそれらに類する道徳的価値を、今日に適合するしかたで生み出し、定着させている。

「死の覚悟」を土台として『葉隠』には倫理書としての性格が濃厚であり、そこに強烈な魅力も存しているのだが、上述した諸徳目を、現代倫理の中で再興したり再活用したりすることには慎重でなければならない。過去の異質なものの注入は、現代倫理の本体を充実させるどころか、その土台を大きく歪め、崩壊させる。

私自身は何よりまず、『葉隠』に対して、この書は基本的には歴史的文書であり、それゆえこの書を歴史的文書として取り扱い評価することが最も適切である、という基本的なスタンスをとることが重要だと考える。

改めて述べよう。

『葉隠』は、太平の世となった徳川中葉期に、佐賀（鍋島）藩の文官かつ側奉公を務めた小身武士が、乱世の戦国武士の剛勇に憧れながら、治世でこそ求められる武士業のあり方を必死で模索した書である。「忍ぶ恋」に類する主君への「隠し奉公」におのが生涯を捧げる決意をし、主君の死去まで没我的献身をつづけた経緯を記述した書である。さらに、憧憬・崇敬の対象であった戦国大名や戦国武将の特異な個性、大きな度量、すぐれた家臣統御、賛嘆に値する知略・武勇の実態を紹介し、翻って、泰平期で守るべき武士の誇りと名誉のあり方、武力的危機に直面した時とるべき武士の言動等々を、実例と教訓をまじえて、じつに生々しく描き出した書である。

それに加えて、口述者山本常朝の、武士の戦士性と文官性との間で揺れ動く複雑な心情、小身無足の侍身分からする他者批判や嫉妬・羨望、主君への御側奉公に伴う希望・慰藉と苦悩・忍耐など、類書を探すのが難しいほど、それらを詳細かつ広範に記録した文書でもある。『葉隠』の魅力は、緊張感あふれる武士の生死や日常を活写したという点で、とりわけ文官的・側奉公的武士の喜怒哀楽を映し出したという点で、月並みな言い方になるが、江戸期武士の赤裸々な「人間ドラマ」を提供した、ということにある。

このように『葉隠』を、江戸中期を生きた侍身分の人物が右記のさまざまな主題・分野にわたって語り記録した歴史的文書だと理解すれば、この書が時代的かつ社会的制約を濃厚に帯びていることに無関心ではいられないであろうし、当時だからこそ通用した封建的諸道徳を安易に現代で復活させたり、それらを現代倫理と結合させたりすることの愚を犯さないですむだろう。

（二）葉隠思想の再評価について

私は、『葉隠』の諸道徳を現代でも復活させ活用しようという考えには反対であるが、葉隠思想の再評価をまったく否定するものではない。

最後に、今日のわれわれが『葉隠』から改めて受けとめ直す思想として、どんなものがあるかについて、考えてみたい。

『葉隠』を有名にした言葉「武士道といふは死ぬ事と見付けたり」については、大上段の物言いで好きになれぬ、という感情的反発、武士道の本質を死に収斂させる点に武士道精神の歪曲がある、という理論的反発もある。

しかし、武士たる者は、戦時でも、平時でも、いつなんどき死に直面しないともかぎらない、という最悪事態を予想し、そうした事態にさいして武士の誇りと名誉を損なわない瞬時の決断と行為をとらねばならない。死への心構えができている時、危機に動じず、精神的な強靭さと度量の広さを発揮しうるし、厳しい諸制約のもとではあれ一種の主体的自由を獲得できる。「死ぬ事と見付けたり」と断言した山本常朝の真意を、私はそう解釈する。

奈良本辰也が、いつ死んでもよいという覚悟によって死がかえって生に転化する、と言ったのも、[5] 丸山眞男が、死という極限状況の日常的設定によって余裕ある自由な決断が可能になる、という逆説がそこに見られる、と指摘したのも、[6] まちがいなくそのことを指している。

丸山のいうこの逆説（パラドックス）は、つねに死と隣り合わせに自分の生を送った武士の意思と行為のうちにきわだって現われやすいものではあるが、けっして武士だけにかぎったことではあるまい。私は、われわれ現代人の生のうちにも、それが深く根差していることを疑わない。死を避ける者、死の覚悟を遠ざける者は、かえって急迫してくる死に驚き、死に翻弄される。不断に死と向き合い、死と親和的な自己の身体と対話する者だけが、不意に訪れる死を受け容れ、死へと向かう途上にあって、限られた、だが貴い意志自由の選択をなすことができる。

常なる「死の覚悟」と関連している、生と死の選択を要する場合（「二つ二つの場」）にとるべき「死に狂い」についてはどうか。たしかにそこでは、分別を欠いた死地への突入が訴えられる。非合理な生命軽視の議論でしかないようにも思われる。

第八章でも触れたように、丸山眞男は、「単一目標の設定によるエネルギーの集中」という特色を取り出した。これのおかげで、武士道における目標の多元化を斥けることができ、決断にさいしての迷いと躊躇を断ち、恥辱を回避することができる。[7]

丸山のいう、一貫した自主的行為の実現というにとどまらず、そこに「自由の逆説性」を捉えたのは、三島由紀夫である。

すでに第六章でふれたように、三島は、常朝流の「死」および「死の覚悟」を人間精神の病いを治癒する劇薬だととらえている。ここでの「病い」とは、太平の世で人々が陥っている、死をタブー視し、無目的かつ惰性的に送っている日常生活に疑問をもたない、弛緩した精神状態を意味する。三島によれば、常朝が自主的な死の選択を提起したことは、自覚的に死と向き合い、惰性と弛緩から脱却する、強固な意志的自由の生成なのである。このように、常朝の思想のうちに、人間は生だけによって生きるのではなく、死の選択と結びついてはじめて人間に固有の自由も理解される、という逆説を三島は見出した(8)。

三島流「自由の逆説性」論をどう評価すべきか。

きわめて追い込まれた過酷な状況下で、とりわけ死への道を強いられる非人間的事態にあっても、なお主体的な自由の発揮は不可能ではないことを、私はここから教えられる。生死の危機に直面することによって、ふだんは気づかない人間の意志の強さと自由が生起しうると思うからである。しかし、私が肯定するのは、この範囲内に限られる。

生か死かが問われる場で、無分別の死への選択行為を強調する山本常朝の「死に狂い」は、やはり決定的な一線を超えている。生を断念し、死のみを選択せよ、という呼びかけは、戦闘に従事する戦士的武士の誇りを満足させ、彼の迷いを払拭する上で、必要かつ効果的なものであったろう。

だが、その場合でさえ、生か死かの選択に関して、きわめて短時間ではあれ、個人の自由な判断が必要なのであり、また保証されるべきなのである。危急時における死の一方的選択は、一見雄々しく潔いが、当事者の思考停止または当事者の自己満足でしかあるまい。三島は、常朝を擁護して盛んに自由の生成を強調しているが、死の選択の道しか提供されていない状況下で、そこに出来するものは、もはや基本的には自由の喪失であり、幻想の自由だ、と私は考える。

ここでの結論を言おう。三島のいう自由の逆説性には半ば賛成だが、常朝による一途な死の選択志向は、けっして真の意志自由をもたらさないがゆえに、私は否定する。自由な意志と生命の尊厳を土台とする現代倫理は、どんな限界状況下であれ、最低限の意志自由を保証しないような「死に狂い」道徳を、受け容れることはできないし、また受け容れるべきでもない。

池上英子は、当時の武士にとって、死ぬ事ないし死に狂いは、「武を極めること」と「主人に仕えること」という侍本来の二つの目標を効率的に実現できる唯一の方法だった、という趣旨の興味深い指摘をしているが[9]、その時代(幕藩体制中葉期)だったからこそ重要な社会的意味をもちえた、特殊な身分(武士)の、特殊な社会(絶対的な主従道徳の支配する組織)における、特殊な行動様式だった、と理解すべきであろう。当時を生きた武士であったがゆえに、当然そう考え当然そう行動せざるをえない、という必然性から自分の身を離すことができなかったのである。

さて、葉隠思想の特色として、私が第二章で明らかにした、「服従と自律の矛盾的統一」の主張がある。私が、『葉隠』の中で、最も注目し、再評価したい論点でもある。

安定した治世の下では、乱世で可能だった戦《いくさ》の成果による名誉の発揮・獲得は過去のものとなり、新しい名誉をどう獲得するかが、武士の切実な課題となった。藩勤めの文官的武士に与えられた場は、主従道徳が貫徹する閉鎖的かつ排他的世界である。家臣の奉公は、自らの生地を愛し、歴代の御恩を受けとめれば、主君や自藩の存続・繁栄を最高の目的とせざるをえない。武士の名誉意識は、主君や藩にとって不可欠な存在として認知されること、組織内部で重要な役職を担うことと結びついた。

戦士的武士に固有の「死の覚悟」や「常住死に身」の態度は、こうして藩行政やお側奉公における長期の苦難多き没我的献身へと転化され、それと一体化された。とくに常朝のような御側奉公侍にとっては、四六時中、主君を思い、主君を支え、主君の願いに応え、主君の言動の非を露見させぬことが求められた。いわゆる「隠し奉公」である。

外観的にはまさに奴隷的奉仕(いわば隷従)に近い献身的服従であるが、第二章でも言ったように、だからといって不承不承の服従、意志なき服従ではなかった。「我は殿の一人被官なり」(聞書二・六一)[10]「我こそは殿さまの唯一の真なる家臣である」や、「御家を一人して荷ひ申す」(夜陰の閑談)[11]「御家を一人になってでも背負ってみせる」と豪語するごとく、服従行為の中に、強烈な自負心や自尊の情が含まれており、自覚的な意志にもとづく主体的服従の性格が濃厚であった。

鍋島藩でも、藩主を頂点とした近世的官僚制が整備されていくにつれ、所属武士の個人的裁量の度合いはますます狭まっていったことが予想される。上意下達の組織論理が強まるなかで、従来にもまして個人の主体性発揮はなおいっそう困難となったであろう。それでも、こうした閉鎖的世界の中では一種の宿命というべき徹底的な服従を通し、むしろその服従を自己の目的へと逆転させ、能動的に行為する主体的個人類型が登場したのである。ここには、不平等・不自由を原則とする組織においても、自己に可能なかぎりの主体的な選択と新たな目的の実現に向かおうとする近世武士の自律が示されている。

近代以降においては、なにより社会ないし制度レベルの自由・平等のあり方が重要であって、自分が属する体制や組織が自由・平等を実現していなければ、まずはその変革・改善に向かうのが原則だと言われよう。われわれは歴史をふりかえって、十九世紀、徳川幕府政治末期に封建社会が崩壊したことを知っている。山本常朝が生きた、封建的な法と秩序が普及し定着しつつあった時代に、幕藩体制の変革を期待し企てるのは、歴史の経過を飛び越えることであって、たんに夢想でしかない。人は自らがおかれた空間と時間の中で生きるほかなく、あてがわれた職と身分を背負って、自分の目的を追求するしかない。

『葉隠』の作者は、特定の時代の中で、特定の組織・身分において、武士道と奉公人道のあるべき目的をうち立て、それに即して誠実に生き抜いてみせたのである。このことは、われわれにも大きな生き方の示唆を与える。

属する組織および共同体が自由・平等や民主性を欠いているとき、その欠陥を正すことが最も重要だとしても、いつでも誰にでもできることではない。組織や共同体からの離脱が不可能な場合、それらの欠陥にたいする批判的意識をもち、帰属と服従の苦しみに耐えつつ、可能なかぎり自己の信念や行為目的を追求する必要があるだろう。『葉隠』の中に描き出された組織の論理と個人の主体的意志の問題、あるいは束縛・強制と自由・自律の問題は、今なお現代のわれわれの問題である。

註

(1) 新渡戸稲造『武士道』(岩波文庫) 一二九頁を参照。
(2) 同右 一四七頁を参照。
(3) 同右 一四六頁および一四九頁を参照。
(4) 「仁」や「克己」は、封建的価値から独立した中性的な徳目だと考えられやすいが、そうではない。仁は、人々への慈愛や温情を意味するが、もし庶民が封建体制を揺るがすような抵抗・逸脱を示す場合には、けっして彼らに対しては適用されない。(本書第二章の五、「男女道徳」を参照。) 克己も、武士個人の絶えざる自己の改善・向上を意味するが、めざすべきは身分制を支える意志堅固な封建的人格であり、少しも封建倫理から逸脱したものではない。
(5) 奈良本辰也『日本の名著(第一七巻)』「美と狂の思想」三七頁を参照。
(6) 『丸山眞男講義録[第五冊]』二二九頁を参照。
(7) 同右 二三一頁を参照。
(8) 三島由紀夫『葉隠入門』(新潮文庫) 二二一―二三頁および四〇頁を参照。
(9) 池上英子『名誉と順応』(NTT出版) 二八四頁を参照。
(10) 『葉隠(上)』一一二頁
(11) 『葉隠(上)』二一〇頁

あとがき

私が葉隠研究に専念していることを知った親友たちから、「なぜ、いま、葉隠なの？」という質問をいくどか投げかけられた。私が、人権、個人の尊厳、非戦・平和を謳う戦後民主主義を擁護する哲学研究者であることを親友たちは知っているから、民主主義理念に真っ向から対立する思想を研究することに、彼らは違和感や疑念をもっていたにちがいない。これまでは、「もうすぐ出版する私の本に目を通してほしい。」と答えてきた。周囲の疑問に対して直接的には、本書の「はじめに」と「第十章　『葉隠』と現代」で、私なりに回答したつもりである。間接的には、本書全体がその回答になっていると思う。

この「あとがき」では、私が『葉隠』に関心をもち、読み始めた経緯、葉隠研究の途上で当の思想の受けとめ方や自身の研究の態度をいささか変えてきた経緯をお話ししたい。

私は、カント、ヘーゲル、マルクスなどのドイツ哲学から出発し、三十歳代には日本の西田・田辺哲学やフッサールの現象学の研究へと範囲を拡げた。しかし、日本のアカデミズム哲学で主流になっている伝統的な古典文献解釈に満足できず、四十歳代には、知覚論や身体論・心身関係論に研究テーマを収斂するようになり、その後さらにコミュニケーション論へと歩みをすすめてきた。

他方、私事にわたって恐縮だが、四十歳代後半に、私の妻が進行性胃がんにかかり、胃の全摘手術をうけた。その後、担当医師から五年生存率二十パーセントと告げられ、私は夫として妻の闘病生活に付き合うことになった。

思いもかけず「限りある命」という当たり前の事実を強く意識させられ、それをきっかけに、終末期医療・看護を目的とする「鹿児島緩和ケアネットワーク」の活動に参加したり、その七、八年前からたずさわっていた自殺防止を目的とする「鹿児島いのちの電話」活動にもいっそう身をいれるようになった。こういう流れで、自分の命、他者の命をふくむ生死の問題、医療・福祉にかかわる生命倫理の問題が、私の後半生において最重要の関心事になっている。

還暦を過ぎてからは、死ぬまでの生をより意義あるものにしたい、死に直面しても泰然自若とした態度で受容したい、という思いが強くなった。そのころ、須原一秀の『自死という生き方』という本に出会い、六五歳を機に、自らの強固な意志で自殺を選んで世を去った一哲学者の死にざまを知った。この著者は、『葉隠』における「死に狂い」に共感し、武士道的個人主義を真髄とする『葉隠』こそ日本人の聖典だと礼賛していた。

「武士道といふは死ぬ事と見付けたり」という有名な命題をかかげる『葉隠』は、その激しさ・凛々しさのゆえに、以前から大いに私の気になっていたものだが、須原一秀からの触発もあって、六十歳を超えた自分が格闘するにふさわしい書物ではないかと思い、時間をかけ腰をすえて読みすすめることを決意した。

読むにしたがって、当時の武士の生活や心理、人生目的と非情な現実など、いろいろな発見があり、共感する言説や教訓も少なくなかった。しかし他面、江戸中期の地方武士の言動がふくむ実にさまざまな偏狭さや限界が露わになり、なるほど武士道の名著ではあるが、とても現代の日本人がそのまま従うことのできる内容ではないな、と感じ始めた。日本人の聖典だともち上げた『自死という生き方』の著者は、『葉隠』の全体を偏見なく丁寧に読みこんではおらず、この書のもつ矛盾・葛藤にも無頓着で、きわめて浅薄な葉隠理解にとどまっていることもわかった。

今日のわれわれが生きかつ死ぬ上で必要な普遍的道徳（いわば「死に方」の指針）、現代でも直接に妥当する価値観を『葉隠』から引き出すという、当初の第一目的は断念して、この本を当時の武士の実態を映し出した歴史的文書として受け止めることにしよう、という考えにいたった。こうすることによってむしろ、山本常朝の喜びや哀しみをよりよくつかむことができ、その多面的な人間像を正確に浮かびあがらせることができると感じた。さらに、当時の道徳や価値観の制限性に敏感になればなるほど、またかえってそれらを超える一定の普遍的な思想や倫理性が見出されることにも気づくことができた。

改めて言うが、本書は葉隠礼賛の書でもなければ、葉隠全否定の書でもない。礼賛も全否定も、『葉隠』の本質を損ない、この書の真実から人々を遠ざける。『葉隠』を江戸中期の地方武士による歴史的文書としてとらえ、多面的な武士の実像に迫ることを重視したからこそ、私自身、そのいずれにも傾斜せずにすんだと思う。

私は、四十年間鹿児島に在住しており、佐賀県人と同じ九州地方の人間だが、佐賀からすれば、やはり他国者である。ここ約十年『葉隠』の研究をつづけている間、佐賀の地をなんどか訪れて知見を広げてきた。しかし、佐賀地域の独特の文化や慣習については、十分な知識をもちあわせていない。一昨年十二月初めにも、二日かけて、『葉隠』に関連した名所旧跡を巡ってみた。自分の地理的・地形的無知を少しでも補うためである。

山本常朝や田代陣基の墓が人目につかない場所でひっそりと残っている（前者は竜雲寺に、後者は瑞竜庵に）。鍋島藩の菩提寺である高伝寺には、歴代藩主の堂々たる墓石群が整備されており、それらのもつ風格に圧倒された。高伝寺じたいも、さすがに伝統と由緒を感じさせる大寺であった。

その他、松原神社・佐嘉神社、本行寺なども訪ねてみたが、全体に市内見学を通して驚いたのは、それほど大都市でもない佐賀市内に実に多くの寺社が存在し維持されていることであった。江戸期から鍋島藩による神社・仏閣への保護・支援が厚かったからであろうか、あるいは、藩内での民衆による神仏信仰が盛んであったからであろうか。この事実の発見は、本書第四章の記述にも影響を及ぼしている。

常朝が出家・隠棲した黒土原（金立山の麓）の訪問は、私にはとくに忘れられない思い出となった。もはや常朝の庵は存在せず、「常朝先生垂訓碑」が建てられているだけである。だが、彼が余生を送ったといわれる記念碑近くの小高い土地や山林には、自然の美しさ・厳しさとともに、独特の静謐さ・わびしさが漂っていた。草庵生活を通して常朝は百五十首以上の短歌を詠っている（第四章の三を参照）が、それらの歌のうちに込められた無常観や寂寥感がけっして嘘いつわりではないことを実感した。

この地は、佐賀城下からは約十キロ離れた佐賀市北部にある。後輩武士の田代陣基が、七年以上にわたってこの地を訪れ、常朝の口述を筆記したわけであるから、往復半日かかる訪問が総じて数十回いや数百回の多きに達したにちがいない。陣基の並々ならぬ労苦と強靭な求道心を、いいしれぬ感慨をもって偲ぶことができた。

本書の執筆にあたって、『佐賀県近世史料』（佐賀県立図書館発行）は、当時の佐賀の歴史と文化を知る上で最も貴重な文献であり、『葉隠』以外の常朝の著作を編集・掲載した第八編第一巻は、とくに、私をさまざまな気づきと学びに導いてくれた。他に『佐賀県大百科事典』（佐賀新聞社発行）からも、他国者が見落としがちな重要な諸情報を得ることができた。この場で編者・発行者に厚い敬意を表したい。

佐賀の地を訪問するにさいして、『佐賀県の歴史散歩』（山川出版社発行）もいろいろ参考になった。この本の中には、『葉隠』に対する向き合い方にふれて、「あくまでも、江戸時代の佐賀藩に仕えた武士が個人的に考えた「武士の心得」の一つとして読むべきものであると考えられる」との記述があり、その慎重かつ冷静な評価には好感を覚えた。

拙著の原稿をほぼ書き上げたあと、本書が対象とする『葉隠』が佐賀の地で成立した書物であること、また私自身鹿児島で永年研究・教育にたずさわってきたこと、などの理由から、出版については、中央の書肆よりも九州大学出版会にお世話になろう、と考えた。ただし、刊行の可否の決定までには、大学出版会の目的および性格上、一定の学術水準が求められるためか、査読の制度があり、それをクリアする必要があった。

匿名の二人の査読者には、拙著原稿を忍耐づよく念入りに読み、そして丁重な査読結果を報告していただいた。全体的には肯定的な評価が与えられたが、それと共にいくつか問題点の指摘や助言が私に伝えられた。思想史研究の方法論をめぐって私と査読者との間には若干の考え方の違いもあり、指摘や助言のすべてに逐一答えることは難しかった。しかし、その後の数週間、私が必要だと思うかぎり、本文や註で新たな修正・追加の作業を試みた。査読前よりは、少しは改善されたと思う。査読の労をとってくださったお二人に、深く感謝申しあげたい。

また、岐阜大学の津田雅夫名誉教授は、九州大学出版会に宛てて、拙著原稿を見た上で、丁寧かつ誠意あふれた出版推薦の言葉を寄せてくださった。併せて謝意を表したい。

この本の成り立ちにふれておくと、第一章から第三章まで、および第六章から第八章までの六つについては、私が学長を務めていた鹿児島県立短期大学の研究紀要（第六一号―六六号）に投稿した六つの論文を土台にしている。学長であっても研究者としての矜持と基本姿勢を失なってはならない、という信念から、最低でも毎年一本は新規論文の作成・公表を自分に課すことにした（尤も、職務上、研究および執筆への専念は、主として七月から九月にかけての夏季休暇の期間中に限定せざるをえなかったが）。六年間に積み上げた六本の論文に大幅な修正を加え、さらに退職後四本の論文を作成し、最終的にそれらを統合して、十章からなる拙著全体を完成させることができた。なお、第九章が変則的な「追加」という形式で置かれているのは、本著作のこうした成立経緯上、私自身が小池葉隠論に最後に出会ったこと、しかもこの論考そのものが独立に検討すべき価値のあるものだったという理由によることを、ここでお断りしておく。

本書の執筆過程では、言うまでもないことだが、さまざまな思想家や先行研究者の著作・業績に多くを負っている。しかし、本文や註の中で言及した方々の名前にはとくに敬称の「氏」を付けなかった。学術書という性格から、という理由もあるが、生存されている人には氏を付けて、歴史上の人やすでに死去された人には氏を付けない、という作為的な配慮は、合理的ではなく、また私の好みに合わない、という理由もある。もとより、敬称は略させていただいたが、文中の方々に深い学恩を抱いているという事実を、改めてここで率直に記しておきたい。

九州大学出版会の奥野有希さんには、出版の相談、編集・校正の作業、本の製作過程でいろいろお世話になった。私の本がよりよいものになる上で、経験豊かな彼女の多くの適切な意見はなくてはならないものだった。半年以上根気よく私を支えてくださった奥野さんに、心からお礼を申しあげたい。

『葉隠』の脱稿・成立は一七一六（享保元）年、山本常朝の死去は一七一九（享保四）年である。とすると、一昨年は、『葉隠』が成立してちょうど三百年経った年であり、来年は、常朝没後三百年の節目となる。「没後三百年祭」などと大仰なイベントをする必要はないが、葉隠思想の特色と限界について、じっくり考え議論してみるいい機会ではないかと思う。

著者記す

二〇一八年　三月

索　引

（数字は該当するページを、- は複数ページにまたがる場合を示す。）

人名索引

索　引

事項索引

索　引

た行

著者略歴

種村 完司（たねむら　かんじ）

1946 年、名古屋で生まれる。

京都大学文学部、京都大学大学院博士課程を経て、1977 年以降、鹿児島大学教育学部で講師、助教授、教授を務める。1996 年、博士（社会学）号を取得［一橋大学社会学部］。

鹿児島大学副学長（2003 ～ 2007)、鹿児島県立短期大学学長（2010 ～ 2016）を歴任。

現在、鹿児島大学名誉教授、および鹿児島県立短期大学名誉教授。

主な著書

『近世の哲学者たち』共著　三和書房　1979 年
『哲学のリアリティ』共著　有斐閣　1986 年
『「豊かな日本」の病理』共著　青木書店　1991 年
『知覚のリアリズム－現象主義・相対主義を超えて－』単著　勁草書房　1994 年
『心－身のリアリズム』単著　青木書店　1998 年
『コミュニケーションと関係の倫理』単著　青木書店　2007 年

『葉隠《はがくれ》』の研究《けんきゅう》
― 思想の分析、評価と批判 ―

2018 年 5 月 31 日　初版発行

著 者　種　村　完　司
発行者　五十川　直　行
発行所　一般財団法人 九州大学出版会
〒 814-0001　福岡市早良区百道浜 3-8-34
九州大学産学官連携イノベーションプラザ 305
電話　092-833-9150
URL　http://kup.or.jp
印刷／城島印刷㈱　製本／篠原製本㈱

ISBN 978-4-7985-0235-9